사장은 혼자 울지 않는다

사장은 혼자

고독한 사장을
일으켜 세우는
경영 비책

김성회 지음

울지 않는다

유노
북스

고독과
직면하라

외로움을 겪는 사장들에게 들려주고 싶은 이야기가 있다. 나무 계단과 나무 부처상 이야기다. 계단이나 부처상이나 똑같이 나무로 돼 있는데 사람들은 부처상을 보면 절을 하지만, 계단은 짓밟고 다니지 않는가. 그래서 어느 날 나무 계단이 부처상에게 불평을 표했다.

"너나 나나 똑같은 나무로 만들었는데 왜 사람들이 나는 밟고 다니면서 당신에게는 허리를 굽혀 절을 하는 거야?"

나무 부처상이 이렇게 답했다.

"내가 그동안 얼마나 수없이 칼을 맞았는지 알아?"

수많은 톱질, 칼질, 대패질이 있었기에 오늘의 부처가 될 수 있었다는 이야기다. 아픈 만큼 성숙해지고, 고난을 겪는 만큼 위대해진다. 자신의 능력과 한계를 받아들이는 것이 자기 수용이다. 과거나 미래

가 아닌 지금 여기, 타인의 시선이나 인정이 아닌 바로 자신에게 스포
트라이트를 비춰라. 화려해 보이고 성공의 길만 달려온 것처럼 보이
는 사람들도 한 꺼풀 벗기면 다 상처투성이고 보통 사람이다. 메타의
CEO 마크 주커버그도 주가가 떨어지자 토끼처럼 눈이 빨갛게 되도
록 울었고, 그 흔적을 가리지 못한 채 직원회의에 참석했다. 테슬라의
CEO 일론 머스크는 밤새 어떤 일이 벌어졌는지 몰라 아침에 눈뜨자
마자 초조한 마음으로 확인하는 게 휴대폰이라고 한다. 그의 취침 시
간은 새벽 3시다.

고독은 사장의 숙명이자
상처를 무늬로 만드는 연장이다

흔들리지 않고 피는 꽃은 없고, 젖지 않고 가는 삶은 없는 법이다.
멀리서는 직선으로 보이지만 가까이에서는 수많은 굽이굽이 곡선의
반복이다. 당신만 외로운 것이 아니다. 선은 점의 연결이다. 엎어지고
넘어지고 고민하는 번민의 가짓수와 기간, 그것이 상처와 나이테를
만들고 사장다움을 만든다. 흘러가는 것처럼 보이는 사장의 고민은
인忍사이트와 인In사이트, 인人사이트로 축적된다. 당신만 힘든 것은
아니다. 당신만 독립투사처럼 외로움과 고군분투하는 것은 아니다.
규모와 업종에 상관없이 고독은 모든 사장의 책무고 자릿값이다.

고독을 피하지 말고 직면하라. 이 이야기를 할 때면 2011년 3월 일
본에서 일어난 쓰나미에 대한 뉴스가 생각난다. 당시 바다에서 조업

을 하던 어부들에게 엄청난 쓰나미가 몰려오고 있으니 신속히 피하라는 대피령이 떨어졌다. 그때 대부분의 사람이 해변의 가장자리 항구로 대피한 반면 일부는 오히려 바다 쪽으로 전진해 들어갔다. 결과는 어땠을까. 엄청난 쓰나미가 항구를 덮쳐 마을이 풍비박산됐다. 반면 바다를 향해 수 킬로미터나 나간 어부들은 안전했다. 수심이 깊은 바다에서는 해일이 높지 않기 때문에 오히려 항구로 가는 것보다 안전하다고 판단했고, 그 생각이 적중했던 것이다.

고독을 피하려 들수록 고독은 사장을 얕보고 오히려 더 맹렬한 기세로 밀려든다. 차라리 고독의 심연에 침잠할 때 해결할 수 있다. 외롭고 힘들고 서운하더라도 혼자서 감내하고 일어서서 떠맡아야 하는 존재가 사장이다. 고독하지 않은 리더는 좋은 리더가 될 수 없다.

고독은 자신을 보는 작업이다. 자신만의 시각을 갖는 일인 동시에 자신을 여러 각도로 바라보며 무엇이 나에게 정말 중요한지 파악하는 일이다. 빠른 판단과 바른 판단, 변해야 할 것과 변하지 말아야 할 것의 균형을 잡는 일이다. 사장에게 고통과 고뇌는 필수다. 선택과 결정에 따른 책임은 혼자서 져야 하기에 고독이 따른다.

이 책은 거창하고 멋들어진 경영 이론이나 신화적인 경영자들의 성공담이 아니다. 구조 조정의 어려움, 회사의 수익 악화, 불확실한 신사업에 대한 결단, 직원의 퇴사와 해고, 경영의 어려움, 동업자와의 갈등, 퇴직 이후의 외로움 등등… 내 주변 동료 사장들의 현실적인 고민과 고독에 대한 경험담이다. 책을 읽다 보면 비슷한 이유로 고민하는 동료 사장들의 모습에서 나의 모습을 발견할 수 있을 것이다. 내가 부족하거나 불운해서 난제에 부딪힌 것이 아니라는 사실을, 나만의 고민이 아니었다는 사실을 아는 것만으로도 위안과 공감을 얻을 수 있을 것이다. 관련된 동양 고전을 곁들여 인문학적인 성찰도 꾀했다. 2015년에 출간한 《사장의 고독력》을 기반으로 하되 그 사이 벌어진 사회적 대변화를 반영하고 대폭 수정·보완했다. 팬데믹, 엔데믹, 대사직 시대 등 큰 변화가 벌어졌고 지금도 진행 중이다. 판에 따라 리더십의 패도 달라져야 한다. 여전한 것은 리더는 책임져야 하는 자리고, 고독하다는 점이다.

1장에서는 외로움을 다스리는 사장의 자세에 대해 이야기한다. 시장의 변화, 회사의 위기, 직원과의 이별, 결단에 대한 부담 등 사장을 외롭게 하는 것은 얼마나 많은가. 허나 이를 쉽게 털어놓을 곳은 마땅치 않고, 이는 사장을 더욱 외롭게 한다. 위기 앞에서 외로움을 느낄지라도 훗날을 바라보며 인내하는 동료 사장들에게서 용기와 통찰을 얻을 수 있기를 바란다.

2장에서는 사장의 결단과 그에 따른 책임에 대해 이야기한다. 결단은 사장의 역할이자 책임이자 선택이다. 때로는 모두가 "no"라고 할지라도 확신을 가진 채 밀고 나가야 하고, 때로는 'yes'라는 믿음이 있더라도 소수의 의견을 귀담아들어야 한다. 이 장을 통해 지혜롭게 결단하는 내공을 얻을 수 있기를 바란다.

3장에서는 구성원을 내 사람으로 만드는 사장의 리더십에 대해 이야기한다. 사람의 마음을 얻으면 세상을 얻을 수 있다는 말이 있다.

사람의 마음을 얻는 것이 중요한 동시에 그만큼 어렵다는 것을 의미한다. 변화하는 업무 환경, 세대 차이 등 달라도 너무 달라진 지금, 사장의 리더십은 어떻게 변화해야 할지 고민하는 이라면 이 장을 통해 방향성을 얻을 수 있기를 바란다.

4장에서는 사장의 업에 대해 이야기한다. 무슨 일을 맡기고 무슨 일은 반드시 사장이 해야만 하는가. 사장의 일은 직원의 일과 어떻게 다른가. 구성원을 성장시키고 조직을 더 나은 방향으로 이끌어 장수하는 사장이 되기 위해서는 무엇이 필요한가. 이 장을 통해 그 구체적인 기준과 방법을 얻을 수 있을 것이다.

5장에서는 삶의 중심을 잡기 위한 사장의 마음가짐에 대해 이야기한다. 시장의 상황은 시시각각으로 변한다. 내 자리와 내 업이 안정적일 것이라는 보장이 있는가? 이러한 불확실함은 자리에 대한 집착을 만들고 사장의 마음을 시종일관 흔든다. 이 장에서는 변화에 지혜롭게 대처하고 삶의 중심을 잡는 방법을 다뤘다. 시장이라는 치열한 전장에서 사람을 잃지 않는 사장이 되기를, 그리고 당신이 자신 또한 사장이기 전에 사람이라는 사실을 떠올릴 수 있기를 바란다.

이 책이 회사의 성장과 성과뿐 아니라 사장으로서 성숙하는 데 큰 힘이 되기를 바란다. 고독감을 고독력으로 승화하라. 당신을 응원한다.

| 차례 |

프롤로그   고독과 직면하라   005

1장   그 누가 사장의 고독함을 짐작할까

사장의 자리

사장을 키우는 것은 팔 할이 상처다   017

사장에게 필요한 마음의 지우개   021

미래를 살면 사장이고 현재를 살면 직원이다   029

직원이 내 성에 차지 않을 때 떠올려야 할 것   037

자존심을 버릴 줄 아는 사장과 버리지 못하는 사장의 차이   042

돈이 곧 사장의 인의예지, 예의염치다   049

사장을 살리는 한마디   054

곳간을 열어야 더 많이 들어온다   059

2장 왜 결정권의 무게는 나눌 수가 없는가

사장의 책임

사장이라는 자리의 기본값   067

언제나 마지막 걸음은 사장 혼자 내딛는다   071

결단은 형용사가 아니라 동사다   075

결정은 사장의 역할이자 책임이자 선택이다   083

독단적인 리더보다 미루는 리더가 더 나쁘다   087

경영에는 못 먹어도 고! 해야 하는 순간이 존재한다   094

사장에게는 밀어붙이는 힘이 필요하다   098

전략적인 악역이 되고자 하는 사장의 진정한 용기   105

대선을 지키지 못하면 소선도 의미가 없다   109

3장 어떻게 내 사람으로 만들 것인가

사장의 사람 관리

권력 없이는 리더십도 없다   123

잘 대하기보다 잘되게 하라   128

알아야 이해하고 이해해야 연결된다   135

사장이 사람의 마음을 얻는 법   145

어떻게 직원을 몰입하게 할 것인가   150

사람을 알아보는 세 가지 방법   160

엄정과 온정의 균형을 맞춰라   166

당신의 오른팔이 조직의 해악일 수 있다   173

4장 무슨 일을 맡기고 무슨 일을 할 것인가

사장의 일

경영의 최고 목표, 무위이치   **181**

사람을 바꿀 것인가, 일하는 방식을 바꿀 것인가   **193**

시간과 돈의 행방이 리더를 평가하는 바로미터   **203**

장수하는 사장은 DNA가 다르다   **211**

전략은 전력에서 나온다   **221**

업무 소통법: 명료하게 지시하라   **225**

창조 소통법: 심리적 안전감을 바탕으로 함께하라   **228**

정서 소통법: 감정보다 평정이다   **234**

업의 본질을 어떻게 공유할 것인가   **238**

5장 안정과 변화 사이에서 중심을 잡는 법

사장의 마음가짐

어차피 후배는 치고 올라올 수밖에 없다   247

2인자는 괘씸죄의 꼬투리를 조심하라   250

사장은 누구나 자신의 존재감을 확인하고 싶다   255

실패 대비보다 성공 대비가 중요하다   261

사장이 배워야 할 경영의 낙법   266

사장을 넘어 한 인간으로 사는 법   272

보통 리더와 훌륭한 리더의 사소한 차이   281

에필로그 사장도, 경영도, 일도 모두 사람이 하는 일이다   285

미주   290

1장

그 누가
사장의
고독함을
짐작할까

사장의 자리

두려움은 혼자 간직하되
용기는 다른 사람들에게 나누어 주라.

로버트 루이스 스티븐슨(영국의 소설가 겸 시인)

사장을 키우는 것은
팔 할이 상처다

여론 조사 업체를 운영하는 N 사장을 만났는데 표정이 어두웠다. 이유를 물어보니 며칠 전 해고를 당했다는 것이 아닌가. 오너인데 해고를 당했다니? 스티브 잡스가 애플에서 쫓겨났듯 임원진에게 뒤통수라도 맞은 것인가? 순간 별의별 생각이 다 들었다. 궁금해하는 나를 아무 말 없이 지켜보던 그가 땅이 꺼질 듯 한숨을 내쉬며 입을 열었다.

"내가 꼭 붙잡고 싶은 유능한 직원이 다른 회사로 가겠다며 사표를 썼어요. 나와 더는 일하지 않겠다는 뜻이니, 사장으로서는 해고 통보가 아니고 뭐겠습니까? 그간 내가 해 온 사장 노릇을 떠올려 보며 유능한 직원에게 해고당하지 않으려면 어떻게 해야 하나, 반성 중입니다."

중소기업 사장들을 만나면 세상에서 제일 무서운 게 직원이 "사장님, 드릴 말씀이 있는데요…" 하며 독대를 청해 오는 것이라고 한다.

십중팔구 회사를 그만두겠다는 이야기이기 때문이다. 그럴 때면 "나는 너 볼 일 없는데? 약속 있어서 먼저 나간다" 하며 꽁지를 뺀다는 이야기를 들으며 왠지 마음이 짠했다.

"회식 때 연달아 세 번이나 빠지고, 이유 없이 눈길을 피하면 영락없이 한두 달 내 이직하더라"라며 이직 신호를 알아보는 나름의 노하우를 알려 준 사장도 있다. 내심 나갔으면 싶은 직원은 젖은 낙엽처럼 붙어 있는 반면 마음 주고 정도 준 직원, 믿을 만한 직원은 꼭 떠나서 가슴앓이를 한다는 사장이 많다. 오죽하면 '미용업계의 대부'라 불리는 K 사장의 애창곡이 〈내 곁에 있어주〉겠는가.

당신은 자신을 탓하는 사장인가, 직원을 탓하는 사장인가

시인 서정주는 〈자화상〉에서 "나를 키운 건 팔 할이 바람"이라고 읊은 바 있다. 그렇다면 리더를 키우는 팔 할은 무엇일까. 사장들을 만나며 내린 나름의 결론은 '상처'였다. 상처는 곧 책임감의 지수다. 사장의 상처는 누구에게도 책임을 전가할 수 없기에 묵묵히 홀로 감내해야 하는 상황에서 발생한다. 직원들과 같이 기뻐할 수는 있지만 그들에게 함께 아파하기를 요구할 수 없다는 사실을 알기에, 사장은 혼자 모든 책임과 맞서 외로운 사투를 벌이는 경우가 많다.

직원의 퇴사에 대해서도 마찬가지다. 믿고 아끼던 직원이 퇴사할 때 사장은 수족이 잘리는 듯한 아픔과 그보다 몇십 배 더한 배신감을 느낀다. 이때 그 직원의 부적응 문제나 중간 관리자 사수의 리더십을 손가락질하는 리더도 있겠지만, 진정한 사장 마인드를 지닌 리더는 자신의 리더십과 경영 능력에 대한 엄정한 경고로 받아들인다. 직원이 적응하지 못했다는 것은 조직에 문제가 있다는 뜻이고, 이는 조직을 운영하는 경영자의 능력에 결함이 있다는 의미이기 때문이다. 사수가 부하 직원을 제대로 이끌지 못한 것 또한 그 사수를 제대로 이끌지 못한 사장의 책임이라고 받아들인다.

조선 왕들은 일식이 일어나면 '어둠이 광명을 가렸다'고 해서 자신의 부덕함을 공개적으로 사죄했고, 천재지변이 닥치면 하늘이 내린 꾸짖음이라고 여겨 스스로를 책망했다. 세종은 가뭄이 들었을 때 "이는 형벌이 바르게 집행되지 못해 죄 있는 자가 잘못하여 용서를 받고 무고한 자가 도리어 화를 입어서일 것이다. 이는 모두 과인의 부덕함에서 비롯된 일이니 내가 반성하며 스스로 자책하길 그만둘 수 없다"라고 했다. 영조는 천둥이 쳤다는 보고를 받고서 "하늘이 경고하는 뜻을 보이시니 어찌하여 발생한 것인가. 그 이유를 따져 보니 잘못이 과인에게 있다. 나 자신을 수양하는 일에 미진한 점은 없었는가. 마음을 비우고 간언을 받아들임에 있어서 부족한 점은 없었는가"라고 하며 스스로 반성하는 내용의 교서를 내렸다고 한다.[1]

천재지변이 어찌 왕들의 잘못이었겠는가. 어쩔 수 없는 일에도 무한한 책임을 지는 자세를 보여 주는 것이 군주의 진정한 위엄이고 짊어져야 할 무게임을 알기에, 그들은 그저 "모두 내 탓이오"를 외쳤을 뿐이다. 훌륭한 업적을 남긴 왕일수록 "내 탓이오"를 연발하며 뼈아픈 반성을 한 반면, 실패한 왕일수록 "네 탓이오"를 연발하며 신하들을 강력히 문책했다. 팔로워의 특권이 뭐든 '네 탓', '내 탓'을 가리거나 '주위 탓'을 하는 것이라면, 리더의 천형은 '모두 내 탓'을 자인하는 것이다.

일개 직원의 사표, 우습게 여길 것인가, 무섭게 여길 것인가? 직원의 사표를 자신에 대한 해고 통지서로 받아들일 정도로 자신을 성찰하고 조직을 관찰하며 나아갈 방향을 끊임없이 통찰하는 것이야말로 진정한 사장 마인드라고 할 수 있다. 절이 싫으면 중이 떠나는 법이라고? 절이 싫은지 주지가 싫은지 잘 살펴보라. 절이 싫으면 중이 떠나야 하지만, 주지가 싫으면 주지를 바꾸기도 하는 법이다.

직원의 사표는 '잠수함의 토끼'와 같은 적신호다. 잠수함의 기술이 지금처럼 발달하기 전에는 토끼를 데리고 잠수함을 탔다. 토끼는 잠수함 속 공기의 변화를 사람보다 대여섯 시간 전에 알아채서 산소가 부족해지면 정신을 잃었다. 사람들은 그것을 보고 위험에 처하기 전에 대책을 세울 수 있었다. 직원의 연달은 이직은 잠수함에서 쓰러진 토끼가 보내는 신호다. 간과하거나 무시했다가는 남은 사람들이 모두 '질식사'하기 십상이다.

사장에게 필요한
마음의 지우개

　직원이 떠날 때의 풍경은 때로 남녀가 헤어질 때와 비슷하다. 이혼을 앞둔 부부가 신혼여행 때 사용한 여행 가방을 누가 가질 것이냐를 두고 싸우다가 결국 반으로 나눠 가졌다는 패패敗敗의 게임이 여기에도 적용된다.

　퇴직한 직원에게 며칠분의 월급 정산 문제를 갖고 노동법 위반으로 고소당했다는 한 사장은 분에 못 이겨 숨을 몰아쉬었다. 기습 사표를 던지는 직원의 태도에 상처받은 중소기업 사장도 많다. 그동안 직급에 눌려 끽소리 못 하고 죽어 지내던 직원들은 사표를 제출하는 순간에 회심의 미소를 짓기 마련이다. 당당해져 가슴에 담아 놨던 말이나 꼭꼭 숨겨 뒀던 반항의 표정을 한꺼번에 풀어놓는다. '날 봐서 좀 있어 달라'는 부탁에 '바로 당신 때문에 떠난다'는 듯한 묘한 표정이 돌아올 때 리더는 씁쓸해진다. 퇴사가 일상다반사가 된 요즘은 붙잡아 봤자 소용이 없다는 사실을 체념하며 받아들이기도 한다. 모 기업에서는 고급 오디오까지 갖춰 두고 차 마시며 대화할 수 있는 직원 면담실을 설치하기도 했다. 안간힘을 쓰는 마음, 씁쓸한 마음, 이는 모두 잡고 싶은 마음의 발로다. '외부 고객보다 내부 고객인 직원이 중요하다'는 말은 이제 구호가 아니라 현실이다.

한 IT 업체의 P 사장은 사직서를 내겠다는 직원을 붙잡고 자신에게 한 번만 기회를 더 달라며 통사정을 했다. 돌아온 것은 '결심이 확고하다'는 냉정한 답변뿐이었다. 사람도 별의별 사람이 다 있어서, 무슨 억하심정인지 그만두며 인수인계를 제대로 해 놓기는커녕 문서마다 비밀번호를 걸어 놓는 등 고의적으로 훼방 놓고 떠나는 직원들까지 있다.

"내가 어떻게 키웠는데⋯."

"세상에 정말 믿을 사람 하나 없구나."

그때마다 '이놈의 정 때문에⋯' 하며 다시는 직원에게 정을 주지 않겠다고 다짐하지만, 쉽지 않다. 인간관계에 불가근불가원이 어디 칼처럼 지켜지는가. 자동차도 아닌데 액셀 밟았다 브레이크 밟았다 하며 사람에게 가는 정을 적당히 조절하는 일이 가능할 리 없다.

작지만 탄탄한 건설 회사를 운영하는 L 사장은 "직원이 떠난다고 하면 이것저것 다 떠나 솔직히 자존심이 무너진다"라며 "통사정했는데도 찬바람이 쌩하게 돌아서면 너무 괘씸해 핸드폰 번호, SNS 등 그 직원의 연락처를 모두 지워 버린다"라고 털어놨다.

사장에게 채용의 안목만큼
중요한 이별의 기술

'마음의 지우개'는 이별한 커플뿐 아니라 떠난 직원에 대한 사장의 아쉬움을 없애는 데도 필요하다는 생각을 하고는 한다. 다만 말처럼, 마음처럼 지워지지 않으니 문제지만 말이다. 사장으로서 자존심 상하는 것도 문제지만, 업계라는 게 어차피 콧구멍만 한 동네인데 나가서 사적인 감정으로 회사와 사장에 대해 무슨 나쁜 소리라도 하지는 않을까, 그런 걱정도 사장을 노심초사하게 하는 원인 중 하나다.

직원과의 이별, 어떻게 대처할 것인가? 직원의 사표를 자신의 리더십을 검증하고 반성하는 계기로 삼는 일만큼 중요한 것이 그들과 '잘' 헤어지는 일이다. 쿨하게 헤어지는 것, 뒷모습이 아름답게 기억되는 것은 절정의 연애술이다. 유혹의 기술보다 한 단계 위다. 리더십도 마찬가지다. 채용 같은 만남의 기술보다 더 힘들고 또 중요한 것이 떠나는 직원과 이별하는 기술이다.

홍보업계의 B 사장은 직원이 떠날 때 스스로에게 이런 질문을 던지며 허전한 마음을 다독인다고 한다.

'나는 과연 그를 평생 책임지고 돌봐 줄 자신이 있는가?'

이렇게 자문자답하다 보면 검은 머리 파뿌리 되도록 돌봐 주며 백년해로할 자신도 없으면서, 상대에게만 일방적으로 흔들림 없는 충성을 요구하는 것이 어불성설임을 깨닫게 된다는 것이다.

한편 대기업에 부품을 납품하는 D 사장은 "절대 나쁜 뒤끝을 남기지 않는 게 중요하다"라고 강조했다.

"우리 회사보다 큰 곳으로 옮기는 직원은 '적진에 심어 놓는 영업맨' 이라고 생각하고 이직을 응원해 줍니다. 유능한 에이스가 움직이면 직원들이 동요할까 봐 걱정되기도 했는데, 잠시 분위기가 어수선해지 기는 했지만 금방 제자리로 돌아오더라고요. 오히려 우리 회사에서 잘하면 큰 회사에 스카우트될 수 있다는 가능성을 보고 더 열심히 일 하는 직원들도 생기고요. 남들은 칭찬인지 비웃음인지 '사원 양성 사 관 학교'라고 부르기도 하지만 상관하지 않습니다. 다른 곳으로 옮기 는 직원이 많아질수록 곧 영업맨이 늘어나는 거라고 생각하기로 했어 요. 직원이 떠나는 만큼 젊은 피를 수혈해 새로운 인재로 채운다고 생 각하고요. 머릿속에 딴생각을 품고 몸만 사무실에 있기보다 빨리 떠 나는 게 차라리 낫지 않겠습니까. (가벼운 심호흡을 하며) 사실 그렇 게 생각하지 않으면 어쩌겠습니까?"

드물기는 하지만 어렵게 직원의 마음을 돌리는 데 성공하기도 한 다. 회사를 떠나는 직원의 52퍼센트는 관리자나 조직이 퇴사를 예방 하기 위해 조치를 취하면 퇴사를 재고하고 회사에 남을 의향이 있다 는 갤럽의 조사가 있다.

실제로 Y 사장은 평소에 직원과의 면담 자리를 정기적으로 마련했던 게 출사표의 '위화도 회군'처럼 퇴사를 결심한 직원의 마음을 중도에 돌 리는 데 효과적이었다고 말한다. '일을 하며 보람을 느낄 수 있었는지, 업무를 통해 무엇을 느꼈는지, 회사가 성장의 발판을 잘 마련해 줬는 지, 원활한 업무 진행을 위해 관리자가 보완하거나 조력해야 할 사항이 있는지'를 일대일로 터놓을 기회가 있다면, 직원의 이직율을 0퍼센트로 줄일 수는 없더라도 인재 이탈을 효과적으로 막을 수 있다. "잡은 물고기에게는 미끼를 주지 않는다"는 말이 있다. 허나 놓친 고기, 아니 놓칠 것 같은 고기에게는 당연히 미끼를 줘야 하지 않겠는가. 이때 명심할 점은 직원의 입에서 섭섭한 이야기가 나올 때 "자네가 이번에 머물기만 한다면…" 하며 밑도 끝도 없이 공수표를 날리거나 "자네가 잘못 알고 있는 건데" 하며 반론을 제기해서는 안 된다는 점이다. 문제 상황을 타개하기 위해 무엇을 함께 해 나갈 것인지 이야기하면, 떠나든 머물든 '놓친 고기'의 제언은 조직에 피가 되고 살이 된다.

'회사 보고 들어와 상사 보고 나간다'는 말은 여전히 직장 생활의 진리다. 요즘에는 직장보다 '내 일'에 더 큰 가치를 두고 개인의 성장을 위해 이직하거나 커리어 전환을 위해 퇴사하는 이도 많다. 직원에게 입사 예절뿐 아니라 퇴사 예절을 가르쳐야 하는 것도 신풍속이다. 떠날 때의 기본적인 책임과 매너, 즉 업무 공백을 최소화하고 인수인계 잘하기, 조직 분위기에 부정적인 영향을 주지 않도록 일도 관계도 잘 마무리하기 등의 교육도 필요하다.

충성은 요구하는 것이 아니라
하고 싶은 마음이 들게 만드는 것

내공 있는 사장들이 공통적으로 하는 말은 이미 마음 떠난 사람은 붙잡을 수 없다는 것이다. 단, 에이스 직원이라고 생각한다면 인연의 끈을 놓지 않는 것이 중요하다. 척지거나 "회사 쪽 보고는 ○○도 안

한다"라는 소리는 듣지 않도록 해야 한다는 뜻이다. 한 인사 담당 임원은 에이스 직원이 이직한 후에도 명절마다 시골에 계신 그의 부모님께 선물을 보냈더니, 결국 몇 년 후 원대 복귀해 가장 충성스러운 오른팔이 됐다고 전했다. 한 발 더 나아가, 나간 직원들의 복직을 장려하며 '돌아온 연어 환영'의 자락을 깔아 놓는 사장도 있다.

"유능 인재의 경우, 비록 지금은 떠나지만 언제 돌아와도 환영이라고 여지를 남겨 놓습니다. 명절 때도 과일 선물을 챙겨 주는 등 꾸준히 관계를 유지합니다. 열이면 열 돌아오는 것은 아니지만 돌아오는 경우도 많습니다. '밖에 나가 보니 우리 회사가 제일 낫더라'라며 분위기를 띄우는 효과가 있어 돌아온 연어를 환영하는 방법을 다른 분들께도 권하고 싶습니다."

되도록 "진달래꽃 사뿐히 즈려밟고" 마음 편히 가도록 해 주라는 사람도 있다. 혹시 형편이 되면 퇴직금과 별도로 전별금을 챙겨 주라고 조언하는 속 좋은 사장도 있다. 나간 사람이 회사를 나쁘게 말하지 않도록 하는 '보험' 역할도 되며, 남은 사원들에게 통 큰 사장으로 보일 수 있는 기회이기도 하단다. '나를 버리고 가는 님, 십 리도 못 가서 발병이나 나라'가 솔직한 심경일망정, 내색하지 않아야 남아 있는 직원과 들썩이는 민심을 잡을 수 있다.

드문 이야기지만 떠나는 직원에 대한 복수로 멋진 전화위복의 어퍼컷을 날리는 경우도 있다. 한 중소기업은 부사장부터 일선 팀원까지 대거 이탈하면서 부서 하나가 공중분해되다시피 했다. Y 사장은 무주공산 상태에서 넋 놓고 있다가 정신을 수습했다. 주먹을 움켜쥐고 남은 직원에게 일도양단의 선택을 요구했다.

"결원을 보충하기 위해 새로 직원을 뽑을까, 아니면 지금 인원으로 일하면서 그들 월급으로 인센티브를 줄까."

직원들은 후자를 택했고, 각각 일당백으로 배전의 성과를 올리며 오히려 조직이 군살은 빼고 근육은 강화하는 체질 강화의 계기를 마련했다.

직원의 퇴사에 소금을 뿌릴 것인가, 재를 뿌릴 것인가, 진달래꽃을 뿌릴 것인가? 아니면 '돌아온 연어 환영' 깃발을 흔들 것인가. 사장마다 이별에 대처하는 방식은 다르다. 상황마다 그때그때 적합한 패도 다르다. 만나면 헤어지게 돼 있고, 헤어지면 만나게 돼 있는 게 인간관계의 이치라고들 한다. 아프고 쓰린 이별의 순간에도 먼 훗날을 기약할 줄 아는 지혜, 남은 민심을 다독일 줄 아는 여유, 자신의 가슴은 재가 되더라도 회사와 직원을 먼저 챙기는, 그 쉽지 않은 배포가 바로 사장인 당신의 일이자 당신이 짊어진 책임이다.

여기에 더해 사장은 언제나 뜻밖의 이별에 대비해 유비무환의 태세를 갖춰야 한다. 직원의 돌연한 이직에 상처를 덜 받는 사장은 인품이 좋아서라기보다 정 안 되면 자신이라도 나서서 빗자루 들고, 엑셀 두드리고, 손님 상대할 각오를 가진 경우다. 돌이켜 생각해 보라. 심하게 화가 나는 때는 사안 그 자체가 힘들어서가 아니라 대안이 없어 보여서지 않은가. 통제할 수 없는 상황이어서가 아닌가. 직원 퇴사로 인한 고독도 마찬가지다. 대안이 있으면 덜 힘든 법이다. 스페어타이어가 있어야 타이어가 펑크났을 때 재빨리 갈아 끼울 수 있다. 내공 있는 사장들은 한 명의 능력자에게 집중적으로 일을 맡겨 '자네가 없으면 우리 회사가 흔들려' 하는 편중 현상이 일어나지 않도록 미리 시스템을 준비한다. 평상시에도 전시 체제를 갖춘다. 직원이 언제 그만둘지 모른다는 전제로 업무의 흐름이나 방식, 조직의 구성을 짜 놓는 것이 직원에게 변함없는 충성을 요구하는 것보다 현실적 방법이다. 사장의 자리가 주는 두려움을 용기로 만드는 배포와 아량은 실력과 준비에서 나온다.

미래를 살면 사장이고 현재를 살면 직원이다

"리더십이란 리더가 내린 결정을 구성원들이 따르도록 결집하는 자질이다."

마이크로소프트의 CEO 사티아 나델라가 내린 리더십의 정의다. 리더십에 대한 정의는 많지만 이는 특히 더 마음에 와닿는다. 결정을 내리되 실행을 통해 결집하지 않으면 의미가 없다. 소방관 13명의 목숨을 앗아 갔던 1949년 미국의 산불 사건을 예로 들어 보자. 소방대장 와그너 도지는 산불이 번지는 것을 막으려면 작은 맞불을 놔야 한다고 말했지만 아무도 그의 지시를 따르지 않았다. 그는 대책을 알았지만 효과적으로 리더십을 발휘하지 못해 최악의 대가를 치러야 했다.

이는 그리스 신화에 등장하는 예언자 카산드라의 비극을 연상시킨다. 아폴론이 아름다운 미모에 반해 구애하자 카산드라는 미래를 내

다볼 예지력을 주면 그 사랑을 받아들이겠다고 말했다. 카산드라는 예지력을 얻은 뒤 그를 배신했고, 분노한 아폴론은 아무도 카산드라의 예언을 믿지 않는 저주를 내렸다. 분명히 미래가 빤히 보이는데 아무도 그 예언을 믿어 주지 않는 카산드라의 비극…. 이는 사장이 부딪히는 현실이다. 팥으로 메주를 쑨다고 해도 믿어 줬으면 하는 게 사장의 마음이지만 어디 현실이 그런가. 콩으로 메주를 쑨다고 해도 믿을까 말까다. L 사장은 비전 워크숍을 마친 후 식사 자리에서 '진짜 비전을 말해 달라'는 직원의 요구에 당황했던 경험이 있다고 털어놨다. 일껏 컨설턴트도 불러다 비전 선언문까지 작성한 것은 다 무엇이라는 말인가.

강의를 나가 사장과 회사 안을 돌며 이야기를 나누다 보면 난감한 상황이 자주 펼쳐진다. 현관에서 엘리베이터까지 걸어가는 그 짧은 동안에도 사장은 대부분 산만하기 그지없다. 떨어진 휴지를 줍고 쓰러진 광고판도 세우고 하다못해 화분의 마른 잎까지 떼어 낸다. 여기서 끝이 아니다. 사무실에 들어서기가 무섭게 자신이 본 문제들을 시정하고 지시하느라 바쁘다. 반면에 직원이 회사를 안내하는 경우에는 비뚤어진 현수막이나 쓰러진 광고판을 바로잡는 일이 거의 없다. 사장에게는 온갖 일이 '내 일'이지만, 직원에게는 '내 일'과 '네 일'이 구분돼 있기 때문이다. 사장은 자신이 움직이지 않으면 아무것도 되는 일이 없다고 생각하지만, 직원들은 굳이 자신이 하지 않아도 누군가가 할 것이라고 생각한다.

커피 전문점을 운영하는 J 사장은 며칠 휴가를 다녀왔을 때 고장난

의자가 여전히 그 자리에 놓여 있는 것을 보고 기함을 했다. '누군가 고쳐 놓겠지' 여기고 특별한 지시 없이 휴가를 떠났는데, 드라이버로 나사만 돌리면 되는 간단한 일을 아무도 신경 쓰지 않고 삐그덕거리는 의자를 며칠이 지나도록 그냥 놔둔 것이다. 사장이 움직인다고 모든 직원이 따라 하지는 않지만, 사장이 움직이지 않으면 아무도 움직이지 않는다.

사장과 직원의
동상이몽

한때 직급별 개의 표정이 온라인에서 화제가 된 적이 있다. 사장 개는 눈에서 레이저가 나올 정도로 눈빛이 빛나고 강렬했다. 반면 직급이 낮을수록 눈빛의 조도가 떨어지더니 사원급에 와서는 졸도 직전의 표정이었다. 강의 때 이 사진을 보여 주면 경영자와 직원의 반응이 영 딴판이다. 경영자들은 기진맥진한 사원 개의 사진을 보며 혀를 찬다.

"나는 사원 때 저러지 않았는데… 쯧쯧."

열정도 의욕도 없는 무기력한 표정이 못마땅한 사장들의 마음도 이해는 간다. 하지만 직원들도 할 말은 있다. 그들은 사장 개의 강렬한 눈빛을 총기가 아닌 '도사견의 날카로운 감시의 시선'으로 본다. 그리고 말한다.

"나도 사장만큼 월급 주면 저렇게 눈에 불을 켜고 일할 수 있다고!"

사장과 직원 사이에는 이처럼 생각의 간극이 큰 동상이몽이 비일비재하다. 사장은 "열심히 하면 그만큼 챙겨 주겠다"라고 하지만, 직원들은 "챙겨 주면 그만큼 열심히 하겠다"라고 한다. 왜 그럴까.

리더는 대부분 미래에 경도돼 있는 반면 구성원들은 대부분 현재에 치중하기 때문이다. '5년 후, 10년 후에도 내가 여기에 있을지 누가 아느냐'는 것이 직원들의 일반적인 심리고, 헌신하면 헌신짝 되더라는 것이 솔직한 경험담이다. 사장은 자신이 그리는 미래를 믿고 직원들이 따라와 주기를 바라고, 직원들은 자신이 처한 현재를 사장이 제대로 알고 챙겨 주기를 바란다. 사장은 '프로 의식'을 요구하고, 직원은 이를 '포로'라고 읽는다. 사장은 몰입을 강조하지만 직원은 탈진이라고 읽을 때 동상이몽, 아니 동상백몽 현상이 빚어지기 십상이다.

적극적이고 주도적인 마인드로 맡겨진 일 외의 부가적인 업무도 더 해내는 것. 이 문장을 한 단어로 압축한다면? '몰입'이다. 예전에 기업 교육에서 1순위로 요청됐던 '주인 의식'을 대체하는 요즘의 기업 교육 키워드다. 표현은 다르지만 주도적이고 적극적인 근무 태도를 의미한다는 점에서는 같다.

모 반도체 업체의 B 사장은 현실적인 대안으로 주인 의식을 '주인공 의식'이라는 말로 바꿨다고 설명한다.

"직원이 실제 주인이 아닌데 주인 의식을 가지라는 게 현실적이지 못하다는 생각이 들었습니다. 그래서 주인공이 되라고 말하지요. '단순히 월급을 받는다는 측면에서 보면 일을 많이 할수록 손해라고 생각하는 게 맞다. 하지만 경험과 지식을 쌓아서 주인공이 되려면 일을 많이 할수록 이익이다. 그것이 주인공 의식이다'라고요. 직원들이 얼마나 받아들일지는 모르겠습니다만…."

직원에게 사장 마인드가 필요하듯
사장에게도 직원 마인드가 필요하다

리더에게 언제 외롭냐고 물으면 '직원이 내 마음 같지 않을 때'를 꼽는 경우가 많다. 흔히 직원에게 사장 마인드를 갖고 일하라고 말한다. 직원이 직원 마인드를 갖는 것은 당연한 반면 사장 마인드는 가지려고 노력해도 될 둥 말 둥 하기 때문에 강조하는 것이다. 직원이 의도적으로 사장 마인드를 가지려고 노력해야 한다면, 사장 또한 직원 마인드를 가지려고 노력해야 하는 게 아닐까.

H 사장은 코로나 시국에 직원들과 함께 소통을 강조하는 온라인 노사 협의 모임을 가졌다. 어려운 시기를 헤쳐 나갈 중요한 방침을 설명했는데, 직원들은 내용에 집중하기는커녕 댓글로 사장의 명품 넥타이, 벨트, 시계 등의 액세서리와 같은 부수적인 사항을 지적하는 게 아닌가.

"정말 외롭고 괴롭더군요. 손가락을 보지 말고 달을 보라는데, 이것은 그것보다 더하다고나 할까요. 모두 수수방관하는 것은 고사하고, 안 보이는 데서 삿대질까지 한다는 생각이 들었습니다. 광야의 초인, 아니 광인이 돼 혼자 애쓰는 것 같아 외롭다는 생각을 넘어 무섭다는 생각까지 들었습니다."

내 마음 같지 않은 직원, 내가 말하지 않으면 까딱하지 않는 직원,

아니 아예 문제를 보지 않거나 문제를 다른 데로 돌리는 직원을 보며 느끼는 사장의 쓰라린 고독이다.

모 반도체 업체의 L 사장은 직원들이 삼삼오오 모여 손님이 드나드는 장소에서 담배를 피우는 것을 목격하고, 고객이 불쾌함을 느끼지는 않을지, 회사에 안 좋은 이미지를 갖지는 않을지 걱정했다. 직접 나서자니 담배 피우는 것까지 간섭하는 쫀쫀한 규율 반장으로 여겨질까 봐 다른 임원이 대신 조치를 취하도록 했다. 그런데 웬걸. '근무 시간 중 흡연 자제'라는 지시가 원래 의도와는 다르게 '사장의 동선 지역 외에서 흡연할 것'으로 왜곡돼 전달된 것을 보고 허탈함을 느낄 수밖에 없었다. 분식 회계만 문제가 아니다. 애초의 지시가 몇 단계를 거치면서 원래의 의도, 성격과 달라지는 '분식 지시'도 문제다.

사장에게 내 마음 같지 않은 직원에 대한 불만을 물어보면, 마치 울고 싶은 아이 뺨 때려 준 것처럼 섭섭하고 답답한 일화들이 봇물처럼 철철 쏟아진다. 믿고 의지할 수 있는 동지까지는 바라지도 않고 밥값을 하는 직원조차 찾아보기 힘들다고 하소연한다.

'일하기 좋은 직장'이 '모두가 일하기 편한 직장'과 같은 의미는 아니다. 열심히 일하는 사람이 행복한 직장이 진짜 일하기 좋은 직장이다. 구글, 사우스웨스트 항공, 스타벅스는 물론이고 처음 들어 보는 각종 회사의 직원 복지 사례는 청산유수처럼 줄줄 외면서 정작 그 기업들이 성과를 평가하는 엄정한 기준과 원칙에는 '나 몰라라' 입 다무는 직원을 보노라면 왜 속이 터지지 않겠는가. 갤럽의 〈글로벌 업무 현장 보고서 2013〉에 따르면 조사 대상인 142개국의 '업무에 몰입하는 직장인'의 평균 비율이 13퍼센트인데 한국의 비율은 전체의 11퍼센트다. 비몰입 직원은 67퍼센트고, 소극적 태업 직원은 22퍼센트다. 한 방향으로 노를 저어도 시원찮을 판에 노를 젓지 않는 것은 고사하고 반대편으로 열심히 몰거나 먼 바다를 응시하는 직원이 눈에 보일 때, 사장의 마음은 타들어 간다.

일본 교세라 그룹의 회장 이나모리 가즈오는 직원의 유형을 자연성, 가연성, 불가연성으로 구분한 바 있다. 즉 스스로 동기 부여할 수 있는 직원, 불을 댕겨 줘야 하는 직원, 아무리 해도 불붙지 않는 직원이 있다는 것이다. 내 마음 같지 않은 것을 넘어 반대 방향으로 노를 젓는 직원을 보는 사장의 속은 타들어 가고, 회사를 위하고 생각하는 사람은 자신뿐인 것만 같은 외로움은 커져만 간다.

태양광 업체의 C 사장 역시 임원 회의를 마치고 오면 고독이 물밀듯 밀려온다고 한다. 임원이라는 사람들조차 자다가 봉창 뜯는 이야기를 하거나 묵묵부답인 경우가 많기 때문이다. 회의 안건을 일주일 전에 공지해 준비할 시간을 충분히 줬는데도 자기 생각을 정리해 오기는커녕 아무 준비도 해 오지 않은 티가 역력하거나, 사장의 마음속을 맞추기 위해 치열한 눈치 게임을 하는 모습이 역력할 때는 화가 나다 못해 허무하다. 일대일로 지시할 때는 복창이라도 시키겠지만, 여럿이 모였는데 '얼라'도 아니고 제대로 이해했는지 일일이 '대차 대조'를 할 수도 없는 노릇 아닌가. 기다리면 따라올 것인지, 더 다그쳐야 하는 것인지 판단이 서지 않는다고.

제약 업체의 오너인 G 사장은 "사장은 식물이고, 직원은 동물"이라고 분류해 설명한다. 분류 기준은 환경 정착성과 적응성 여부다. 사장은 제아무리 악조건이라도 그 환경에서 마음대로 벗어날 수 없으며, 멋대로 이동할 수도 없다. 식물 역시 환경이 좋든 나쁘든 주어진 땅에 뿌리를 내릴 수밖에 없다. 동물은 다르다. 먹이가 떨어지면 언제든 떠날 준비가 돼 있다. 무엇이 좋다 나쁘다 할 수 없는 자연의 생리다.

S 사장은 본인에게도 퇴사하고 싶은 순간이 있다며 이렇게 말했다.

"학교를 졸업하고 놀란 사실 중 하나는 선생님도 방학을 좋아한다는 것이었습니다. 솔직히 사장도 그렇습니다. 다 내려놓고 퇴사하고 싶은 마음이 들 때가 있지요. 다만 자리의 무게감과 책임이 커서 견디고, 그저 마라톤 선수처럼 뛸 뿐이지요. '우리 직원들은 왜 이것밖에 안 될까' 하고 원망하기보다 '그래, 나는 안 그래?'라고 생각하면 한결 마음이 편해져요."

직원에게 사장 마인드를 가지라고는 하지만 사장에게 직원 마인드를 가지라는 말은 하지 않는다. 그러나 사장 역시 직원 마인드를 가질 필요가 있다. 또 다른 시각으로 새롭게 볼 수 있을 것이다.

직원이 내 성에 차지 않을 때
떠올려야 할 것

솔직히 이런 생각을 해 본 적 없는가. 인력은 넘치는데 인재는 없다고…. 마치 여자들이 옷장에 옷이 가득한데도 외출할 때 입고 나갈 옷은 없다고 불평하는 것처럼 말이다. 뺀질이와 눈치코치 9단만 넘쳐 나고 일할 사람 하나도 없다며, 나 젊었을 적 10분의 1만 해도 고맙겠다며 한숨 푹푹 내쉬는 리더가 있다면 위로 삼을 이야기가 있다.

많은 경영자의 농익은 경험담에서 나온 "사장처럼, 사장보다 열심히 일하는 직원은 이미 직원이 아니다"라는 말은 어찌 보면 당연한 진리다. 사장 마인드로 일하는 직원은 장차 사장감이다. 그렇게 일을 열심히, 잘하는 직원은 누가 봐도 베스트일 수밖에. 경쟁 업체에서 눈독을 들이고 스카우트할 공산이 높다. 남이 눈독 들이지 않더라도 동종 업계에서 스스로 창업해 곧 라이벌로 부상할 가능성이 크다. 직원이 능력에 인품까지 갖추면 그나마 대비할 숙려 기간이라도 있지만, 그저 사장급 실력만 갖춘 직원이라면 믿는 도끼에 발등 찍히는 것도 모자라 심하게는 뒤통수를 맞을 수도 있다.

사장 마인드로 일하는 직원은
사장을 하게 돼 있다

　모 무역 업체의 이야기다. A 팀장의 사내 별명은 '일벌레'로, 자타 공인 사장의 심복이었다. 그는 영업이면 영업, 관리면 관리, 회사 일을 자기 일처럼 몸 바쳐 일했다. 프로젝트를 맡으면 납기일 안에 해내기 위해 철야도 불사하는 열정은 물론, 사장과 회사를 향한 충성심까지 둘째가라면 서러울 정도였다. 사장이 해외 출장을 갔다 돌아오는 길이면 설사 새벽이라도 공항에 마중을 나오는 것은 기본이었다. 나오지 말라고 해도 본인이 좋아서 하는 일이라고 하니 더 든든하고 고마울 따름이었다. 믿는 도끼에 발등 찍힌다고, 몇 년간 업계 돌아가는 이치를 파악한 A 팀장은 "이제 일은 배울 만큼 배웠으니 나의 뜻을 제대로 펼쳐 보고 싶다"라며 직접 회사를 차려 독립해 나갔다.

　비슷한 사례는 또 있다. 교육 컨설팅 회사를 운영하는 J 사장은 고교 후배 A 이사를 철석같이 믿었다. 워낙 능력이 출중해 그에게 맡겨 놓으면 신경 쓸 것이 없었다. 거래처 관리 등 중요한 일은 A 이사에게 전적으로 맡기고 실무에서 거의 손을 뗐다. 문제는 그 후였다. 실무 및 관리를 일임하다시피 하자 점점 오만해진 그는 안하무인으로 굴기 시작했다. 사장처럼 일하는 것을 넘어 자신이 사장인 듯 행동했다. 얼마 지나지 않아 A 이사는 그간 차곡차곡 확보한 VIP 고객을 기반으로 자신의 회사를 차렸다. 대책 없이 당한 J 사장은 자신의 사람 보는 눈 없음을 탓했지만 만시지탄일 수밖에 없었다.

다소 극단적인 사례들일 수는 있지만, 결국 사장 마인드로 팔 걷어붙이고 일하는 직원을 데리고 있는 사장을 마냥 부러워할 일만은 아니다. 리더들이여, 직원에게 주인 의식이 없다고 너무 속상해하지 말자. 모두가 사장처럼 일하는 것은 그야말로 사장의 장밋빛 로망, 유토피아일 뿐이다. 사장 마인드로 일하는 직원은 사장을 하게 돼 있다. 당신의 자리를 내주거나 맞붙거나, 비정하거나 비장하거나…. 그것이 세상의 이치다.

사장에게는
천리마 하나보다 백리마 열이 낫다

《장자》에 따르면 산을 지키는 것은 잘생긴 나무가 아니라 모두가 쓸모없다고 생각했던 못생긴 나무였다. 쓸모 있는 나무는 일찍 베인다. 계피나무는 향기가 있다고 베이고, 옻나무는 칠에 쓰인다고 베인다. 옹이가 박히고 결도 좋지 않아 어디에도 쓸모없어 아무도 베어 가지 않은 나무는 결국 크고 무성하게 자라 산을 지킨다.

사람이든 자연이든 본성 그대로 놔두는 것을 가치 있게 여겼던 장자는 무용지용, 즉 '쓸모없는 것의 쓸모 있음'이라는 역설의 지혜를 가르

쳤다. 못생긴 나무는 쓸모없는 것이 아니라, 다만 쓰이는 시기가 늦은 것뿐이라는 이야기다. 이 말을 조직에 대입해 보면 지금 좀 늦되고 답답하더라도 그런 못생긴 나무 같은 직원이 회사에 오래도록 남아 성실하게 일하고 튼실하게 공헌할 수 있다는 뜻이다.

공자의 수많은 제자 중에서 학통을 이은 제자가 누구인지 아는가? 난다 긴다 하며 재주가 출중했던 실력파 제자들이 아니다. 그들은 일찍이 조정에 진출하든 용기와 재기가 뛰어나 세파를 겪든 이런저런 이유로 공자를 떠났다. 공자의 학통을 이은 것은 평소에 좀 '둔하다'는 평을 들으며 때로는 '찬밥' 대접까지 받았던 끈기파 제자 증자다. 증자는 공자의 가장 뛰어난 제자 열 명으로 꼽히는 '공문10철'에도 들지 못한 인물이다. 하지만 끈기 있게 배우며 버텼고, 결국 공자의 학통을 이었다.[2] 강한 자가 살아남는 것이 아니라 살아남는 자가 강한 것이라는 세간의 이야기를 증명하는 사례다.

한비자는 '보통 사람 지도자론'과 같은 맥락에서, 말을 기르고 훈련할 때도 굳이 적토마나 천리마가 되기를 기대할 필요가 없다는 논리를 편다. 천리마가 하루에 1,000리를 달리는 우수한 말이기는 하지만, 흔치 않다. 있다 해도 모셔 오기 어렵고, 관리하기는 더더욱 어렵다. 천리마가 없다면 어떻게 해야 할까? 평범한 말도 먹이를 제대로 주고 잘 길들이면 하루 100리는 무리 없이 달릴 수 있다. 그런 말을 열 마리 키워, 100리마다 역참을 두고 말을 갈아탄다면 하루에 1,000리를 갈 수 있지 않겠는가.

알리바바그룹의 창업자 겸 초대 회장인 마윈은 조직에 적합한 인재를 강조하며 "경운기에 콩코드급 인재를 장착하면 제대로 작동하지 않는다"라고 말한다. 결국 직원의 수준은 조직의 수준을 넘지 못할 뿐만 아니라 넘어서도 오히려 역기능을 일으킬 수 있다. 직원의 실력보다 중요한 것은 리더의 인재 육성 실력이다. 조직의 수준은 곧 리더의 수준이라고 해도 과언이 아니다. 천리마가 없다면 백리마로 1,000리를 갈 수 있는 방법을 모색하고, 잘생긴 나무가 없다면 못생긴 나무만으로도 울창한 숲을 만들어 낼 줄 알아야 한다.

말귀를 알아듣지 못한다고 속 끓이기 전에 '이 정도, 이 수준'의 사람들을 이끌어 성과를 내려면 어떻게 해야 하는지 고민하라. 인재를 육성하려면 실력과 끈기가 필요하다. 인재를 키우려면 그보다 뛰어난 실력이 있어야 하고, 둔재를 키우려면 기나긴 인고의 시간이 요구된다. 결국 리더가 조금 더 참고 조금 더 실력을 쌓지 않으면 인재든 둔재든 다 손에서 새 나가는 모래알일 뿐이다. 천리마형 인재, 사장 마인드 직원이 우리 조직에 없다고 매양 괴로워할 일은 아니다. 힘들고 지칠망정, 평범한 말을 육성하고 못생긴 나무를 가꾸고자 노력하는 것이 조직을 지키고 키우는 더 현명한 길이다. 사장의 실력은 재기가 아니라 끈기에서 나온다.

자존심을 버릴 줄 아는 사장과
버리지 못하는 사장의 차이

금융권 보안 업체의 K 사장이 불쑥 물었다.

"1,000원권, 1만 원권, 5만 원권이 땅바닥에 떨어져 있습니다. 이 돈을 모두 가질 수 있는 방법은 무엇일까요?"

잘 생각나지 않아 뜸 들이지 말고 답을 가르쳐 달라고 재촉하자 그가 웃으며 답했다.

"땅에 납작 엎드리는 것입니다."

결국 권력이든 금력이든 복지부동으로 납작 엎드려야 얻을 수 있다는 메시지였다. 이어서 K 사장은 그동안 살면서 무릎을 꿇어 본 적이 있느냐고 물었다. 자못 자랑스럽게 무릎을 꿇은 적도, 꿇린 적도 없다고 답했더니 "아마도 그래서 돈을 많이 못 버는 것인지도 모른다"라며 너털웃음을 터뜨렸다.

"돈이든 권력이든 무엇을 많이 갖고 있다는 것은 그만큼 무릎을 꿇은 경험이 많다는 뜻이기도 하거든요."

그는 작은 알짜 기업을 운영하는 B 사장과의 일화를 들려줬다. 가업을 물려받아 나름 알토란같이 회사를 성장시킨 B 사장은 자신뿐 아니라 회사에 대한 자부심이 대단했다. 어느 날, 급하게 자금을 융통할 일이 생기자 K 사장에게 금융계 인사를 소개해 달라는 청을 해 왔다. 웬만하면 아쉬운 소리를 하지 않을 성격인지라 그의 예상치 못한 부탁에 K 사장은 다소 놀랐다.

더 놀라운 일은 그 이후였다. K 사장도 있는 자리에서 B 사장이 소개 받은 인사에게 대뜸 무릎을 꿇었던 것이다. 이 모습을 지켜본 K 사장이 내린 결론은 이랬다.

"그 자존심 센 사람이 무릎을 꿇는 게 쉬웠겠습니까? 그럼에도 꿇어야 했던 거죠. 사장이라면 대의를 위해서, 조직과 구성원을 위해서 때로는 무릎을 꿇을 줄도 알아야 합니다. 모욕을 당하고 굴종을 강요받게 되더라도 구걸해야 할 때는 구걸해야 합니다. 자신의 체면을 내세우며 뻗대는 것이 작은 자존심이라면, 회사를 위해 무릎을 헐값에 내놓을 줄 아는 게 큰 자존심, 진정한 자존심이죠."

그의 말을 듣고 어느 방송국 PD의 연애담이 떠올랐다. 그 PD는 대학교 신입생 환영회에서 지금의 아내를 보고 첫눈에 반했다. 그녀는 새까맣고 못생긴 선배에게 전혀 매력을 느끼지 못했다. 죽자 살자 좋다고 쫓아다녔지만 면박을 당하기 일쑤였다. 어느 날 그녀가 "내가 이렇게 싫다고 하는데 자존심도 없어요? 왜 자꾸 쫓아다니는 거예요" 하며 퉁바리를 줬다. 그때 그가 조용히 답했다.

"자존심 없이는 살 자신 있는데 너 없이는 살 자신이 없어서 그래."

이 한마디로 그는 아내를 얻었다.

을 같은 갑,
갑 중의 갑이 돼라

중국의 대표 가전 기업인 하이얼그룹의 창업자 장루이민이 초보 사장이었던 시절, 직원에게 줄 보너스를 빌리기 위해 엄동설한에 삼륜차를 타고 지인 집을 찾아갔다.[3] 호밀밭 옆에만 가도 쓰러질 정도로 술을 못했지만, 술 한잔하고 가라는 지인의 말에 술을 마다하지 않았다. 대의를 위한다는 명분 앞에서 자존심은 다만 자만심일 뿐이다. 굴종은 헌신으로 변한다.

목표를 성취하고 회사를 경영하기 위해서는 눈치와 체면에 얽매이지 않고 자신의 자잘한 자존심을 버릴 수 있는 것이 진정한 사장의 용기이고 그릇이 아닐까. 50세 넘어 맥도날드를 창업한 레이 크록은 미국의 전 대통령 캘빈 쿨리지가 쓴 다음의 글을 임원 사무실에 걸어 놓도록 했다.

"좋은 리더가 되는 가장 좋은 방법은 아침에 출근하면서 당신의 자존심을 집에 두고 나오는 것이다. 간도 쓸개도 다 빼 놓고 집을 나서라."[4]

하긴 《별주부전》 이야기를 떠올려 보라. 용왕에게 잡혀간 절체절명의 위기에서 토끼를 살린 것은 '간이 배 밖으로 나온' 담대한 기개가 아니라 '간을 집에 빼 놓고 나온' 기계가 아니었던가.

사장은 조직에서는 '갑'이지만 사무실을 나서는 순간 '을'이 된다. 같은 사장끼리도 사업 규모, 직원 수, 매출을 비교하며 내심 위축되고는 한다. 한 중소기업 사장은 굴지의 대기업 사장을 조찬 포럼에서 매번 만나는데, 그와 명함을 열 번 넘게 교환했는데도 자신을 기억하지 못한다며 섭섭함을 표했다. 오죽하면 예전 모 창업 투자사의 사장이 명함을 내밀 때마다 여배우가 자신의 회사 이름을 기억하지 못하는 것에 자존심이 상해서 영화에 투자하기 시작했다는 소문이 돌았겠는가.

한때 '떠오르는 별'로 주목받았던 청년 사장은 원로 경영자들과 명함을 교환할 때 수행 비서가 대신 명함을 준다며 구설수에 올랐다. 업계의 기린아로 주목받던 그는 떠오르던 속도보다 더 빨리 추락했다. 교병필패驕兵必敗, 자신의 능력만 믿고 교만을 부리는 군대는 싸움에서 반드시 패한다는 말이 괜히 나오는 것이 아니다. 을이 갑보다 오래 살아남는 것은 비즈니스계의 진리다.

식당 주인들이 한결같이 하는 말이 있다. 얻어먹는 사람보다 밥값 계산하는 사람이 오래 살아남는다는 이야기다. 그걸 어떻게 아느냐고? 밥값 내는 사람은 식당에 계속 오는데, 얻어먹는 사람은 어느 순간 발길이 뚝 끊어져 얼굴을 보기 힘들더라는 나름의 분석이다. 사장으로 장수하는 인물일수록 을의 역할을 잘 해내는 이, 적극적으로 찾아서 하는 이가 많다. 아니, 기꺼이 을의 역할을 즐기는 사람이 오래 간다.

그대, 을의 울분이 쌓여 있는가. 그렇다면 기운을 내라. 을은 갑보다 힘이 세다. 갑이 '자리가 주는 외부 충전'으로 움직인다면, 을은 '실력이 주는 자가발전'으로 나아간다. 을이 을 같으면 역할 수행을 하는 것이고, 갑이 을 같으면 인격 수양을 하는 것이다.

모 물류업의 K 사장과 식사를 한 번이라도 한 이들은 그의 '편'을 넘어 '팬'이 된다. 비싼 식당, 값싼 식당 어디에 가든 상관없이 환대받는 기쁨을 느껴서다. 식사가 나오면 마치 그 식당의 주방장처럼 정성 들여 음식을 설명하고 돌아갈 때는 '뇌물'을 곁들인다. 뇌물은 사전적 의미의 뇌물賂物이 아니라 뇌腦를 감동시키는 따뜻한 선물이다.

모 화장품 회사에서 영업 실적 톱을 달리는 L 본부장의 주 고객은 어린이집 원장들이다. 고객을 공략하기 위해 그가 화장품 브로슈어를 들이댔을까? 아니다. 어린이집을 방문한 그는 영업은 뒷전으로 두고, 원아들에게 과자를 사 주고 같이 뛰어 놀기 바빴다. '고객의 고객'을 소중히 여기는 모습, 그것이 감동을 낳았고 진정성을 증명할 수 있었다.

외국계 기업과 주로 거래하는 J 사장은 몇 날 며칠 성심성의껏 대접한 바이어가 아무 이유 없이 마음을 바꿔 계약 없이 돌아가겠다는 연락을 받은 적이 있었다. 어떻게 했을까? '더럽고 치사하다'며 공항을 향해 침이라도 뱉었을까? 그는 바이어가 묵었던 호텔에서부터 공항까지 자신의 차로 정성스레 모셨다. 거래가 무산됐다고 박대하면 그간의 환대마저 수포가 된다고 생각해 치미는 화를 꾹 참았다는 것이다.

"나중에 회사로 돌아와서 위장약을 한꺼번에 몇 포를 들이켰는지 몰라요. 그렇게 위장약을 먹으며 익힌 '을질'이 성공의 밑거름이 됐죠."

굽히고 펴고 납작 엎드리는 데 능해야
끝까지 살아남는다

미국의 차세대 기업가 보 피버디는 저서 《아주 단순한 성공법칙》에서 이렇게 조언한다.

"남의 호주머니에서 돈을 빼 오는 일은 무척 힘든 싸움이란 사실을 받아들여야만 한다. 고객에겐 권력이 있지만 여러분에겐 아무 힘이 없다. 힘이 없는 자의 역할에 익숙해져야 한다. 그것이 비즈니스 세계의 중심에 우뚝 설 수 있는 가장 빠른 지름길이다."[5]

모 외식 업체를 운영하는 J 사장이 들려준 이야기다. 레스토랑 전용 주차장에서 차의 표면이 긁혔다고 불평을 표한 고객이 있었다. 직원이 표면이 여기서 긁혔다면서 어떻게 녹이 슬었느냐고 어디서 뒤집어 씌우느냐며 고객에게 면박을 줘 대판 싸움이 붙었다. 하지만 J 사장은 진상 조사고 뭐고 할 것 없이 그냥 보상해 주라고 말했다. 그는 불만을 제기한 고객보다 분기에 식식거리는 직원을 달래기가 오히려 더 힘들었다고 한다. 직원은 돈 몇 푼과 자신의 자존심을 생각하지만 사장은 그보다 더 큰 이문과 브랜드를 생각해야 하기에 두말없이 고개를 숙이고 고객에게 보상한 것이다.

인내는 굴종과 다르다. 진정한 리더는 굽히고 펴는 데 능해야 한다. 상대가 악인이라면 어떤 핑계를 대며 복수를 해 올지 모르니 피해야 하고, 선량한 사람인데 내가 실수를 했다면 당연히 굽혀야 한다. 주의할 점은 굽히기만 하면 비굴하고, 펴기만 하면 부러진다는 사실이다. 상황에 따라 상대에게 무릎을 꿇고 굽힐 수도 있고, 때로는 엄포를 놓을 수도 있어야 한다.

한나라의 명장 한신을 보자. 어려웠던 시절, 그는 밥 한 덩이를 얻어 먹기 위해 동네 깡패의 가랑이 밑을 기어가지 않았는가. 이후 성공한 한신은 소싯적에 자신을 모욕했던 깡패를 오히려 치하해 초나라의 중위에 임명하고 여러 장수에게 이렇게 말한다.

"이 사람은 장사다. 일찍이 나를 모욕할 때 내 어찌 그를 못 죽였겠는가. 하지만 그를 죽여 봤자 이름을 얻을 수 없었기에 참았던 것이다. 덕분에 오늘날과 같은 공업을 이룬 것이다."[6]

즉 한신이 지금 성공했다고 돌아와 그를 죽인다면 그것이야말로 한신이 못나고 겁이 많아서 못 죽였다는 의미가 된다. 참을 수 있는 상황에서 만만한 사람을 참아 내는 것은 진짜 인내가 아니다. 어려울 때 참고, 성공했을 때 복수하지 않는 것이야말로 용기를 증명하는 길이라고 해석해 볼 수 있다. 한신이 을로서 '쿨하게' 굴할 수 있었던 것은 못났기 때문이 아니라 야망을 가졌기 때문이다.

자신을 무시했다고 죽기 살기로 물고 늘어지는 것은 불독이나 할 일이다. 굴욕을 못 참고 붉으락푸르락 제 분을 못 이기는 사람은 결코 을의 처지를 벗어날 수 없다. 큰 뜻을 가진 자만 참을 수 있는 법이다. '굴함'과 쿨함은 한 끗 차이다. 물러나야 할 때 물러나고 접어야 할 때 접을 수 있는 것, 따뜻한 봄이 오기를 끈기 있게 기다리면서 힘을 비축하는 것, 이것이 궁극적으로 자존심을 지키는 참된 길이다. 근根성과 둔鈍성은 한 뿌리다. 진정한 인내의 방점은 굽히는 게 아니라 전진하는 데 있다.

돈이 곧 사장의
인의예지, 예의염치다

예전 중국에서는 돈을 속어로 '아도물阿堵物'이라고 불렀다. 위진 시대 죽림칠현 중 한 사람인 진의 왕연은 고고하기 그지없어 돈이라는 말은 입 밖에도 내지 않았다. 하루는 부인이 남편을 시험하기 위해 돈을 침대 주위에 뿌렸다. 돈을 건드리지 않고서는 움직일 수 없도록 만든 것이었다. 왕연이 아침에 일어나서 움직일 수 없자, 자신이 치우지 않고 하녀를 불러 "이것阿堵物을 모두 치워라"라고 했다는 데서 유래했다.[7]

조선 시대에도 선비들은 돈을 금기해 돈에 직접 손을 대지 않았다. 기생집에서 팁을 지불할 때도 상 위에 엽전을 놓고는 젓가락으로 집어서 줬다고 한다. 삶을 살아가는 데 돈이 필요하기는 하지만, 대놓고 좋아하기에는 껄끄러운 선비들의 이중 심리를 잘 표현한 일화다. 돈이 좋을지 몰라도 좇지는 않겠다는 지조는 선비의 미덕이다. 사장에게는 아니다. '남에게 죽는소리는 죽어도 못 한다'는 사람은 사장 명함 만들 생각을 애초에 접어야 한다.

'돈 전錢' 자를 살펴보라. 쇠 금金 하나에 창 과戈 자가 두 개씩이나 붙어 있다. 글자만 봐도 그것을 얻기 위해 내면의 자아의 창과 외부 세계의 창이 치열한 결전을 벌이는 소리가 쟁쟁 들리는 듯하지 않는가. 시장 이상의 치열한 전장이 어디 있는가. 성과 경쟁보다 더 치열한 승패의 전쟁이 어디 있는가. 이 살벌하고 처절한 싸움에서 살아남기 위해서는, 많은 것을 희생할 각오를 해야 한다.

회사 식구의 식구까지 책임져야 하는
사장의 명줄

모 공간 대여 업체의 H 사장이 창업 초기 자금 마련으로 애태웠을 때의 경험담이다. 사업 초창기에는 지출에 비해 수입이 늘 모자라고 또 모자라다. 벌어 와도 시원찮은데 은행 이자는 또 꼬박꼬박 내야 하니, 콘크리트 길을 밟아도 스펀지를 밟는 것처럼 느껴지기 일쑤였다.

투자자를 만나기로 한 전날 밤이면 밤새 시나리오를 짰다. 투자자의 질문과 자신의 대답을 장군 멍군 주거니 받거니 하며 연습했다. 중얼중얼 모노드라마의 배우가 돼 각 역할을 맡아서 실습했다. 이렇게 연습하다 보면 밤을 꼴딱 새우기 일쑤였다. 눈이 벌게져서 술도 취하지 않은 상태로 새벽에 귀가하니, 그의 부인은 남편이 바람났다고 오해할 정도였다. 억울한 오해까지 받아 가며 연습했지만 투자받는 일이 순탄했을 리 없다. 철두철미하게 준비한 포트폴리오를 들이밀어도 상대가 뜨뜻미지근하면 고개도 조아리고 바짓가랑이에도 매달려 가며 읍소했다. 왜 그렇게까지 했을까. H 사장의 말이다.

"돈이란 사장에게 명줄과 같은 거예요. 내 전부를 바치지 않고서는 한 발짝도 다가오지 않아요. 문전박대라는 말을 뼛속으로 실감할 만큼 수없이 거절당해 피멍이 들어도 올까 말까 하지요. 한두 번의 시도로 되지 않으면 백만 번이라도 두드려야 합니다. 돈을 쉽게 번 사람은 쉽게 망해요. 돈이 귀한 줄 안다는 것은 돈이 얼마나 무서운 줄 안다는 것과 같은 말이에요. '내가 이것 아니면 밥 못 먹고 살 줄 알아'라고 쉽게 말하는 사람치고 사업 잘하는 사람 못 봤습니다. 목숨 걸고 매달려도 될까 말까 한데, 이것 아니면 밥 못 먹고 산다고 생각해야지요."

직원에게 실수령 400만 원의 월급을 지급하려면, 최소한 2,000만 원의 매출은 올려야 한다. 재료비로 1,200만 원, 운영비로 200만 원, 건강 보험, 고용 보험, 산재 보험, 국민연금 등등. 그뿐인가. 전기세, 수도세, 부가 가치세, 개인 소득세, 사업 소득세, 지방 소득세에다가 대출금에 대한 은행 이자까지…. 이득 여부와 상관없이 퇴직금은 무조건 적립해야 한다. 직원이 최소 10명이라고 해도 부양가족을 고려하면 40명의 입이 사장의 어깨에 달려 있다. 밥줄, 명줄, 돈줄의 무서움을 모르는 사람은 사장의 자격이 없다. 스트레스stress의 철자에는 달러를 의미하는 's'가 3개나 들어 있다. 돈을 버는 것은 스트레스와 비례한다는 뜻일지도 모른다.

가끔 자신의 사업이 '구멍가게'만 하다고 겸손하게 표현하는 경우가 있다. 가까운 사이면 그렇게 표현하지 말라고 조언한다. 겸손과 비하는 다르다. 자신이 하는 일을 부끄럽게 여기면 그 일을 오래 지속하기 어렵다. 모든 열정을 쏟아붓지 못하기 때문이다. 성공하는 사장은 결코 자신의 사업을 깎아내리지도, 이익 추구를 부끄럽게 여기지도 않는 법이다.

맹자는 일찍이 "유항산 유항심有恒産 有恒心"이라고 했다. 항산이 없으면 항심을 유지하기 힘든 것은 개인이나 조직이나 마찬가지다. 돈이 인의예지와 예의염치의 물적 토대가 된다는 사실을 모르는 사람은 사장의 자격이 없다. 허망한 유토피아의 기치만 내거는 리더는 존경받기는커녕 기본적인 힘조차 발휘하지 못한다. '밥'을 먹지 못하는데 '법'을 이야기하는 것은 허망하다. 흔히 농담처럼 '피 같은 돈'이라 말한다. 여기에는 두 가지 의미가 있다. 돈이 피처럼 귀중하다는 의미, 그리고 혈액이 순환되듯이 돌고 돌아야 한다는 의미다. 피가 돌아야 몸에 생기가 돌듯 돈이 돌고 돌아야 조직에 생기가 돈다.

모 렌털 업체의 N 사장이 들려준 이야기다. 월급쟁이로 일하던 후배가 창업을 하겠다며 조언을 청하러 찾아왔다. 창업의 이유를 물어봤더니 "이제 남의 일만 해 주는 월급쟁이 신세에 넌더리가 난다. 사장이 돼서 하고 싶은 일은 하고, 안 하고 싶은 일은 안 하는 자유를 누리고 싶다"라고 답하더란다. 그 말을 듣고 N 사장은 대갈일성 야단을 치며 말렸다고 한다. 후배가 말하는 창업의 이유가 실정 모르는 한가한 이야기라 생각해서다.

"사장은 하고 싶은 일만 하는 자유를 가진 사람이 아닐세. 오히려 그 반대지. 남들이 하기 싫어하는 일도 혼자서 끝까지 해야 하는 의무를 가진 자리야. 모두 오만상을 찌푸리며 하기 싫다고 해도 억지로 시키기도 해야 하고…. 직원이 하루 8시간 일한다면 사장은 하루 24시간 근무해야 하는 자리라네. 남들이 월급에서 조금이나마 떼어 내 적금을 부을 때, 사장은 대출받아 회사 투자 자금을 마련해야 해."

흔히 '경영은 돈을 벌기 위한 것이 아니다. 회사와 관련된 모든 사람을 행복하게 하기 위한 활동이다'라고 말한다. 맞는 말이다. 경영을 지속해 나가려면 무엇보다 돈에 대해 철저히 알아야 한다. 돈과 정면으로 마주할 때 돈의 본질과 중요성이 보인다. 회사를 뜻하는 영어 'company'는 함께 빵을 먹는다는 뜻이다. 가족을 뜻하는 '식구' 또한 밥에 엄중한 의미를 담고 있다. 사장치고 작은 돈이라도 돈을 대수롭지 않게 말하는 사람은 없다. 돈은 밥이고 밥이란 곧 생계로, 그 엄중함을 잘 알기 때문이다. '목구멍이 포도청'이라는 말은 어쩔 수 없이 생계를 위해 하기 싫은 일을 억지로 하는 상황일 때 흔히 사용한다. 목구멍이 포도청이요, 밥줄이 위대하다는 것을 알고 하기 싫은 일도 억지로 할 수 있는 용기야말로 진정한 자존심이 아닐까. 리더의 위대함은 '밥줄'의 경건함을 아는 데 있다. 명줄보다도 무서운 게 밥줄이라는 사실을 모르는 사람은 사장을 할 자격이 없다고 고참 사장들은 한목소리로 말한다.

사장을 살리는 한마디

상대성의 원리란 무엇인가. 아인슈타인은 같은 시간이라도 미인과 함께하느냐, 뜨거운 난로 위에 올라가 있느냐에 따라 1시간이 1분처럼 느껴지기도 하고 1분이 1시간처럼 느껴지기도 한다며 이를 설명했다. 월급날에도 상대성 원리가 작용한다. 모두에게 똑같이 돌아오는 월급날이지만 직원에게는 멀게만 느껴지고 사장에게는 없는 집 제삿날처럼 금방 다가온다.

C 사장이 달력을 보며 한숨을 내쉴 때가 있다. 예를 들면 2월은 다른 달보다 월급날이 빨리 돌아오는 달이라 그렇다. 직원 입장에서는 '드디어' 찾아온 월급날이지만, 사장 입장에서는 '벌써 또' 찾아온 월급날이다. 빨간 날이 많은 달도 걱정스럽기는 마찬가지다. 1월, 5월, 12월은 월급쟁이에게는 황금연휴가 이어지는 꿈의 달이다. 반면에 '일 없

이' 월급을 줘야 하는 사장에게는 눈물의 골짜기와 같은 철이다. 곳간을 박박 긁다 보면 달력에 표시된 빨간 날과 적자赤字의 빨간 글씨가 왜 같은 빨간색인지 실감나며 한숨이 절로 나온다. 사장과 직원의 차이는 월급날이 돌아오는 주기의 체감도에 있다.

연말연시와 여름휴가 철은 그렇다 치더라도, 5월은 가랑비에 옷 젖듯 근심으로 마음이 젖어 들어가는 잔인한 달이다. 중소기업 사장에게는 숨이 콧구멍까지 턱턱 막히는 1년의 춘궁기, 보릿고개 같은 달이라고 할 수 있다. 일이 많으면 많은 대로 직원들 눈치 보며 휴일 근무를 시켜야 하니 좌불안석이고, 일이 없으면 없는 대로 휴무와 상관없이 돈이 똑같이 나가니 가시방석일 수밖에 없다.

사업이 어려워도 어쩌겠는가. 내릴 수 없는 자전거에 올라탄 게 사업이 아니겠는가. 내리고 싶어도 넘어지지 않으려면 계속 달릴 수밖에 없다. 달래 줄 사람도, 등 두드려 줄 사람도 없을 때는 본인이 스스로를 토닥거릴 수밖에 없다.

내리사랑은 쉬워도
치사랑은 어려운 법

직원을 예닐곱 명 두고 일하는 기업 교육 컨설팅 회사의 L 사장. 그는 작지만 벽 없는 구멍가게처럼 소박하고 따뜻한 조직을 꾸리는 게 꿈이었다. 더욱이 기업 교육 일을 하는 만큼 리더십에 대해 아는 것도 많았고, 직원들에게 해 주고 싶은 것도 많았다. 그래서 몇 년 전부터 5월이면 감사 편지와 곁들여 얼마 안 되는 금액이나마 금일봉을 마련해 직원들에게 주고 있다.

"5월은 어린이날, 어버이날이 줄줄이 이어져 가장이 돈을 가장 많이 쓰는 달 중 하나잖아요. 돌이켜 보니 연말보다 오히려 더 많이 나가더라고요. 회사 규정상으로는 설, 추석, 여름휴가 때만 보너스가 나가게 돼 있지만 5월에도 꼭 신경 써서 조금씩 챙겨 줍니다."

춘궁기지만 수확기처럼 챙겨 주는 사장의 마음을 직원이 알아주면 오죽 좋겠는가. 그것을 읽어 주지 못할 때면 '에이, 어차피 이런 것 알아주지도 않는데 다 치워 버려' 하는 생각이 들기도 한단다. 보답을 기대하지는 않았지만 인간인지라 섭섭한 마음이 드는 것은 어쩔 수 없다. 당연히 받을 것을 받는다는 듯 개구리가 파리 낚아채듯 가져가다 회사 사정이 어려워서 수당 지급 날짜가 조금이라도 늦어지면 눈초리가 쌩하고 달라지니, 괜한 짓을 하고 있는 건가 싶어 후회가 밀려오기도 한다고. '차라리 몸 가볍게 1인 사업을 하는 것이 낫나' 하는 생각마저 들며 마음이 스산해진다.

직원 챙기라는 조언은 숱하게 들리는데 사장 챙겨 주라는 이야기는 왜 안 나오는지… 답답하기도 하다. 부하를 챙기는 것은 리더십이고, 사장을 챙기는 것은 처세술이며 아부술일 뿐이라는 말인가! 직원을 행복하게 해 주면 성과는 절로 나온다고 하던데, 도대체 직원 행복의 임계점이 어디인지 헷갈리기도 한다. 사장이 벤치마킹해야 할 사장과 리더는 차고 넘치는데, 정작 직원들은 자신이 닮고 싶은 팔로워십 모델을 설정하고 있나 슬며시 궁금해지기도 한다.

"모두 내 어깨 위에 올라타 있는데 도와줄 사람은 하나도 없는 기분이 들 때가 있어요. 가끔 내게도 '잘한다, 힘내라, 등 뒤에 우리가 버티고 있으니 걱정하지 마라'라고 진정으로 격려해 주는 사람이 있었으면 하는 마음이 들지요."

L 사장이 떠올리는 것은 솔로몬 왕의 일화다. 어느 날 이스라엘의 다윗 왕은 궁중의 보석 세공인을 불러 지시한다.

"내가 기쁠 때 교만해지지 않고 겸손할 수 있도록, 힘든 시절 절망에 빠지지 않고 용기를 얻을 수 있도록 반지에 경구를 새겨 만들라."

아름다운 반지를 만든 세공인은 정작 여기에 새겨 넣을 글귀가 떠오르지 않아 고민하다가 지혜롭기로 소문난 솔로몬 왕자에게 도움을 청한다. 그때 왕자가 말해 준 것이 바로 "이 또한 지나가리라"다.

"이 또한 지나가리라, 이 말을 무슨 마법의 주문처럼 계속 되뇌죠. 어찌 보면 사장은 향기를 뿜는 꽃과 같습니다. 온 정성을 다해 향기를 뿜지만 벌이 찾아오는 것은 그들의 마음이지요. 벌이 찾아오고 안 찾아오는 것에 일희일비하거나 향기를 거두려고 한다면 진정한 꽃이 아니지요. 아니, 벌이 찾아오기를 바라고 향기를 내뿜으려 하는 마인드가 잘못된 것이지요. 모든 벌이 찾아올 수는 없다고 인정하는 것, 그것이 현실적임을 아는 것, 그것이 사장의 출발점입니다. 벌이 찾아와서 기뻐도, 찾아오지 않아서 슬퍼도 '이 또한 지나가리라'를 떠올리며 마음을 다독거리려고 노력합니다."

맞다. 부모 자식 간에도 자식을 향한 부모의 내리사랑은 자연스럽지만 부모를 향한 자식의 치사랑은 힘든 법. 일방통행의 챙김은 사장이라는 자리에 '디폴트'돼 있다. 물은 아래로 흐르지, 위로 흐를 수 없는 법이다. 보답을 기대하는 마음을 버리고 '이 또한 지나가기를' 기다리는 마음으로 용기와 평정심을 잃지 않아야 사장의 춘궁기, 쓸쓸함을 버틸 수 있다. 알아주면 고맙고, 알아주지 않으면 할 수 없고…. 바라는 마음을 버려야 사장의 책임을 버틸 수 있다.

곳간을 열어야 더 많이 들어온다

옛날 어느 임금이 신하들에게 "세상의 진리를 모아 한 권의 책을 만들라"라고 명했다. 줄이고 줄여 '한 줄로 응축된 세상의 진리'는 무엇이었을까?

바로 "세상에 공짜는 없다"였다.

아무리 사장의 마음 알아주는 이 하나 없고, 주면 줄수록 더 바라는 것이 직원의 심리라지만, 사장은 늘 마음의 곳간을 열어 놔야 한다. 직원의 충성과 열정이 공짜로 얻어지는 법은 없다. 구성원을 위한 희생과 노력과 교육 없이 성과와 충성을 기대하는 것은 씨를 뿌리지도 않고 열매를 수확하려는 농부의 심보와 다를 바 없다. 모 유통 기업의 C 사장은 이렇게 말했다.

"농부가 씨를 뿌렸다고 해서 뿌린 곳마다 싹이 자라나는 것은 아니지요. 그렇다고 싹이 틀 것 같은 씨앗만 골라 뿌리려 한다면 어떻게 되겠습니까? 직원에 대한 사장의 투자도 마찬가지입니다. 직원이 먼저 따라야 믿고 키워 주겠다고 생각하면 백년하청입니다. 내가 희생해야 그들도 헌신하더군요. 직원에 대한 가장 좋은善 투자는 선先 투자입니다."

싹이 틀 씨앗만 골라낼 시간에
더 많은 씨앗을 뿌려라

전쟁에서 이긴 장군들의 공통점은 무엇일까? 절치부심의 복수 혈전이든 영토 확장을 위한 싸움이든, '일전 불사의 전쟁'을 벌이기에 앞서 그들이 먼저 준비한 것은 병법 연구가 아니었다. 군사들과 동고동락하며 졸병들의 마음을 얻는 것이 우선이었다. 위나라의 장군 오기는 병사의 다리에 난 종기의 고름까지 직접 빨아서 치료해 준 것으로 유명하다. 그는 장군이 되자 신분이 가장 낮은 사졸들과 같은 옷을 입고 함께 밥을 먹었다. 잠을 잘 때도 자리를 깔지 않았으며 행군할 때는 자신이 먹을 식량을 직접 지고 다녔다. '위'에서 군림하는 대신 '옆'에서 동행하며 부하들의 마음을 얻었다.

월나라 왕 구천이 오나라 왕 부차에게 '라스트맨 스탠딩'을 외치며 회심의 복수를 한 뒤 최후의 승자로 기록될 수 있었던 이유는 무엇일까? 그는 스스로 밭을 갈았고, 그의 부인 또한 직접 길쌈을 했으며, 부부 모두 고기를 먹지 않고 사치스러운 옷을 입지 않았다. 오나라 장군

오자서가 월왕 구천을 경계한 이유는 그의 뛰어난 용기와 지략에 있지 않았다. 두 가지 이상 맛있는 반찬을 놓지 않으며 백성과 더불어 고락을 나누는 '민심 확보'를 경계했던 것이다.

반대 사례도 있다. 조나라 장군 조괄은 전법에서는 누구도 당해 낼 수 없는 지략가였다. 그가 장수로 임명됐을 때 그의 어머니는 임금에게 상소를 올리면서까지 아들의 등용을 반대했다. 병졸들과 나눌 줄 모르고 오직 군림하는 아들의 '욕심보' 때문이었다.

"예전에 괄의 아버지는 대장군이었을 때 왕과 종실에서 내린 상을 모조리 군리들과 사대부들에게 나눠 줬습니다. 그러니 따르는 자가 많았습니다. 지금 나의 아들 괄은 하루아침에 장군이 됐지만 존경하여 진심으로 우러르는 자가 아무도 없습니다. 대왕께서 내린 돈이나 비단 같은 것은 모두 집 안에 감춰 두고 날마다 싸고 좋은 밭이나 집을 둘러보며 모조리 사들이고는 합니다. 그 아이의 아버지와 마음 쓰는 것이 전혀 다릅니다. 청컨대 왕께서는 그를 장군으로 보내지 마시옵소서."

왕이 임명을 강행하려 하자, 조괄의 모친은 패배하더라도 그 죄를 자신의 집안과 연루시키지 말 것을 요청했다. 모친의 예상은 틀리지 않았다. 전쟁에 나간 조괄은 상대방 장수인 진나라의 백기에게 대패했고, 그가 이끌던 45만 명의 군사는 모조리 생매장당하고 말았다. 마음을 얻지 못한 리더, 리더를 따르지 않는 부하들이 빚어낸 참극이었다.

미국 펜실베이니아 대학교의 와튼 스쿨 교수 애덤 그랜트는 《기브

앤 테이크》에서 사람의 유형을 기버giver, 자신의 이익만 추구하는 테이커taker, 받은 만큼만 주는 매처matcher로 구분해, 이 중 '베푸는 기버가 성공한다'는 논리를 펼친다. 중요한 점은 그냥 기버가 아니라 '똑똑한 기버'가 돼야 한다는 것이다. 결론부터 말하면 호구(착한 기버)는 사기 피해도 가장 많이 당하고 성과도 좋지 않다. 반면에 똑똑한 기버는 높은 성과를 거두고, 리더십을 효과적으로 발휘해 존경받는다. 성공한 기버가 되기 위한 방법으로 크게 세 가지를 제시한다.

첫째, 자신의 이익만 챙기는 빨대 테이커에게는 '이에는 이 눈에는 눈' 전략으로 함부로 해서는 안 되는 사람임을 보여 주라.

둘째, 이들 기버는 이익 추구를 경원시하기 때문에 조직과 전체 이익을 대변한다고 생각하라.

셋째, 제로섬보다 윈윈을 추구하라.

이를 사장 리더십에 적용하자면 행복 경영, 선한 영향력은 필요하다. 동시에 악한 사람, 프리 라이더를 알아내 없애 주는 여건 조성도 필요하다. 그것이 심정적으로 불편하더라도 전체 직원을 위해 필요하다는 생각을 할 때 단행할 수 있다. 모두에게 좋은 리더는 아무에게도 좋은 리더가 될 수 없다는 말이 나온 것도 바로 이 때문이다.

열심히 달리다 문득 뒤돌아보니 함께하거나 따르는 이가 전혀 없어 외롭다고 느낀 적은 없는가. 힘들고 답답할 때 소주 한잔 기울일 동지급 직원이 한 명도 없다며 인복을 탓한 적은 없는가. 인복의 박함을 탓하기 전에 자신의 인덕을 먼저 돌아봐야 한다. 열을 뿌린 데서 셋도 싹이 트지 않는 발아율 3할의 낮은 확률이라고? 그나마 뿌리지 않으면 나지도 않는 법이다. 아예 뿌리지도 않아 발아율 0퍼센트인 황무지보다야 낮지 않은가. 인덕의 씨앗도 뿌리지 않고 인복을 바라는 것은 복권을 사지도 않고 당첨되기를 기대하는 것과 같다.

2장

왜
결정권의
무게는
나눌 수가
없는가

사장의 책임

거리낌 없이 결정을 내려라.
이것이 훌륭한 리더의 가장 중요한 자질이다.

조지 S. 패튼(미국의 장군)

사장이라는 자리의 기본값

　《맹자》에 '농단壟斷'이라는 표현이 나온다. 한 상인이 남보다 높은 언덕 자리를 차지해 올라서니 시장 돌아가는 판세가 한눈에 파악돼 이익이나 권력을 독점할 수 있었다는 데서 유래했다. 대개의 경우 권력을 독단적으로 이용한다는 부정적인 뉘앙스로 쓰인다.

　거꾸로 생각해 보면 농단, 즉 남보다 높은 자리에 있으면 돌아가는 전체 판세를 잘 읽을 수 있다는 이야기이기도 하다. 일의 세부는 밑바닥 현장에서 더 잘 보이지만 일의 형세는 직책이 높으면 높을수록 더 잘 보인다. 윗돌 빼서 아랫돌 괴고 아랫돌 빼서 윗돌 괴는 일을 정하는 결단은 농단의 위치에 서서 널리 조망하고 전체적으로 파악할 수 있는 리더만이 할 수 있다. 이 권한을 올바르게 사용하면 리더의 품이 넉넉해지지만, 함부로 자신만을 위해 휘두르면 '헛폼'만 잡는 셈이다. 권위는 제대로 된 권력이 발휘될 때 나오는 법이다. '폼'과 '품'의 차이는 바른 결단력에서 나온다.

제대로 된 권력은 어떻게 발휘되는가? 우선 '책임'과 '담당'을 헷갈리지 말라. 담당은 경계가 정해져 있지만, 책임에는 경계가 없다. 담당은 실무자가 할 수 있지만 책임은 리더의 몫이다. 같은 능력을 가진 조직이라도 리더가 최종 책임을 얼마나 보장하느냐에 따라 일의 진척과 활기에서 차이가 난다. 리더가 폼 잡기보다 다리품, 마음품을 들여 재량을 발휘할 때 구성원은 진정으로 권위에 승복한다.

전방과 후방에서
사장이 쓰는 세 가지 '품'

책임의 '책責' 자는 가시 자束와 조개 패貝가 합해진 글자다. 자束가 채찍, 패貝가 돈과 재물을 뜻한다고 풀이한다.[1] 돈이나 재물을 빌렸다가 갚지 못하면 채찍질하고 독촉했던 풍습과 관련된 글자로 여겨, 책의 본뜻을 '빚'으로 본다. 《한자어원사전》에서는 "가시나무束처럼 어렵고 힘든 것이 경제貝 문제이며, 분란이라는 것도 재화와 관련된 이익에서 출현함을 보여 준다"라고 풀이돼 있다.[2] 더불어 책임의 '임任'은 사람 인人과 클 임壬이 합쳐진 것으로, 지속적으로 큰 짐을 지는 어려움을 견딘다는 뜻이다.

사장 노릇이 어려운 이유는 일이 힘들고 어려워서가 아니다. 어렵고 복잡한 상황에서 '가시나무'에 찔리더라도, 경제적 책임을 비롯한 모든 것을 짊어진 채 앞장설 태세를 갖추고 마음의 오지랖을 넓게 부려야 하기 때문이다. 정수기 업계의 H 사장은 '3똥'이라는 걸진 말로 사장의 책임을 설명했다.

"사장에게는 세 가지 똥이 필요합니다. 똥고집, 똥배짱, 똥바가지를 쓸 각오지요. 직원들의 반대에도 불구하고 자기 신념을 관철시키는 똥고집, 불필요한 사람을 내보내거나 반대하는 사람이라도 포용해 적재적소에 배치하는 똥배짱, 마지막 책임의 독박은 자신이 쓴다는 똥바가지가 그것이지요. 고스톱에서도 똥광이 최고이듯, 사장의 리더십에서도 마찬가지입니다."

마냥 지루하게 이어지는 눈치 싸움과 논리의 공방전을 마무리 지을 매듭은 옳고 그름의 구분이나 사리 분별이 아니다. 손해에 대한 책임과 보상을 누가 질 것이냐가 근본책이다. 흔히 첨예한 갈등 상황에서 '사장 나오라'고 소리 지르는 것이 괜히 그러는 것이겠는가. 리더가 문제에 대한 해결력과 결정권을 갖고 있기에, 사람들은 말 그대로 조직의 넘버원과 핫라인으로 이야기하고자 하는 것이다.

외식 업체를 운영하는 B 사장의 이야기를 들어 보자. 그는 "직원에게 상품이나 가격에 관해 의견을 구하면 대부분 자신의 생활 수준을 근거로 대답하는 경우가 많다. 상품 아이디어도 자신이 생활하는 데 필요했던 점들 위주로 제안한다"라고 말했다. 이때 사장은 더 높은 곳에서 정보를 파악하고 "이것을 팔아라", "저것을 해라"라고 말할 책임이 있다고 그는 설명했다.

"직원은 가격에 가치를 맞추려고 하지만, 사장은 가치를 올려 가격을 높일 방법을 생각해야 합니다. 그것이 사장의 안목이고 결단이자 책임이지요."

당신은 어떤가. 결정을 회피하고 있지는 않은가. 어렵거나 불편한 결정을 다른 사람에게 떠넘긴 적은 없는가. 혹시 혼자서 결정할 일을 민주적 의사 과정이라는 명목으로 다 같이 결정하는 회의 형식에 부쳐 책임을 회피하려 하지는 않는가. 사장의 힘은 어려운 상황에서 가시나무에 찔릴 각오로 책임지는 힘에 비례한다.

사장은 혼자 울지 않는다

언제나 마지막 걸음은
사장 혼자 내딛는다

　모터를 수입해 판매하는 중소 무역업을 하는 L 사장은 회사 임원으로부터 주요 고객사에서 제품 클레임을 걸어 왔다는 보고를 받았다. 자신의 회사에서 납품한 기계가 오작동 문제를 일으켰다는 것이다. 고객사에서는 이를 제품 하자로 몰아 배상을 청구하고 나섰다. 알고 보니 고객사의 계약 책임자는 장차 코앞에 있을 임원 승진 후보자였다. 당연히 자기 경력 관리에 한 치의 흠결도 남기지 않으려 했다. 데이터 등의 사실을 조사하기보다 모두 제품상의 하자로 몰아 매몰차게 보상을 요구했다.

　'네가 잘못했느니, 잘했느니' 실무자 간의 지루한 공방전이 3주 이상 이어졌다. L 사장의 회사 측 실무자는 제품에는 하자가 없지만 상대가 매출액의 30퍼센트 이상을 차지하는 주요 고객이니 이러지도 저러지도 못 해 진퇴양난이었다. 우리 제품에는 문제가 없으니 끝까지 시비를 가리자며 논리적으로 맞부딪치자니 고객을 잃을까 두렵고, 우리 제품 잘못이라고 수용하려니 그 뒷감당이 걱정됐다. 속수무책인 상황에서 시간만 흘렀다. L 사장은 더 이상 에너지와 시간을 소모할 수 없다고 판단했다. 고객을 친구로 만들라고 하지만, 고객이 원수처럼 굴 때는 난감할 수밖에 없다.

"사장은 논리로 치고받으며, 제품의 우수성을 설명하고 설득하는 자리가 아닙니다. 무엇을 주고 무엇을 받을 것인가 매듭지어 협상하는 자리지요."

L 사장이 협상 테이블에 앉아서 담판 지은 것은 자사가 납품한 제품의 우수성에 대한 구구절절한 설명이 아니었다. '당신네들이 빙빙 돌리는 것 이면의, 진정으로 원하는 것이 무엇인가?'에 대한 단도직입적인 질문이었다. '우리가 줄 수 있는 것이라면 최대한 주겠다!'는 진검승부였다. 표면적으로는 제품 하자를 인정했지만, 내부적으로 품질 신뢰 담보와 고객 유지의 '일 보 양보, 이 보 전진'을 꾀할 수 있었다.

고객을 얻기 위해 한발 물러설 것인가, 고객을 잃더라도 맞서 싸울 것인가? 정답은 없다. 이때 사장이 생각해야 할 것은 기회비용이다. 윗돌 빼서 아랫돌 괴고, 아랫돌 빼서 윗돌 괴는 종합적 계산은 실무자 차원에서 할 수 있는 일이 아니다. 논리적 설명과 당장의 이불리 계산은 실무자가 더 잘할지 모르지만, 종합적이고 거시적 차원에서의 최종 협상은 사장밖에 할 수 없다. 통합적 안목과 일의 산맥, 강등 판세는 사장 눈에만 보이기 때문이다.

중국 전국 시대 초나라의 사상가 귀곡자가 쓴 책《귀곡자》에 이런 말이 나온다.[3]

"최고 결정권자는 이익에 명분과 책임을 더하여 결단해야 한다. 최고 결정권자는 최고 수준의 결단을 내려야 한다. 최고 결정권자는 사욕이나 지엽 말단에 치우친 결단을 해서는 안 된다. 결정은 옛일을 계량하고, 미래를 시험하고, 평소를 참조해서 해야 한다. (…) 대개 남을 위해 결단을 내릴 때는 반드시 상대가 의심하는 바를 해결해야 한다. 상대에게 이득이 되는 것을 잘 이용하고, 걱정거리와 손해를 피해야 한다. 이렇게 하면 유혹이 와도 시종 흔들리지 않아 이익이 있다. 상대의 이익을 없앤다면 나의 결정을 받아들이지 않게 된다."

책임과 담당을 헷갈리지 마라

사장이 책임과 담당을 헷갈리면 일을 그르친다. 모 유통 업체의 중국 진출 협상이 해당 중국 업체와 지루하게 진행되고 있었다. 중국인 특유의 '만만디'식 협상 때문이었다. 하루라도 빨리 중국에 진출해 성과를 내고 싶은 국내 기업 측 사장은 조바심이 나서 견딜 수 없었다. 그는 "내가 가서 한 방에 해결하고 오겠다"라며 불타는 사명감과 조급한 성과욕을 안고 중국으로 날아갔다. 단방에 거래를 성사시켰다. 역시 사장은 뭐가 달라도 다르다고 존경을 표할 것인가? 문제는 전적으로 상대 측에 유리한 협상이 전개됐다는 점이다. 협상에 데드라인을 정해 놓고 성사에 대한 강한 열망을 보여 줬으니 유리한 협상이 될 리 없다. 아쉬울 것 없는 상대 측은 최대한 자신들이 원하는 사항을 반영해 협상을 이끌었다. 실무자의 일을 대신 하는 것을 '책임'이라고 여긴 리더의 판단 착오가 부른 과오였다.

주방장의 음식이 마음에 들지 않는다고 자격증도 없는 식당 주인이 요리를 한다고 나서면 어떻게 될까? 음식 맛은 맛대로 떨어지고, 식당 운영도 제대로 돌아갈 리 만무하다. 사장은 똥바가지를 지려는 각오에 더해 상황을 정확하게 진단하는 판단력과 속이 바작바작 타더라도 첫 테이프 커팅보다 마지막 매듭을 지려는 인내를 함께 갖춰야 한다. 책임과 담당을 구분하라. 사장에게 중요한 것은 '성의'가 아니라 '성과'다.

리더가 앞에 설 것인가, 뒤에 설 것인가. 그때그때 상황마다 다르다. 변치 않는 사실은, 리더는 언제든 위험한 자리에서 책임지는 역할을 맡아야 한다는 것이다. 진격할 때는 전방에, 후퇴할 때는 후방에 있어야 하는 이가 리더다. 돌격 대장이 되기보다 대원이 안전하게 돌아오도록 뒤를 지키는 이, 혹시라도 어려워지면 구조 시스템을 마련하는 이가 리더다. 책임과 희생의 자리에 있는 것이 포인트다. 그러면서도 일절 생색을 내지 말아야 한다. 책임은 사장이라는 자리에 기본으로 장착된 '설정값'이기 때문이다. 책임을 다하지 못하면 욕을 먹지만, 책임을 완수하면 당연하게 여겨질 뿐이다. 사장의 결정, 최종 한 걸음은 혼자서 가야 한다. 최종 독박은 당신이 짊어질 각오를 하라.

결단은
형용사가 아니라 동사다

다시 태어나도 이 길을? 사장들은 다시 태어나도, 혹은 인생의 태엽을 다시 돌려도 또 사장이 되고 싶을까? 일본사장연구회가 중견 사장 212명을 대상으로 실시한 설문 조사에 의하면 사장들은 '한번 해 보면 그만둘 수 없는 것이 사장이라는 직업'이라는 데 상당수 동의했다.[4] 사장 노릇이 힘들다고 모두들 하소연하면서도 무려 57퍼센트가 다시 태어나도 사장직을 유지하고 싶다고 답했다. 통솔되기보다는 통솔하는 편이 기운을 더 낼 수 있다는 이야기였다.

사장이라는 '직업' 내지 '직책'은 결코 쉽지 않다. "교수는 논문만 안 쓰면 하기 좋은 직업이고, 기자는 기사만 안 쓰면, 국회 의원은 선거만 안 하면 정말 좋은 직업"이라고 농담처럼 말한다. 각각 누리는 것에 따르는 책임의 어려움을 지적한 것이다. 사장은 무엇만 안 하면 정말 좋은 자리일까? 사장들에게 물어보면 열이면 열 '결정'이라고 말한다.

사장이란 결단決斷하는 자리다. '결決'은 물 수水와 쾌夬자로 구성돼 있다. 쾌夬는 깍지, 터놓음을 의미한다. 먼저 깍지는 활을 쏠 때 시위를 당기기 쉽게 엄지손가락의 아랫마디에 끼우는 뿔로 만든 기구다. 깍지를 끼고 쏜 화살이 시위를 떠난다는 뜻에서 결정이라는 의미가 나왔다. 터놓을 쾌는 물이 제방에서 한꺼번에 쏟아져 나감을 뜻한다. 활시위를 당기거나, 물이 저장된 제방을 한꺼번에 트거나 모두 생각을 실행으로 옮긴다는 의미다. 즉 일의 물꼬를 트는 것이 바로 결이다. 아무리 오래 장전을 하고 있어도 방아쇠를 당기지 않으면 총알은 나가지 않는다. 방아쇠를 당기는 결단, 리더가 해야 할 일이다.

직원을 내보내거나, 프로젝트 지원을 중단하거나, 공장 문을 닫거나 하는 어려운 결정을 내려야 할 때가 있다. 당연한 이야기지만 어려운 결정에는 불평과 저항이 따르는 법이다. 이때 사장이 할 일은 귀를 기울이되 입장을 명확히 설명하는 것이다. 사장은 인기를 먹고 사는 연예인이 아니라, 앞에서 이끄는 리더다. 일본의 전 총리 나카소네 야스히로가 과거 신당 간사였던 총리 히토야마에게 이런 충고를 했다.

"정치는, 아름답다거나 반짝반짝 빛나는 형용사로 하는 것이 아니라, 동사로 하는 것이다."

이 말은 사장의 결단에도 적용할 수 있다. 결단은 형용사가 아닌 동사로 한다. 한나라 초기의 유명한 책사 괴통蒯通은 한신에게 유방으로부터 독립할 것을 설득하며 이렇게 결단을 촉구한다.

"지식은 일을 결단하는 힘이며 의심은 일하는 데 방해가 된다. 사소한 이해타산에 얽매이면 천하의 큰 수를 잃게 되고, 지혜로서 일을 알면서도 실행하지 않으면 모든 일의 화근이 된다. 용맹한 호랑이가 주저하면 벌이 쏘는 것만 못하고 천리마라도 머뭇거리며 달리지 않으면 늙은 말이 천천히 걷는 것만 못하며 맹분 같은 용사라도 의심하여 주저하면 용렬한 자가 결심하여 목적을 이루는 것만 못하다."⁵

결연한 의사 결정에는 왜 이어 주는 계繼가 아닌 끊을 단斷이 들어갈까. 글자를 살펴보자. 이어 놓은 실絲도 도끼斤로 끊어 놓음을 뜻한다. 결정은 여러 사람의 이해관계를 모두 이어 주거나 풀어 주면서만은 할 수 없다. 누군가의 손해와 불만과 비판을 감수하면서 잘라 내고 끊어 내야만 한다. 끊는 것이 잇는 것보다 힘들다. 없애는 것이 만드는 것보다 곱은 어렵다. 경영학의 구루 피터 드러커가 '리더가 잘하는지 알아보려면 최근 없앤 것이 무엇인가를 물어보라'고 말한 것도 이와 관련해 생각해 볼 수 있다. 결단을 내릴 때는 강한 신념에 근거해 생각하고 행동해야 한다. '어떤 사업을 해야 하는가, 하지 말아야 하는가, 언제 시작할 것인가, 어떤 사람과 할 것인가' 하는 문제들을 매일 결단하는 것이야말로 경영의 본질이다.

결단이라는 권한의
빛과 그림자

흔히 리더십 서적에서는 사장을 '도덕군자, 수도승, 인품의 종합 결정판'으로 묘사하고 이와 같은 종합형 리더를 요구하는 경우가 많다.

통찰력과 고집의 차이는 리더가 이해관계자들과 소통을 얼마나 잘 하는가에 영향을 받는다. 탁월한 결단이라도 구성원들이 똥고집으로 생각한다면 독단이 되기 쉽다. 독단과 결단의 차이는 종이 한 장 차이다. 모 전직 경영자는 "결단과 독단은 결과로 판별될 뿐이다"라고 말한 적이 있다. 결과가 좋으면 용감한 결단이지만, 나쁘면 만용이고 독단이라는 쓴소리였다.

결과가 아닌 과정에서 똥고집과 소신의 차이를 만드는 원 포인트는 무엇일까. 소통, 그중에서도 토론이다. 나도 틀릴 수 있다는 수용성을 가져야 한다. 모두 설득할 수는 없는 게 사실이고 현실이다. 중요한 결정이라면 사전에 반대 의견을 토론할 필요가 있다. 쉽지 않다면 의도적으로 반대 팀을 만들어 토론해 위험 요소를 검증해야 한다. SK그룹에서 2011년 하이닉스를 인수할 때 일이다. 회장 최태원은 하이닉스 인수를 검토하면서 사장단에 'SK하이닉스 인수의 반대 이유 100가지'를 말해 달라고 부탁했다. 사장단은 자유롭게 반대 이유를 제출했고, 격렬한 갑론을박 토론이 벌어졌다. 100고개의 반대 질문에 대한 토론을 거쳐 검증을 마친 후에야 최종 인수 결정을 내렸다. 이렇듯 '민주주의가 사무실 문 앞에서 멈추지 않기 위해', '말뿐인 스피크 아웃이 되지 않기 위해' 문제 해결에 대한 성의, 성역 없는 토론을 솔선수범해 보여 줘야 한다.

성과를 내는 사장 중에는 독불장군인 사람도 많다. 얼핏 제멋대로인 것처럼 보여 "저런, 리더십 이론과는 엇박자로 자기 마음대로인 사람이군" 하고 혀를 끌끌 차게 하는 인물도 있다. 그런데도 그런 그를 지극정성으로 따르는 사람이 많다. 있는 데서만 충성을 시늉하는 것이 아니라 없는 데서도 충성하며 따르는 심복이 많다. 이유를 살펴보니 그 리더가 '제멋대로 굴기는 해도 심지가 굳다'는 장점을 가졌기 때문이었다. 심지가 굳은 것은 논리에 닿는 반대, 토론을 허용하는 실력에 대한 자신감 덕분이다. 결정력에 추진력이 결합될 때 결단력이 발생한다. 좋은 결정을 하는 판단력 못지않게, 아니 그보다 더 필요한 것은 좋게 되도록 밀고 나가는 결단력이다. '이게 아닌가 보네' 하며 번복을 반복하는 무른 리더는 구성원을 피곤하게 한다. 악덕 리더보다 변덕 리더가 힘들다는 말이 왜 나왔겠는가. 그래서 리더에게 있어 현명함의 반대는 '어리석음'이 아니라 '약함'이다.

리더의 일이 어려운 이유는 결단할 사항이 많기 때문이다. 결단을 통해 회사와 관련된 모든 사람의 운명이 달라질 수 있다. 결단의 빛이 '선택할 자유'라면 그림자는 '책임의 부담'이다. 매 순간 의사 결정을 내려야 하며 그에 따른 무한 책임을 져야 한다. 직원 입장에서는 선택의 자유가 부러울 수도 있겠지만, 당사자인 사장 입장에서는 무한 책임에 따른 부담감으로 힘겹고 고독한 작업이 바로 결단이다. 유능한 결단을 하기 위해서는 학습, 네트워크 등 여러 가지가 필요하다. 그중에서도 가장 중요한 것은 구성원들과의 소통이다. 결단의 역설이라할 수 있다. 우리 조직에서 지금 실행되고 있는 것, 지켜지는 것과 안되는 것은 무엇인가. 사장으로서 어디까지 밀어붙이고 어디까지 물러설 것인가. 유능한 사장은 결단을 앞두고 칼을 갈기보다 마음을 가다듬는다. 유리창 너머를 보기보다 거울을 비춰 본다.

사장이 되면 커지는 두 가지,
방과 고독

모 반도체 업체의 B 사장은 부사장을 4년이나 지낸 뒤 내부 승진한 경우다. 그는 '부' 자를 달고 넘버2로 조직을 볼 때와 넘버1이 돼 맞는 강풍의 체감도가 '봄바람과 태풍'의 강도 차이처럼 완전히 다르다고 표현했다.

"사장과 부사장 사이의 거리는 부사장과 운전기사 사이의 거리보다 멀다는 시쳇말이 실감 납니다. 중요한 일을 최종적으로 혼자서 결정해야 하는 책임감과 중압감, 자신이 올바른 방향으로 나아가고 있는지 그리고 회사가 나아갈 길을 제대로 제시하고 있는지에 대한 걱정스러움, 고객이 떠날 수도 있고 은행이 등을 돌릴 수도 있고 자금 융통이 막힐 수도 있다는 두려움 등등. 이런 불안함은 실제로 경영자의 입장에 있어 보지 않으면 모르는 것이더군요. 방풍벽 하나 있고 없고의 차이가 엄청납니다. 상상 이상이에요. 어려움에 처해도 이를 하소연할 곳이 없습니다. 회사 직원은 적절한 상대가 될 수 없죠. 가족도 마찬가지입니다. 투자자는 말할 것도 없고요."

대부분 CEO는 한 명이고 그가 속해 있는 팀은 없다. 직원에게 의견을 물어볼 수는 있지만, 최종 결정은 리더의 몫이다. 결정은 나눌 수도, 비켜 갈 수도, 회피할 수도, 떠넘길 수도 없는 사장만의 일이다. 중요한 결정인데 물어볼 사람이 없을 때, 부족한 데이터를 근거로 무언가 결정해야 할 때, 회사와 조직에 큰 변화를 일으켜야 할 때, 리더는 외로움을 느낀다. 동업을 한다고 해도 책임감이 N분의 1로 나뉘는 것은 아니다. 의사 결정권자가 나서지 않으면 오히려 풍비박산이 가속되기도 한다. 대박이든 쪽박이든 결정의 독박은 최종 의사 결정자, 사장의 몫이다. 중소기업을 운영하는 A 사장은 독박을 쓰는 부담을 이렇게 표현한다.

"사실 사장이라고 다 아는 것도 아닙니다. 사안에 따라 임기응변의 응급 처치가 먹힐 때도 있고, 대수술의 근본적 처치가 필요할 때도 있어요. 그때그때 다르지요. 막막한 것은 똑같은데 임원들이 제 입만 바라보고 있으면 답답하지요. 한 번 결정하면 이후 여러 가지가 잇따라 벌어지지요. 사람도 뽑고 돈도 투자됩니다. 실패하면 부서가 없어지거나 사람을 해고하게 되기도 하고요. 그게 다 내 책임이라고 생각하니 외롭고 힘들 수밖에요."

사장이 되면 커지는 게 '방'과 '고독'이라는 우스갯말이 있다. 사장이 됐다고 완벽해지지는 않지만 완벽한 척해야 할 일은 많아진다. 리더의 상황은 답답하다. 이해해 주리라고 기대할 사람이 별로 없다. CEO들은 자신이 신임 CEO로서 막막함, 책임의 부담, 어려운 문제에 부딪혔을 때 선배 경영자들에게 멘토링을 청한 것이 큰 도움이 됐다고 말한다. 해결책은 차치하고라도, 에너지를 얻는 것은 물론 스스로 자신의 상황을 설명하면서 생각이 정리되는 효과를 얻었다. 대단한 비책까지는 아니더라도 '적어도 나만 이렇게 힘든 것은 아니다', '지금은 큰 문제처럼 보이지만 거시적으로 보면 작은 문제다'라고 거리 두기만 할수 있어도 큰 위안이 되더란다.

또는 비슷한 규모와 처지의 동료 경영자들끼리 5~6명을 넘지 않는

범위에서 원 테이블 소모임을 갖는 것도 추천할 만한 방법이다. 업종은 달라도 경영자들이 조직에서 부딪히는 고민은 대동소이해 겹치기 마련이다. 직원들이 사장을 이해하는 수준에는 한계가 있을 수밖에 없다. 그들이 사장의 기분을 읽고 결정을 예측해 보려 한다 하더라도 그들의 시각에서는 전체적인 그림을 아우르기가 쉽지 않다. 사장의 고민을 이해하고 공감하는 것은 동료 사장이 제일이다. 다양한 의견을 주고받는 가운데 절로 인사이트가 번뜩이고 아이디어를 얻는 경우가 많다는 점에서 추천하고 싶다. 또는 외부 전문가 코칭도 유용한 방법이다.

결정은 사장의
역할이자 책임이자 선택이다

고기도 먹어 본 사람이 먹을 줄 안다고 한다. 결단도 마찬가지다. 작은 사안이라도 자주 결단을 내려 본 사람이 결단력 지수가 더 높다. 헤드 헌팅 회사가 최고 경영자를 추천할 때 소규모 회사에서라도 턴어라운드 경험을 가진 사람을 우선으로 선정하는 것도 이 때문이다.

초나라 항우가 여러 가지 유리한 조건에도 불구하고 한나라 유방에게 패배한 가장 큰 이유는 논공행상의 결재 때 결정을 내리지 못해 주머니 속의 도장이 닳도록 시간을 끌며 결단을 미뤘기 때문이었다. 반면에 유방은 통 크게 지르는 결단력 덕분에 인재를 얻고 조직을 안정시킬 수 있었다. 때로는 10명 중 9명이 반대하더라도 추진해야 할 사안이 있고, 10명이 찬성하더라도 멈춰야 할 사안이 있다. 100퍼센트 만인의 지지를 받는 결정을 내리기는 힘들다. 리더에게는 무엇이 조금 더 좋은가를 계산해 그렇지 않은 것을 잘라 내는 냉혹한 승부사 정신이 요구된다.

결국 고양이 목에 방울을 달 사람은 사장일 수밖에 없다. 그것이 사장의 숙명이다. 의견을 수렴한다고 하지만 결국 직원의 일은 결정의 자료가 될 대답을 준비하는 것일 따름이다. 다수의 정보를 모으고 소수의 의견을 반영해 결국은 사장이 결정한다. 임직원의 역할은 방법을 찾아 여러 제안을 하는 것이고, 그 제안 중 최선을 선택하고 결정하고 책임지는 것은 사장의 역할이다.

고르디우스의 매듭 이야기가 주는 교훈 세 가지

직원 40명 정도 규모의 반도체 기업을 운영하는 J 사장이 말했다.

"경영은 X, Y, Z, 거기에 알파, 감마, 오메가 등 수많은 변수가 더해져 입체를 넘어 5차원, 6차원의 복잡계를 형성합니다. 이때 문제를 푸는 방법은 방정식을 단순화하는 것뿐입니다. 이래도 문제가 있고, 저래도 문제가 불거져 답이 보이지 않을 때는 알렉산더 대왕의 '고르디우스의 매듭'식 해결 방법도 소용이 있더군요."

고르디우스의 매듭의 유래는 이렇다. 고르디우스는 그리스 신화에 나오는 프리기아의 왕이다. 프리기아는 내란이 지속돼 큰 혼란을 겪었다. 제사장이 신에게 해결책을 묻자 이륜마차를 타고 오는 첫 번째 사람을 왕으로 추대하면 평온해질 것이라고 했다. 그때 농부의 아들인 고르디우스가 이륜마차를 타고 나타났다. 왕으로 추대된 고르디우스는 자신이 몰던 이륜마차를 신에게 바친다는 뜻으로 신전 기둥에 묶었다. 매듭이 어찌나 단단하게 꼬였던지 그 누구도 풀지 못했다. 고르디우스는 '매듭을 푸는 자가 아시아의 지배자가 될 것'이라고 예언했다.

이후 수많은 사람이 매듭을 풀려고 했지만 번번이 실패했다. 그러자 신전 기둥에 묶인 매듭은 영원히 풀 수 없는 난제를 뜻하는 '고르디우스의 매듭'으로 불렸다. 300여 년이 흐른 뒤 알렉산더 대왕이 동방을 원정하던 중 프리기아에 당도했다. 고르디우스의 매듭 이야기를 들은 알렉산더는 신전에 묶여 있는 매듭을 칼로 끊어 버렸다. 고르디우스의 예언대로 알렉산더는 아시아의 정복자가 됐다. 매듭의 복잡한 꼬임을 이리저리 풀려고 했으면 아마도 백년하청이 됐을 것이다.

J 사장은 알렉산더 대왕이 고르디우스의 매듭을 풀지 않고 단칼에 자른 것에 대해 어떻게 생각하느냐고 불쑥 묻더니 자문자답을 이어 나갔다.

"알렉산더 대왕의 매듭 자르기가 창조적 발상이라는 긍정적 해석도 있고, 게임 룰의 반칙이라는 부정적 해석도 있지요. 당대라고 그런 비난 여론이 없었을까요. 측근에서 그런 뒷담화를 하지 않았을까요? 아마 알렉산더 대왕도 이 같은 비판, 심지어 역사에 길이 남을 '반칙'의 위험을 예상했을 겁니다. 판을 뒤집은 장본인으로서요. 다만 득점이 감점보다 많다는 점에서 아시아의 정복자가 될 것이라는 신탁이 병사의 사기를 올려 준다는 점이 더 중요하다고 생각했기에 '풀기'보다 '자르는' 선택을 했을 것입니다."

그는 알렉산더 대왕의 고르디우스의 매듭 이야기에서 세 가지를 되새김질한다고 했다. 선택의 갈림길에서 결단을 내릴 때마다 이를 마음에 새긴다는 것이다.

"첫째는 빠른 결단력이지요. 전쟁 시 가장 필요한 것은 속도지요. 위기 때 결단의 속도는 의사 결정의 질보다 훨씬 중요하더군요. 매듭을 푸느라 날 새우는 경우가 의외로 현실에서 많거든요. 둘째는 문제의 본질을 바로 봐야 한다는 것입니다. 매듭을 풀라는 퀴즈였지만 정작 중요한 것은 마차 아니었습니까. 장애물에 문제가 가려졌다는 것을 알렉산더는 주목한 것이지요. 왕의 표식으로 이용된 것은 마차지, 매듭이 아니었으니까요. 셋째는 매듭입니다. 위기 상황에서 얽히고설킨 매듭에는 풀기보다 끊는 결단이 필요합니다. 과거와의 유대와 연대를 끊는 결단력이 필요하다는 의미지요. 풀린 매듭은 재활용이 가능하지만, 자른 매듭은 다시 쓸 수 없지 않습니까. 자신이 내린 결단에 대해 되돌아보지 말아야 합니다."

사장은 혼자 울지 않는다

독단적인 리더보다
미루는 리더가 더 나쁘다

　리더가 결정하지 않으면 아무것도 진행되지 않는다는 사실은 조직에 있어서 만고불변의 진리다. 구성원들이 독단적 리더보다 더 싫어하는 것은 결정을 미루고 무르는 이른바 '청국장 리더'다.

　"좀 나쁜 결정이라도 신속한 결정이 더 낫다"라는 말이 있다. 공간서비스업을 하는 K 사장은 의사 결정의 공포가 밀려올 때면 장돌뱅이로 밥상 장사를 하던 선친을 떠올린다고 했다.

　"예전에는 상床을 등에 지고 다니며 팔았습니다. 아버지는 우리나라 각 도서 지역을 방방곡곡 돌아다니며 상을 팔았습니다. 그러다 보면 상을 등에 잔뜩 진 채로 배에 타는 경우가 많았지요. 섬에 들어가 상을 팔기 위해서는 위험하더라도 상을 진 채로 배에서 뛰어내려야 했다고 합니다. 두렵더라도 말이지요. 의사 결정의 공포가 밀려올 때 그 외로움

속에서도 담대하게 결단했던 아버지의 마음을 되새겨 보고는 합니다."

사무 업무 자동화 업체를 운영하는 K 사장은 양자택일의 선택지 앞에서 빠른 결단을 내려야 할 때 장단점 대차 대조 리스트법을 활용한다고 소개했다. 각 안의 장단점, 선택했을 때의 장점과 단점을 죽 열거해 비교하면 객관적 판단이 쉬워진다는 설명이다.

알고 보면 이 방법의 원조는 '미국 건국의 아버지'라 불리는 벤저민 프랭클린이다. 《벤저민 프랭클린 자서전》을 보면 1772년 유명한 과학자 조지프 프리스틀리가 두 가지 대안을 놓고 고민하던 끝에 벤저민 프랭클린에게 도움을 요청했을 때 조언해 준 방법이 다음과 같이 소개된다.

"인간은 종종 어려운 결정을 내려야 하는 순간에 직면하고는 하지. 찬성과 반대 이유가 한꺼번에 머릿속에 떠오르지 않아 문제 해결이 더욱 어려운 것 같네. 이런 복잡한 문제를 해결해야 할 때 나는 종이 한 장을 가져다 가운데 줄을 그어 반으로 나눈 다음 한쪽 칸에는 찬성을, 다른 한쪽 칸에는 반대를 적은 뒤 그때마다 떠오르는 생각을 각각의 난에 기록한다네. 이런 식으로 찬성과 반대의 이유를 한곳에 적어 놓고 각각의 이유에 대한 중요성을 평가해 본다네. 찬반 양쪽에 메모돼 있는 생각이 동일하다고 판단되면 두 가지 생각을 제외하지. 찬성 쪽에 쓴 한 가지 이유가 반대 쪽에 쓴 두 가지 이유와 동일하다고 판단될 때는 세 가지 모두 지운다네. 이 과정을 반복하다 보면 결국 찬성과 반대 의견이 어느 쪽으로 기우는지 분명히 드러나게 된다네."

사장의 결정 타이밍에는
돈이 달렸다

물론 리더라고 해서 모두 '결연한 결단'만을 이야기하는 것은 아니다. 오히려 고뇌에 찬 결단이 위험하다고 반론을 펴기도 한다. Y와 N, 1과 0의 2진법 등 '흑백 결단'은 위험한 과거의 논리라는 것이다. P 회장은 "경영은 냉철한 숫자 싸움"이라며 2진법적 결정이 아니라 10진법, 20진법으로 다양한 카드를 놓고 선택해야 한다고 말했다. 마치 갈림길에서 동전을 던져 길을 선택하듯 CEO의 경험이나 직관으로 결정을 내리는 것이야말로 위험하다는 지적이다. 경영상 의사 결정을 내릴 사안이 중대하면 경영 컨설턴트, 회계사, 변호사 등을 다 동원해 종합적 판단을 해야 한다는 뜻이다. 야구 감독도 다양한 통계 수치를 놓고 과학적으로 판단을 하는데 하물며 기업의 경영자는 더 할 말이 있겠느냐는 반문이다. 각 분야의 실무자들이 조사하고 연구해서 여러 가지 가능한 안을 가져오면 토론을 통해 그중 나은 안을 선택하는 것이 요즘 세상에 맞는 결단이라는 지적이다.

아마존의 창업자이자 이사회 의장인 제프 베이조스는 의사 결정을 두 가지 유형으로 나누며 사안의 성격에 따라 신중한 결정과 신속한 결정으로 달리해야 한다고 조언한다. 첫 번째 유형은 일방통행처럼 한번 문을 열고 들어가면 다시는 돌아갈 수 없는 판단이므로 심사숙고해야 한다. 허둥지둥 서둘렀다가는 살아남기 힘들다. 두 번째 유형은 언제든 돌이킬 수 있는 판단이므로 심사숙고할 필요가 없다. 오히려 빠른 집행을 통해 배우고 결과를 내부에 공유하는 과정이 필요하다. 이

의사 결정이 지체되면 기업 내부의 창조 의욕은 줄어들고 조직은 위험에 회피적으로 변해 결과적으로 조직 정체 현상을 빚게 된다. 신속하게 결정한 후 실행하다가 잘못된 결정임이 밝혀지면 원점으로 돌아가면 된다. 중요한 것은 이 두 가지 유형을 구분할 줄 아는 능력이다.

어쨌든 리더의 결단은 과학만으로도 예술만으로도 안 되는 그 이상의 것임이 분명하다. 기업의 내적 환경뿐 아니라 외부 요인이라는 변수가 작용해서다. 실제로 외부 요인, 이른바 '운'은 기업 실적 변동성의 50퍼센트 안팎 정도를 설명하는 것으로 추정된다. 하버드 대학교의 교수 마이클 포터와 애니타 맥거한에 따르면, 미국 상장 기업 내의 기업 수익률 결정 요인에서 설명되지 않는 외부 요인은 44퍼센트였다.

일본의 경영 멘토 아타라시 마사미(일본 코카콜라, 필립스, 존슨앤존스 전 CEO)는 하버드 비즈니스 스쿨의 〈이익의 원천은 무엇인가〉연구를 인용해 "기업 이익을 발생시키는 요인 중 46퍼센트가 회사의 외적 요소, 즉 경제를 포함한 외부 환경에 있다"라는 결과를 제시한다. 다시 말해 아무리 훌륭하게 경영을 하더라도 외부 요인이 나쁘면 좋은 실적을 내기 어렵다. 반대로 경영을 못했더라도 외부 요인이 좋으면 성과가 좋을 수도 있다. 사업 영역(시장성, 수익성) 16퍼센트 < 우리 회사의 강점(철학, 이념, 인재, 전략) 38퍼센트 < 환경 46퍼센트 순이다. 내부 요인이 54퍼센트라면 외부 요인은 46퍼센트로 작용한다. 우리 회사의 강점(이념, 전략 계획, 인재)인 경영 능력과 시장성(규모와 성장성), 그리고 수익성이 예상되는 사업 영역을 분석하고 파악하는 것, 올바른 경영의 원리 원칙이 적용되는 부분은 바로 여기에 있다.

진인사대천명, 외부 요인의 작용 비율이 높을수록 내부 요인을 다질 필요가 있다. 잘되더라도 본인의 능력 덕이라고 자만하지 않고, 잘 못되더라도 본인의 무능력 탓이라고 자책할 필요가 없다. 개인의 삶도 그렇지만 기업 의사 결정에도 운칠기삼의 원리가 작용하는 셈이다. 변수가 작용하는 환경에서 어떻게 현명한 결정을 내릴 수 있을 것인가.

아타라시 마사미는 저서 《사장은 무엇을 해야 하는가》에서 상황별 의사 결정의 방법을 네 가지로 나눠 설명한다.[6] 첫째, 결정이다. 정보나 데이터가 충분히 갖춰져 있고 복수 선택지가 있어 선택만 하면 되는 경우다. 둘째, 결정한 것을 행동으로 옮기는 것으로 위험이 낮은 경우다. 셋째, 판단할 자료가 부족한 가운데 급히 의사를 결정해야 하는 경우다. 넷째, 단행이다. 호랑이 굴에 뛰어드는 각오로 결단을 실천에 옮기는 것이다. 하이 리스크도 불사하는 급박한 경우다.

마사미는 필요한 정보가 충분히 갖춰져 있다는 것은 리스크가 적다는 것과 동의어라고 말한다. 대부분 정보가 없는 상태에서 즉각적으로 결정을 내려야 하는 경우가 더 많다는 것이다. 그는 정보를 모으느라 우물쭈물하다 보면 여기저기 정체돼 병목 현상이 나타날 수 있다고 지적한다. 100 중 20이 아직 불확실하더라도 모자라는 20 때문에 판단을 미루면 결정을 내릴 수 없다. 모자라는 20은 과거의 경험이나 타인의 조언을 바탕으로 채워 가면서 결론 내야 한다.

생각하고 나서 결정하면 늦고, 생각하지 않고서 결정하면 잘못될 수 있다. 생각하면서 결론을 내는 동시 작동을 해야 한다. 리스크를 안지 않은 결정이란 세상에 없다. 흔히 '시간이 돈'이라고 하지만, 좀 더 정확히 말하자면 사장의 의사 결정에서는 '타이밍이 돈'이다. 타임은 최단을 따지지만 타이밍은 최적을 따진다.

목과 눈에서
힘을 빼라

신속한 결단이 졸속을 의미하는 것은 아니다. 신속하되 졸속을 피하기 위해서는 체크 리스트가 필요하다. 여러 전문가의 분석을 통해 종합적 판단을 바탕으로 하는 과학이든, 리더의 오랜 경험과 직관을 바탕으로 하는 판단이든 나름 일장일단이 있다. 고, 스톱 결정 그 자체보다 중요한 것은 결정을 내리기 위해 '어떤 가정들이 사실로 판명돼야 하는가'를 확인하고 검증해 보는 것이다. '나도 틀릴 수 있다, 모를 수 있다'를 염두에 두는 것이 중요하다. 그것이 인기에 영합하지도, 독단의 함정에 빠지지도 않는 첫걸음이다. 잘되면 모두 달려들며 '자신이 관여했다'고 이야기하지만 실패하면 '그렇게 독단적으로 추진할 때부터 알아봤다'고 뒷담화를 하는 게 조직의 생리다. 성패에 따라 추진력이 독단으로, 독단이 추진력으로 널뛰기를 한다. 성공하면 선견지명이 있는 것이지만, 실패하면 무모한 도전을 한 것이다.

중요한 것은 올바른 결단이다. 이를 위해서 사장들이 한결같이 강조한 말이 있다. 목에서 힘을 빼는 것은 물론 눈에서도 힘을 빼라는 조언이다. 목에서 힘을 빼라는 말은 그간 많이 들어 봤을 것이다. 즉 겸손하게 생각하라는 것이다. 그룹웨어 종합 솔루션 업체의 B 사장이 쓰는 방법은 이렇다. 첫째, 전체 개요, 해야 할 일, 이유, 목표를 이야기한다. 둘째, 체크할 기준, 포인트는 무엇인지 짚어 준다. 마지막으로 '내 방법이 유일한 것은 아니다'라고 이야기한 뒤 각각의 생각을 물어본다. 크게 대세를 벗어나지 않는 경우, 어느 정도 리스크를 지더라도 반영해 실행한다. 그래야 직원이 아이디어를 내는 동기 부여가 되기 때문이다.

국내 대형 유통 업체의 P 사장은 사장까지 올라오는 서류 보고를 받을 때는 반드시 '내가 이 보고서에서 사장으로서 반드시 알아야 할 포인트가 무엇인가'를 직원에게 확인하고는 한다. 자칫 눈으로 설렁설렁 넘어갔다가는 직원에게 면책 사유를 주고, 자신도 이해하지 못한 서류에 결재 사인을 할 수 있기 때문이다. 소설 《셜록홈즈》에도 나오듯 진짜 중요한 편지 봉투는 거실 한가운데에 널려서 눈길을 분산시키는 작전을 쓸 수 있다. 마찬가지로 방대한 양의 보고서일수록 진짜 중요한 핵심을 놓치고 지나갈 수 있다.

부라리는 눈에서 힘을 빼라는 것은 이런 의미였다. '보고 싶은 대로' 보려고 하지 말라는 것이다. 통계야말로 세상에서 가장 아름다운 거짓말이라는 말도 있지 않은가. 숫자는 반드시 논의될 필요가 있지만, 동시에 '눈에 힘을 빼고' 봐야 하는 빙산의 일각일 뿐이다. 보고 싶은 것보다는 보이는 것에 집중하고, 있는 그대로의 것은 물론 숨어 있는 문제와 전제를 발견코자 하라. 주의를 기울이지 않으면 자신의 '환각' 대로 착각하기 쉽다. 과학적 데이터를 바탕으로 하든, 과거의 경험을 바탕으로 하든 '환각'에서 판단 실수가 발생한다.

경영에는 못 먹어도 고!
해야 하는 순간이 존재한다

전 교보문고 사장 김성룡은 "킬리만자로의 표범 같은 결단의 고독" 운운하는 것에 반론을 제기한다. 모든 결단이 생사를 다투는 결단은 아니라는 지적이다.

"결단의 중압감 운운은 어떻게 보면 좀 뻥이에요. 마음을 가볍게 해놓고 보면 의사 결정하는 일 중 회사의 존폐를 좌우하는 일은 10퍼센트 정도입니다. 나머지는 목숨이 왔다 갔다 할 정도로 중요한 일은 아닙니다. 설령 잘못했다고 해도 크로스 체크 시스템을 통해 시행 중에라도 거를 수 있습니다. 이런 생각을 하면 마음이 좀 가볍지요."

그는 일단 저지르고 문제는 차차 수정해 나가면 된다고 생각한다. 스스로에게뿐 아니라 직원들에게도 똑같이 "일단 질러라. 지르지 않으면 더 큰 실수를 범한다!"라고 이야기한다. 왜, 영화 〈여인의 향기〉

에도 이런 대사가 등장하지 않는가.

"탱고 추는 것을 두려워할 필요는 없소. 인생과 달리 탱고에는 실수가 없으니까. 설령 실수한다고 해도 다시 추면 되니까. 실수를 해서 발이 엉키면 그게 바로 탱고요."

빠른 결단으로 시행착오를 수정해 나가는 것이 느린 결단으로 시기를 놓치는 것보다 낫다는 것이 그의 생각이다.

"경영에는 '못 먹어도 고!' 해야 하는 순간이 존재합니다. 흔히 미래 성장 동력에 투자해야 하는 경우에 발생하지요. 그럴 때 당장 못 먹을 줄 알면서도 고! 해야 하는 이유를 설명하고 수백 번 설득해야 합니다. 조직에는 '돈을 버는 부서'와 '돈을 쓰는 부서'가 나뉘기 마련인데, 이때 반드시 필요한 게 현재 돈을 버는 부서를 향한 끊임없는 설득 작업입니다. 지금은 저 부서의 프로젝트가 돈을 쓰고 있지만 돈을 벌어들일 가능성이 있기 때문이라는 설득을 수백 번 넘게 해서 부서 간에 가해 의식, 박탈감과 피해 의식이 없도록 합니다."

그가 이처럼 나름 결단에서 '마음 내려놓기'를 하게 된 데는 신입 사원 때의 경험이 도움됐다.

"신입 사원 때 고객사의 의도적인 지불 미루기로 우리 회사가 부도 위기에 놓인 적이 있었습니다. 전무님이 신출내기 졸병인 나를 호출해서 단 두 명이서 그 공장에 갔지요. 직원 500명이 모여 있는 데에 빚쟁이 두 명이 갔으니 일단 쫄 수밖에요. 등으로는 식은땀을 줄줄 흘릴망정 겉으로는 당당히 '돈 주십시오'라고 큰 목소리로 요구했습니다. 그동안 그렇게 사정해도 '결재를 받으려면 도장 20개를 찍어야 한다'

며 도저히 안 된다고 미루던 일을 순식간에 처리해 주더군요. 저는 이
때 궁즉통窮則通, 궁하면 통한다, 즉 '꽁지에 불을 붙이면 된다'는 진리
를 체득했습니다. 도저히 안 된다고 하던 일도 정공법으로 맞서면 된
다는 것을 깨달았습니다."

가장 단순한 결정이
진리에 가깝다

중국 동위의 효정제 때 승상으로 있던 고환高歡은 아들들의 능력을
시험해 후계자를 정하고자 했다. 어지럽게 뒤엉킨 실타래를 한 꾸러
미씩 나눠 주고는 잘 추슬러 보라고 했다. 다른 아들들은 뒤엉킨 실을
풀어내 한 가닥으로 추리느라 분주했으나 둘째 아들 고양高洋은 "어지
러운 것은 베어 버려야 한다"라고 말하고는 날카로운 칼로 주저 없이
실타래를 잘라 냈다. 이를 보고 고환은 고양이 크게 될 인물이라고 생
각했다. 쾌도난마란 복잡하게 얽힌 어려운 사안을 과단성을 갖고 명
쾌하게 처리하는 것을 비유하는 말이다. '고르디우스의 매듭'의 중국
고전 버전이라고 할 수 있는 일화다.

이는 논리학에서 말하는 '오컴의 면도날'과도 통한다. 흔히 '경제성
의 원리'라고도 하는 것으로, 14세기 영국의 논리학자이며 프란치스코
회 수사의 이름인 오컴의 윌리엄William of Ockham에서 따왔다. 여러
가지 설명 가운데 복잡한 것을 뺀 가장 단순한 설명이 진리에 가깝다
는 단순성의 원리다. 불필요하고 복잡한 물질적 존재를 면도날로 제

거하는 것이 의사 결정에 효율적이다. 좌고우면하느라 실행을 미루는 약한 리더는 결과적으로 조직에 악한 영향을 끼칠 수밖에 없다. 판단을 유보한 채 생각만 하고 있다면 파국의 운명을 실은 마차는 내리막길로 달릴 수밖에 없다는 사실을 명심하자.

사장에게는 밀어붙이는 힘이 필요하다

일머리를 아는 사장들이 공통적으로 털어놓는 애로 사항이 있다. 조금만 더 하면 될 것 같은데, 안 그래도 아등바등 일하는 직원들을 '더' 하게 만들기가 어렵다는 것이다. '마른 수건'에서 물기를 짜내듯 힘과 고통이 수반되는 일이다. "한 발짝만 더, 고지가 바로 저기인데" 하며 몰아붙이면 정말 나쁜 사람 취급을 받는다. 그럼에도 사장은 욕 먹을 각오로, 모두들 적당히 요령을 피우고 싶어 하는 바로 그때 결정적 포스를 발휘해야 한다.

"이게 정말 최선입니까?"

지방에서 작은 유리병 제조업 공장을 운영하는 P 사장은 이를 '깔딱고개의 고독'이라 표현했다. 이 정도면 얼추 된 것 같고 직원들 역시 더 이상 요구하면 반발할 것이 분명할 때 "조금만 더"를 외치며 궁둥이를 걷어차는 일은 사실 사장으로서도 쉽지 않다. 모두를 적으로 돌리며 '악역'을 자처하는 일임에 분명하다. 9부능선까지는 왔으니 여기서 멈춰 '오케이'할 것인가, 아니면 조금만 더 가자고 독려할 것인가. 머릿속에서는 번민의 전파가 튄다.

2퍼센트 부족한 것이 있다면 힘들더라도 뒤집어엎고, 없는 힘을 짜내 한 걸음이라도 더 간 것이 결국 도움이 되더라는 게 사장들의 사업 경험 사칙 연산의 결론이다. 잠시 쉬었다 가든, 내친김에 더 가든 그것은 케이스 바이 케이스다. 단 미흡한 채로, 찜찜한 채로 그치는 것은 필패다.

"웬만한 산에 가 보면 깔딱고개라는 이름이 붙은 곳이 한두 군데 있어요. 그 고개를 넘자면 숨이 깔딱깔딱 넘어갈 정도로 힘들다는 의미겠지요. 그 깔딱고개를 넘어야 정상에 오를 수 있는데, 숨은 차오르고 땀범벅인 상황에서 조금만 더 힘내자고 부추기는 게 정말 힘들죠. 하지만 분명한 사실은 직원 눈치 보느라 여기서 그만 멈추자고 타협하면 꼭 사달이 나더라는 겁니다."

쉬고 싶고, 주저앉고 싶은 직원들의 간절한 눈동자를 외면한 채 행진을 밀어붙이는 일은 생각보다 훨씬 힘들다. 모두가 그만했으면 하는 간절한 눈빛을 강력히 보내는데도 "왜 이래, 아마추어같이" 하며 매몰차게 '원 모어 타임'을 외치고 움직이도록 설득할 수 있는 것, 그것이 바로 사장의 능력이자 용기가 아닐까.

마이크로매니지먼트와
디테일 경영의 차이는 무엇인가

익히 알려진 이야기지만 전 삼성전자 회장 이건희는 과거에 휴대 전화 화형식을 치러 화제가 된 바 있다. 1995년 3월 9일 오전 10시, 삼성전자 구미 공장 운동장에 불길이 치솟았다. 휴대 전화와 무선 전화기 등 10만 대 가량의 삼성전자 제품이 산산조각 난 채로 불구덩이 속에 던져졌다. '품질 확보'라고 적힌 머리띠를 두른 2,000여 명의 직원은 비장한 표정으로 이 광경을 지켜봤다. 당시 삼성전자의 총이익은 9,500억 원 수준이었는데, 이날 폐기 처분된 제품들은 500억 원에 달했다.

삼성 휴대 전화는 잘 팔렸지만 품질에 대한 불만은 나날이 높아지던 시기였다. 국내 시장 점유율은 높았지만 해외 시장에서는 저평가를 받고 있었다. 이 회장은 "고객을 두려워하고 품질에 신경 써야 한다"라며 "돈을 받고 불량품을 파는 것은 고객을 기만하는 일"이라고 목소리를 높였다. 휴대 전화 화형식은 품질 경영의 시발점이었으며, 이 회장이 "마누라와 자식 빼고 다 바꾸라"라고 부르짖은 1993년 프랑크푸르트 신경영 선언의 연장선이었다.

1995년 삼성전자는 깔딱고개의 앞에 서 있었다고 할 수 있다. 이미 잘나가고 있으니 충분하다고 여길 수도 있었겠지만, 이 회장은 품질에 대한 불만과 저평가의 깔딱고개를 넘어야 정상에 오를 수 있다고 생각했다. 화형식은 직원들에게 "조금만 더"라는 완벽을 향한 의지를 분명하게 표명한 강력한 채찍질이었던 셈이다.

완벽을 향한 열정, 이의를 제기할 수 없는 구호다. 완벽주의를 현장에 적용하려고 할 때 마이크로매니지먼트와 디테일 경영은 헷갈리기 쉽다. 사장은 디테일 경영이라고 생각하는데 직원들은 쫀쫀한 마이크로 리더라고 생각하기 쉽다. 마이크로매니지먼트와 디테일 경영의 차이는 무엇일까. 겉으로 쫀쫀하게 보일지라도, 리더는 큰 그림에서 세부적인 요소가 왜 중요하고 왜 조직에 필요한지 줄을 그어 줘야 한다. 근시와 원시를 모두 갖고 거리 두기를 해야 한다. 마이크로와 매크로는 따로 놀지 않는다. 미술 전시회에서 얼굴을 작품에 가까이 들이대고 보거나 너무 멀찍이 떨어져서 보면 작품을 제대로 감상할 수 없는 것과 마찬가지다.

일례로 모 외식 업체의 K 사장은 화장실 청결에 최고 역점을 두고 세세히 관리했다. 다른 관리자들은 고상하고 폼나는 일에 집중하고 싶어 했지만 그는 화장실의 청결도를 중시해 매일 점검했다. 여성 고객이 많다 보니 여자 화장실에 대한 불만이 컸기 때문이다. 남자 점장들은 자신이 일일이 바로 확인할 수도 없기에 화장실 청결에 대한 그의 소신에 반발했지만 K 사장은 굽히지 않았다.

K 사장은 "마이크로 경영과 디테일 경영은 서로 동떨어져 있지 않고 오히려 교집합하는 부분이 있습니다. 중요한 가치와 집중 업무 부분은 아무리 꼼꼼히 챙겨도 지나치지 않습니다. 그게 일의 본질, 업무의 우선이라면요. 괜히 쫀쫀하다는 이야기 피하려다 큰 사고가 닥칠 수도 있지요…. 어찌 보면 동떨어져 있는 사소한 문제처럼 여겨질 수 있지만, 조직은 큼직한 대동맥으로만 존재하는 것이 아니라 자잘한 모

세관이 얽혀 유지되는 게 아니겠습니까. 과정 그 자체가 아니라 결과물을 분석할 때 디테일 경영이 됩니다."

P 사장이 취임한 지 얼마 안 됐을 때의 이야기다. 협력 업체가 송장 양식을 보내 왔는데 잘못 표기된 항목이 있는 데다가 인쇄 상태도 흐리고 깔끔하지 못했다. 문제를 지적하자 상대는 "그 정도는 괜찮고 지금까지 늘 그렇게 해 왔습니다"라고 대꾸했다. P 사장이 "나는 그 정도로 관대하지 못합니다. 창고에 있는 것 모두 다시 가져가시오"라고 하자 그때서야 목소리를 바꾸며 어떻게 해 주면 좋겠느냐고 묻더라는 것이다. 결국 다음부터는 제대로 제작된 양식을 보내 주기로 합의할 수 있었다.

깔딱고개에서 하산할 것인가, 마음을 다져 먹고 넘을 것인가의 차이에서 일반 제품과 명품이 갈린다. '제과 제빵의 명장'으로 불리는 김영모과자점의 대표 김영모는 소보로빵의 소보로 0.1그램 차이가 오늘날 자신의 '명장' 여부를 좌우했다고 밝힌다. 그는 "연탄불로 빵을 굽던 창업 초기에도 완벽하지 않으면 그 아까운 밀가루 반죽을 눈물을 머금고 전량 쓰레기통에 버렸다. 비록 고객은 모르더라도 만드는 내가 안다는 양심의 소리 때문이었다. '이 정도에서 대충…'이라는 깔딱고개에서 직원들이 현혹되지 않도록 하기 위한 강력한 처방이고 의지의 선전포고였다"라고 말했다. 명품과 B품은 깔딱고개 앞에서 '이만하면' 하고 주저앉느냐, 아니냐에서 갈린다. 모두가 깔딱고개 앞에서 쉬고자 하더라도 부축해 일으키고, 땀방울을 닦고 고지에 도달하게 해야 한다. "한 걸음 더" 하고 격려하는 것, 그것이 사장이 할 일이다.

자동차 정비공이었던 스티브 잡스의 양아버지는 "울타리를 만들 때 숨겨져 안 보이는 뒤쪽도 잘 다듬는 것이 중요하다"라는 말을 늘 했다고 한다. 이 교훈을 마음에 새긴 잡스는 컴퓨터의 메모리 칩을 디자인하면서까지 '아름다움'을 추구했다. 애플Ⅱ 케이스의 색깔을 고르는 과정에서 잡스는 2,000개 종류의 베이지색을 검토했으나 마음에 드는 색이 없다며 내쳤고, 매킨토시 패키지 디자인을 50번 이상 수정하게 할 정도로 완벽을 추구했다. 영화 〈잡스〉에서 이 장면이 보다 자세히 묘사된다. 사람들이 "누가 PC보드 모양까지 신경 쓸까요? 잘 작동하는 것이 중요하지, 아무도 PC보드 안을 들여다보지 않아요!"라고 하자 잡스는 단호하게 답한다.

"내가 봅니다. 비록 케이스 안에 있다고 할지라도, 나는 그것이 가능한 한 아름다워야 한다고 생각합니다. 위대한 목수는 아무도 보지 않는다 해서 장롱 뒷면에 형편없는 나무를 쓰지 않습니다!"

완벽한 제품, 완벽한 서비스의 추구란 한마디로 벽壁을 허무는 것에 도전하는 일이다. 완벽의 벽壁과 버릇의 벽癖은 동전의 양면이다. 완벽이라는 원대한 지향은 작은 디테일을 향상하는 버릇에서 나온다. 벽을 추구하는 사장의 혼을 조직 전체에 침투시키기 위해서는 병적일 정도로 추구하고 추궁하는 집착의 벽이 필요하다. 격물치지의 경지에 이르기까지 꾸준히 병적으로 독하게 요구하고 추진하는 것은 고독한 악역이다. 사장이 아니면 해낼 수 없는 중요한 역할, 아니 '본분'이다.

"악마는 디테일에 있다"라는 서양 격언이 있다. "(하느님의) 선함이 드러나려면 디테일에 철저해야 한다God is in the detail"라는 격언을 "악마는 디테일에 숨어 있다Devil is in the detail"라고 다시 비튼 것이다. 중국의 전자 제품 제조 및 판매 업체인 샤오미의 CEO 레이쥔은 "조직 문화는 별것이 아니다. 화이트보드에 지난 회의의 기록이 지워지지 않은 채 남아 있는가, 마른 보드 마커 펜이 버려지지 않고 굴러다니는가"라고 말한 바 있다. 좋은 줄 알면 그 아이디어를 습관으로 만들 줄 알아야 한다.[7]

리더는 그 디테일, 완벽을 좌우하는 사항을 볼 수 있어야 한다. 지금 각자의 분야에서 디테일에 얼마나 철저한지, 디테일 구석구석 뿌리 깊게 박혀 있는 악마를 물리치기 위해 얼마나 노력하고 있는지 되돌아보고 점검해야 한다. 그들의 거부하는 눈빛에도 질끈 눈을 감고 말이다. 지금 다시 한 번 확인해 보라. "이것이 정말 최선입니까?" 좋은 리더의 반대는 악한 리더가 아니다. 약한 리더다. 약한 리더가 조직의 수준을 떨어뜨린다.

전략적인 악역이 되고자 하는
사장의 진정한 용기

깔딱고개를 넘기 위해 악역을 자처하는 데 주의할 점이 하나 있다. 지금 이 고개를 넘으면 정상에 오를 것이 확실하다는 근거와 판단이 서 있느냐는 것이다.

승리자와 패배자를 결정하는 것은 무엇일까? 그것은 있는 그대로 보느냐, 보고 싶은 대로 보느냐의 차이다. 패배하는 사람의 공통점은 보고 싶은 것만 보고 듣고 싶은 것만 듣느라 있는 그대로의 사실을 보지 못하거나 무시, 외면한다는 점이다. 게다가 무조건 자신에게 유리한 상황으로 해석하고자 하는 성향도 있다. 안 보거나 못 보거나, 모두 리더에게는 결정적 결함이다. 자신은 과대평가하고 상대는 과소평가하며, 포장된 현실과 실제 현실의 갭을 메울 전략을 세우지 않으면 리더의 오판은 개인적 실수를 넘어 조직의 대참사로 이어진다.

이순신 장군 하면 제일 먼저 떠오르는 것은 "신에게는 아직 12척의 배가 있사옵니다", "살려고 하면 죽고, 죽고자 하면 살 것이다"의 결전 불사 정신이다. 배가 12척밖에 없음에도 불구하고 300척의 일본 적선에 대항해 승리를 거둔 모습은 생각만 해도 가슴이 벅차오른다. 이순신 장군이 상대에 대한 정확한 분석과 탄탄한 전략 없이 무조건 '하면 된다'는 정신만으로 돌진했다면 과연 승리를 거둘 수 있었을까? 병사들이 그를 믿고 따르려 했을까? 명지대 사학과의 교수 한명기는 이순신 장군의 승리 요인으로 '소수로 다수를 이길 수 있는 울돌목이라는 지형의 전략적 활용', '근접전을 피하고 일본군과 간격을 유지하면서 함포 사격으로 일본군을 공격한 것'을 꼽는다. 일본군은 근접한 거리에서 조총 공격을 하려 했지만 조선군은 판옥선(지붕을 덮어 2층 구조로 된 배에서 노를 젓는 병사들은 아래층에, 공격을 담당하는 병사들은 위층에 배치함)으로 일정하게 거리를 둔 채 화포 공격을 한 것이 승리의 결정적 요인이라는 설명이다.

치밀함이 결여된
치열함은 만용

흔히 대책 없이 우기는 상황을 지적할 때 '무데뽀'라고 한다. 알고 보면 이 말은 일본 말이다. 한문으로 무철포無鐵砲를 뜻한다. 상대는 대포로 싸우는데 그에 대적할 무기도 없이 무대책으로 나가면서 의기양양 승리를 자신하는 어리석음을 일컫는다. 결전 불사와 무데뽀는 용기를 내세운다는 점에서 비슷해 보이지만, 실상은 전혀 다르다. 대포에 대항해 총칼로 싸우면서 "나가자, 싸우자, 이기자" 외치는 것은 용기가 아니라 무지이고 만용이다.

현실에서는 전술 못지않게 리더십이 더 중요하게 작용한다. '배수진' 하면 우리는 승리의 필살기와 용기만을 생각한다. 《초한지》에서 한신이 소규모의 오합지졸 병사로 조나라의 대군을 상대로 싸우고 대승을 거두며 한 말은 글자 한 자 한 자에 자신감이 넘친다.

"사지에 몰아넣은 후에야 살게 되고, 망할 지경이 돼서야 존재하게 된다'라고 병법에서 말하지 않았는가?"

죽으려고 하면 살고, 살려고 하면 죽는다. 이순신 장군과 한신의 말이 일맥상통한다. 그러나 치밀함이 빠진 치열함은 위험하다. 같은 배수진을 펼쳤지만 임진왜란 당시 신립 장군의 탄금대전투는 전멸했다. 강한 적을 상대하면서 치밀한 분석 없이 대결을 펼치는 것은 전멸을 자초한다. 용기가 아니라 만용이다. 공자는 《논어》에서 이렇게 말했다.

"맨손으로 호랑이를 때려잡고 맨몸으로 강을 건너려 하는, 죽어도 후회할 줄 모르는 사람과 나는 함께하지 않겠다. 반드시 큰일을 앞에 두고 겁낼 줄 알고 신중히 도모하여 성공할 줄 아는 사람과 같이하겠다."[8]

즉 반드시 일에 임해서는 두려워하고, 치밀한 전략과 전술을 세우기를 즐겨 일을 성공으로 이끄는 사람과 함께할 것임을 제자들에게 분명히 밝힌 것이다. 비슷한 맥락에서 아리스토텔레스는 "두려움을 아는 사람만이 진정한 용기를 가진 사람"이라고 강조했다.

"켈트인들에 대해 말해지는 바와 같이, 지진이든 큰 파도든 아무것도 두려워하지 않는다면, 그는 미친 사람이거나 고통을 느낄 수 없는 사람일 것이다. 무모한 사람은 경솔해서 위험이 닥쳐오기 전에는 위험을 바라지만, 실제 위험에 처해서는 물러선다. 반면 용감한 사람은 그전에는 평정을 유지하다가 행동을 취할 때는 빠르고 강렬하다."[9]

진정한 용기는 물불을 가리지 않고 무조건 "I can do it, We can do it" 하고 불길에 불나방처럼 뛰어드는 것이 아니다. '마땅히 두려워해야 할 것을, 마땅히 그래야 할 목적을 위해, 또 마땅히 그래야 할 방식으로 마땅히 그래야 할 때 견뎌 내고 두려워하며, 또한 마찬가지 방식으로 대담한 마음을 갖는 사람'이 진정으로 용감한 사람이다. '우리가 해냈다'는 승리감을 줄 수 있는 사람이다.

리더의 용기를 오해 말라. 고개를 넘기 위해서는 고난과 고비를 두려워하고, 이에 치밀하고 철저하게 대비해야 한다. 범을 잡겠다고 도끼 하나로 덤비는 건 용기가 아니라 무모이고 무식이다. 리더란 겁을 낼 줄 알아야 하며, 겁이란 문제 인식이다. 문제를 인식하되 해결하려는 것, 그것이 두려움을 용기로 만드는 리더의 차별성이다. 도끼로 안 되면 덫으로 잡는 지혜의 발휘, 그것이 진정한 리더의 용기다. 그런 리더의 지혜가 두려움을 용기로 만들고 이를 구성원에게 전염시킨다.

전쟁 못지않게 피 튀기는 성과의 현장에서 무조건 결전 불사의 정신만 외치고 있지는 않은가? '상유십이척'의 이순신 정신을 오도하는 것은 아닌가? 대담한 용기와 치열한 열정, '조금만 더'의 노력 못지않게 치밀한 현장 파악이 필요하다. 치밀함이 결여된 치열함은 만용이라는 사실을 잊지 말자. 사장의 치열한 용기는 치밀함에서 나온다.

사장은 혼자 울지 않는다

대선을 지키지 못하면 소선도 의미가 없다

착한 사람이 좋은 리더가 되는 것은 아니다. 다음의 등대지기 이야기는 리더가 무엇을 우선시해야 하는지를 잘 보여 준다.

한 외딴섬에 등대가 세워져 있었다. 배들은 등대 불빛을 보며 방향을 잡고 안전하게 항구로 들어왔다. 등대 옆에는 불을 밝히라고 정부에서 공급하는 기름을 보관하는 창고도 세워져 있었다. 어느 날 자동차 한 대가 근처를 지나가다가 기름이 떨어져 오도 가도 못하고 있었다. 주유소가 없는 곳이라 한 번만 기름을 얻어 쓰자고 사정하기에 등대지기는 기름을 조금 줬다. 다음 날 한 가난한 할머니가 오더니 추워서 못 자겠다며 보일러에 기름을 좀 채워 달라고 했다. 사정을 딱하게 여긴 등대지기는 이번에도 기름을 조금 줬다. 그렇게 딱한 사람들에게 기름을 조금씩 주다 보니, 등유를 실은 배가 오려면 하루를 더 기다려야 하는데 이미 기름이 바닥나 버리고 말았다. 게다가 그날은 기상 악화로 평소보다 더 오래 불빛을 밝혀야 했다. 결국 폭풍우가 치던 날 밤 등대는 불빛을 비추지 못했고, 때마침 그 섬 가까이 지나가던 큰 배 하나가 캄캄한 등대를 들이받고 말았다. 배는 부서져 수백 명의 사상자가 발생했고, 등대는 무너졌다. 등대지기는 당국 조사단으로부터 이런 얘기를 들어야 했다.

"당신이 등대를 밝히지 못해 그날 밤 배 몇 척이 파선돼 수백 명의 사람이 죽었다. 우리가 당신에게 기름을 공급한 이유는 오직 하나, 등대에 불을 꺼뜨리지 말라는 것이었다."

소선과 대선 중 중요한 것이 무엇인지를 보여 주는 이야기다. 선행, 즉 소선도 중요하지만 사명, 즉 대선을 지키지 못한다면 소선은 의미와 힘을 잃는다.

배가 침몰하지 않으려면
짐을 줄여야 한다

최근 미국의 한 온라인 마케팅 회사의 CEO가 회사의 정리 해고 사실을 밝히면서 SNS에 자신이 울고 있는 사진을 게시해 논란이 됐다. 직원을 해고하게 된 데는 아마도 팬데믹으로 인한 경제 악화가 큰 요인이 된 듯했다. 그는 "이렇게 결정을 내리게 된 것은 정말 힘든 일이었다. 우리 회사는 항상 사람이 가장 우선인 사업을 해 왔고 앞으로도 그럴 것이다"라고 강조하며 "내가 차라리 돈만 좇는 대표여서 직원들이 상처받든 상관하지 않았으면 좋겠지만, 나는 아니다. 그러니 이 글을 읽는 당신만큼은 세상의 모든 CEO가 냉정하고, 직원을 마음대로 해고하는 사람이 아니라는 걸 알아줬으면 한다"라고 덧붙였다.

내가 주목한 것은 그의 눈물 셀카보다 댓글 반응이었다. 열 명 중 여덟 명이 "눈물 셀카 올릴 시간에 해고한 직원이 다른 직장을 찾을 수 있도록 도와주는 게 낫다", "내가 살면서 본 글 중에 가장 마음에 와닿지 않는다" 등의 부정적 반응을 보이며 비난했다. 맞다. 의도가 어떻든 결과와 성과가 나쁘면 비난을 각오해야 하는 게 사장의 몫일지 모른다. 해외 토픽에 오른 눈물 셀카 사장을 보며 부도에서 재기한 J 사장의 일화가 연상됐다.

벤처 업체의 J 사장은 2008년 호된 위기를 겪었다. 리먼브라더스 부도 후 주 고객인 미국의 회사들이 줄줄이 도산했다. 고객사들은 탄탄한 중견 기업이었지만 태풍이 피해를 입히는 데는 이층집, 삼층집을 가리지 않는 법이다. 매일 낭보가 들려와도 시원찮을 판에 비보가 시시각각 연이어 들어왔다. 최악의 3개월이었다. 하루가 무섭게 쏟아지는 고객사들의 부도 소식에 심장이 졸아드는 것 같았다.

그동안 비축해 놨던 통장을 하나씩 깼다. 하지만 언 땅에 오줌 누기, 아니 마른 땅에 오줌 뿌리기 식이었다. 불황을 해결하기에는 턱없이 부족했다. 건강만은 자신하던 그였지만 불황이라는 시련 앞에서는 장사가 없었다. 사무실에서 일하다 호흡이 가빠 오는 것은 약과였다. 자면서 숨이 턱턱 막혀 새벽에 식은땀을 흘리며 깨는 일이 한두 번이 아니었다. 침대에 누우면 이러다 어떻게 되나 온갖 걱정이 밀려왔다. 천장에 모래성을 쌓았다 무너뜨렸다 하느라 잠을 이루지 못했다. 그러다 보니 뒤척뒤척하다 새벽 두세 시에야 겨우 잠이 드는 둥 마는 둥 했다. 자다가도 가위에 눌린 듯 숨이 막혀 여러 번 깼고, 심지어 이러다 죽는 것 아닌가 하는 두려움까지 들었다.

이때 심장 부정맥이라는 병을 얻었다. 심장 박동이 규칙적인 리듬을 잃고 불규칙적으로 변하는 증상이다. 그는 잠을 자다가 숨이 가빠 일어나 비상약을 복용하면서도 부인에게 끝까지 자신의 병도, 회사 상황도 이야기하지 않았다. 아니, 이야기할 수 없었다. 지금 그때로 돌아가더라도 마찬가지로 입을 다물 것이라는 게 그의 술회다. 이야기한들 더 나아질 것도 없고, 오히려 동요하고 걱정만 할 텐데 긁어 부스럼이라는 것이다.

"왜, 배를 탄 사람은 많은데 노를 혼자 저어야 하는 그런 막막한 기분 아십니까? 직원은 물론이고 가족마저 모두 승객으로만 여겨지더군요. 도울 손은 하나도 없고 모두 입만 갖고 '어서 노를 저어라' 명령하고 재촉하고 나를 둘러싼 채 추궁만 하는…."

결국 직원을 150명에서 60명으로 줄여야 하는 상황에 처했다. 사람이나 조직이나 아무리 치료를 위한 조치라 할지라도 '대수술'을 하면 충격이 큰 법이다. 더구나 잘라 낸 몸이 남아 있는 몸보다 클 때는 오죽하랴. 회사의 회생 방법에 대해 임원진과 의논했으나 '죽더라도 같이 죽고 살더라도 같이 살자. 지금 비록 어렵지만 좋아질 때를 기다리며 함께 버티자'는 온정주의적 의견이 우세했다. 하지만 팔다리를 잘라야 나머지 몸이 고쳐진다면 잘라야 한다는 게 그가 피를 말리는 밤을 보내며 얻은 결론이었다. 남들에게 칭송받는 미담의 주인공이 되는 것보다는 손가락질을 받더라도 현실적인 생존이 중요했다.

"내가 고슴도치가 돼 비난의 화살을 온몸에 맞겠습니다."

그가 마지막에 내린 선전 포고에 가까운 대외 선언이었다. 직원들의 태도와 역량을 잘 알고 있었지만 구조 조정 리스트는 임원진에게 만들어 오라고 했다. 보다 객관적으로 평가할 필요가 있다는 판단에 서였다. 며칠 뒤 올라온 명단을 자신이 생각한 리스트와 비교해 봤다. 심복을 지켜주기 위해서가 아니라 난세에는 목소리 큰 사람이 득세할 수 있다는 염려 때문이었다. 임원들이 만들어 온 '살생부' 명단을 자세히 살펴보니 평소에 여기저기 떠들고 다니는 빅 마우스 인물이 빠져 있었다. 임원진과 의논하니 "내보내면 어디 가서 뭘 떠들고 다녀 무슨 사고를 칠지 모른다"라며 요주의 인물이라는 의견이었다. J 사장은 "악당 역할은 내가 맡겠다"라며 해고 통보와 마무리를 직접 했다.

"해고를 통보하고 처리하는 것은 가슴이 찢어지는 일입니다. 하지만 해야만 했죠. 회생하려면 어쩔 수 없이 희생이 필요하거든요."

그가 담배를 피워 물며 외롭게 뱉은 한마디에서 사장의 무게가 절절히 느껴졌다.

사지를 잘라 내는 고통에 시달린 것이 비단 J 사장뿐이랴. 한 퇴직한 경영자는 우울한 얼굴로 이런 이야기를 들려줬다. 사업하는 후배로부터 오래간만에 소주 한잔하자는 연락이 와서 이야기를 나눴다는 것. 평소의 활기찬 모습과 달리 얼굴도 수척해지고 표정도 울적해 보여 낌새가 이상했다. 주 고객이던 대기업들이 경영상 어려움에 처해 일

거리가 줄어드는 바람에 어쩔 수 없이 함께 일하던 직원 중 상당수를 내보냈다고 털어놓더란다. 직원이라고 해 봤자 열 명 안팎이니 하나하나가 살붙이고 피붙이 같아 더 괴롭고 힘들었다는 고백이었다. 그는 "회사가 어려워진 것도 힘들지만 직원들을 내보낸 게 더 괴롭다"라며 울먹였다. 언론에 보면 어려울 때 사장이 직원과 똘똘 뭉쳐 한 명의 해고도 없이 불황을 헤쳐 나가 '한솥밥 식구'라는 것을 체감하는 끈끈한 승리의 이야기가 나오는데, 그렇게 지켜 주지 못한 자신이 너무 용렬하고 못나게 느껴진다며 자책했다. 그 후배는 거리에 나가면 모두 자신을 손가락질하는 것 같다며, 그동안 잠도 제대로 못 자고 혼자 술 마시며 운 적이 한두 번이 아니었다고 털어놨다.

"직원을 채용할 때는 '우리 회사는 중소기업이지만 사실 강소기업이다. 너만 잘하면 대기업 다니는 것보다 오히려 알짜의 멀티플레이어형 인재로 클 수 있다'라며 장밋빛 청사진을 펼쳐 보였는데, 결국 아까운 친구들의 인생을 망쳐 놓은 사기꾼이 된 셈이에요."

자책하며 연신 술잔을 털어 넣는 후배에게 선배가 들려준 이야기는 이랬다.

"대풍랑을 만나 배가 난파될 위험에 처했을 때 짐을 줄이는 것은 어쩔 수 없는 선택이다. 만약 머뭇거리다 배가 침몰하면 그것이 오히려 선장의 직무 유기다. 경영자가 바로 조직의 선장 아니겠는가. 구조 조정이 불가피하다면 머뭇거리다 침몰하게 하는 것보다는 배에 실린 짐의 무게를 줄이는 것이 더 현명한 대책이다. 내가 당신이라도 구조 조정이라는 선택을 할 수밖에 없었을 것이다. 어차피 사장이란 결과에 대한 책임을 혼자서 지고 가는 사람이다. 기왕에 피할 수 없는 선택을 했다면 남의 평가에 신경 쓰지 마라. 구경꾼들의 돌팔매에 일일이 신경 쓸 필요는 없다. 괴로우면 하루라도 빨리 심기일전해 회사를 회복시킬 생각부터 해라. 회사를 정상화해 이번에 내보낸 직원들을 나중에 우선적으로 불러들일 수 있도록 하는 것, 그것이 당신이 사장으로서 서둘러 해야 할 일이다. 재기에 성공하지 못하는 것이야말로 경영자의 큰 죄다."

사지를 잘라 낼 때는
기준과 명분을 확실히 하라

불가피한 선택이라 할지라도 직원을 내보내야 하는 것은 리더로서 괴롭고 외로운 일이다. 아무리 겉으로는 독하고 담대해 보이는 인물일지라도 직원을 내보내야 할 때는 마음으로 피눈물을 흘린다. 갑각류의 살이 더 연하고, 갑옷 속에는 인체가 있다. 겉으로는 바늘로 찔러도 피한 방울 안 나올 것 같은 사장들도 예외가 아니다. 남이 안 보는 데서, 누구에게도 하소연하지 못하고 혼자 삭이고 새겨야 하기에 이 같은 성격의 사장들이 겪는 고독은 더욱 처절하다.

위기 상황에서의 대처 방식을 보면 동서양의 조직 문화에는 확실한 차이가 있다. 결정은 같아도 과정이 다르다. 서양은 데이터에 입각한 냉정한 단칼 결단이라면, 동양은 끈적한 정의 논리가 작용한다. 자르는 사람과 잘리는 사람의 '별리와 눈물'이 저변에 흐른다. 무엇이 옳은지는 알 수 없다. 다만 중요한 것은 무엇이 옳은지가 아니라 무엇이 우리 조직에 적합한지 결정하는 것이다. 그것이 사장의 지혜다. 캠벨 수프를 회생시킨 CEO 더글러스 코넌트는 회생에는 희생이 불가피함을 강조한다.

"3년 동안 나는 관리자들의 업무 실적을 면밀하고 체계적으로 검토했고 마침내 힘든 결정을 내렸다. 우리 회사의 관리자 350명 중에 300명을 해고했다."

뉴욕 양키스의 구단주 조지 스타인브레너는 뉴욕 양키스에 예전의 영광을 되찾아 줬다. 구단 역사상 가장 인기 있었던 두 감독 빌리 마틴과 요기 베라를 해고함으로써 가능했다.

"나는 마틴과 베라를 사랑한다. 하지만 양키스를 더 사랑한다. 내가 그들을 해고한 것은 그들에게 개인적 감정이 있어서가 아니다. 그러니까 나는 조직을 위해 그들을 경질했다. 나는 사람들이 내게 야유를 퍼붓는 것도, 기자들이 내 결정을 비난하는 기사를 연일 쏟아 내는 것도 안다. 그러나 그런 것에는 상관하지 않는다. 스포츠 담당 기자들이 양키스가 월드 시리즈에서 우승하도록 도와주지는 않을 테니까 말이다."[10]

그런가 하면 L 회장은 독특한 인간미를 발휘해 구조 조정을 행했다. 보통 구조 조정을 하면 능력 없는 사람부터 쳐 나가는 게 일반적 상식이지만 그는 다른 방식을 취했다.

"능력 있는 사람부터 나가라. 지금 우리 회사뿐 아니라 다른 회사도 어렵고, 우리나라의 모두가 어렵다. 중늙은이들이 재취업하는 게 쉽겠는가. 어디 가기 힘든 사람들만 남아라. 어떻게 나갔든 회사 상황이 좋아지면 우리 회사 출신부터 받아 줄 것을 약속한다."

어떻게 들으면 직원 입장에서는 자존심이 상할 수도 있다. 하지만 경영자 입장에서는 대단한 용단이다. 능력이 좀 떨어지는 직원들만 챙겨서 꾸리고, 정글에서 밥벌이해 살아남을 직원들은 놔주겠다는 통 큰 결단이었다. 그리고 그는 약속대로 회사가 좋아진 후 돌아온 직원들을 받아 줬다.

역대 일본 기업 가운데 가장 크게 망했다가 3년 만에 부활한 JAL의 전 회장 이나모리 가즈오는 전 직원 4만 8,000명 가운데 1만 6,000명을 내보내는, 일본 기업사에 전무후무한 매머드급 구조 조정 끝에 회생에 성공했다. 독실한 불교 신자이며 '자비'를 경영 철학의 근간으로 삼고 있는 그가 눈물을 삼키며 구조 조정의 결단을 감행할 수 있었던 것과 관련해, 후임자인 오니시 마사루는 국내 언론과의 인터뷰에서 이렇게 설명했다.[11]

"당시 이나모리 회장은 제게 이런 말을 자주 하곤 했습니다. '소선小善은 대악大惡과 닮아 있고, 대선大善은 비정非情과 닮아 있다'고요. 몇몇 사람에게 작은 선을 베푼다고 한 것이 전체적으로 보면 좋지 않은 것일 수 있다는 것입니다. 또 사람들에게 아주 쓰라린 것을 이야기하는 것이 전체적으로는 아주 좋은 것일지도 모른다는 것입니다. 예전의 경영자들은 '이렇게 하면 피를 조금만 흘리고도 반드시 좋아질 것'이라 믿으며 '소선'을 반복해 왔다고 생각해요. 하지만 그것이 옳지 않았다는 겁니다. 많은 피를 흘리지 않으면 회사는 재생할 수가 없었던 것입니다."

"소선은 대악"이며 "대선은 비정과 닮아 있다"라고 한 이나모리 가즈

오의 철학은 '경영자의 해고에 대한 철학'이 무엇인지 공감하게 한다. 작은 인정이 아니라 큰 인정을 갖고 거시적, 대국적으로 밀고 나가되 그 아픔조차 몰라서는 안 되는 게 바로 사장이 감내해야 할 해고의 고독 아니겠는가. 읍참마속의 연민은 갖되 구조 조정의 명분과 기준을 분명히 하는 것, 그것이 칼을 꺼내 든 리더가 가져야 할 덕목이다.

단 사장이 명심해야 할 필수 덕목이 있다. 사장이 결코 해고와 특채를 변덕스럽게 처리하지 않았음을 직원이 알고 있어야 한다. 해고된 동료의 프라이버시를 침해하지 않는 범위에서 왜 그가 해고됐는지 직원들도 알아야 한다. 근무 태만, 업무 실적 등은 프라이버시에 속하지 않는다. 해고 사유가 알려지지 않으면 직원은 회사 정책이 불공정하다고 생각할 수 있다."

훌륭하고 따뜻한 리더가 되고 싶다면 먼저 일을 냉정하게 처리할 줄 알아야 한다. 누구를 해고하고 누구를 남길 것인지 냉정히 선택해야 한다. 누구를 버스에 태워야 할지 안다는 것은 누구를 내리게 해야 할지도 안다는 것을 의미한다. 경영을 책임진 자라면 자신의 성격보다 더 비정해져야 한다. 납기일을 못 맞춘 경우에 고객이 "괜찮아요. 이해할 수 있어요"라고 해 줄 리 만무하다. 또 업체가 "힘드시겠어요. 다시 기회를 드릴게. 한번 잘 해 보세요"라고 말해 줄 곳은 없다.

천하의 고승들도 죽을 때까지 내려놓지 못하는 고질병이 있다고 한다. 무슨 병인지 아는가? 바로 주위의 인정에 대한 갈구이다. 공헌한 게 있으면 생색내고, 공헌한 게 적으면 그럴 수밖에 없었던 배경에 대해 공감받고 싶은 본능이다. 직원들의 인정이라는 산토끼, 성과라는 집토끼를 같이 잡을 수 있으면 더 이상 좋을 게 없다. 하지만 때로는 질타를 불사하고 끈질기게 구성원들을 설득해야 할 때가 있다. 그들이 정말 싫어하는 줄 알지만 시키고 결정해야 할 때가 있다. 그것이야말로 사장의 본질일지도 모른다. 결탁과 연대, 고집과 소신은 한 끗 차이다. 그 한 끗 차이는 부하를 성장시키고 조직에 공헌하느냐, 아니냐에서 갈린다. 좋은 사람과 좋은 리더는 별개다. '인정 갈구증'과 '사랑 강박증'을 내려놓자.

3장

어떻게
내 사람으로
만들
것인가

사장의 사람 관리

리더가 되고 싶다면
강해지되 무례하지 않아야 하고
친절하되 약하지 않아야 하며
담대하되 남을 괴롭히지 않고
유머를 갖되 어리석지 않아야 한다.

짐 론(미국의 성공 철학가)

권력 없이는
리더십도 없다

　문학 평론가 고故 김현은 인간을 정치가형('나는 늘 잘한다'라고 생
각하는 유형)과 예술가형('나는 늘 잘못한다'라고 생각하는 유형)으로
구분했다. 정치가 유형은 자신이 무엇을 잘못했는지 반성조차 없는
인간이라고 할 수 있다. 정치란 수단과 방법을 가리지 않고 권력을 좇
는 추악함의 정수라고 생각하며 거부감을 갖는 이가 적지 않다. 다국
적 기업의 L 사장 역시 그랬다.

　그는 사장에 임명되고 나서 자신의 멘토인 L 교수를 찾아갔다. 그때
멘토가 들려준 첫마디는 "정치력을 키우라"라는 말이었다. 정치력? 의
외의 조언일 수밖에 없었다. 우리는 정치력 하면 흔히 음험한 권모술
수와 테이블 밑에서 거래를 일삼는 저열한 한 수를 먼저 떠올리니 말
이다. 정치라는 말을 듣고 알레르기 증상을 보이는 그의 거부감에 멘

토는 한마디로 정치는 처세력處世力이 아니라 치세력治世力이라고 잘라 말해 줬다. "정치력, 갈등 조정 능력, 미묘한 이해관계를 읽고 조정하는 능력이 사장의 제1책무"라고 설명해 주더라는 것이다. 난제를 해결하고 갈등을 조정하며 이를 통해 추진력을 확보하는 일은 정치의 힘을 통해서만 가능하다. 굽은 것을 펴고 잘못을 바로잡는 힘은 결국 정치에서 나온다.

현대 정치학자인 데이비드 이스턴은 "정치란 가치의 권위적 배분"이라고 정의한 바 있다. 돈과 자리를 나누고, 가치를 세우는 데 정치력은 필수다. 같은 칼이라도 누구는 사람을 이롭게 하는 이기로 쓰고, 누구는 사람을 해롭게 하는 흉기로 쓴다. 정치력이 음험한 것이 아니라, 음험하게 쓰일 때 문제가 되는 것이다.

이면을 읽어라
그것이 정치력이다

정치는 어두운 의미에서나 올바른 의미에서나 이면, 즉 보이지 않는 곳을 볼 수 있어야 한다는 점에서 통한다. 말과 관계의 이면에 흐르는 사람들의 감정과 이해득실과 요구와 니즈의 맥을 짚어 대응하고 조정하는 것이다. 사장이 야심찬 목표를 세우는 것과 개혁의 기치를 높이 드는 것 못지않게 둘러봐야 할 것은, 현장과 호흡하고 그 미묘한 맥들의 이해관계를 읽고 조정하는 것이다.

어깨동무를 하고 있지만 기실 뒤로는 발목을 잡고 있는 사람은 아닌지, 발목을 잡고 있는 적군으로 봤는데 사실은 팔목을 함께 잡을 아군이 아닌지…. 우선 파악해야 할 것이 주요 이해관계자의 기대 사항이다. 정치력은 인간의 욕망을 불온시하는 것이 아니라 그것을 읽어 내는 데 있다. 이때 공식 관계자뿐 아니라 드러나지 않게 큰 영향을 미치는 비공식적인 이해관계자들의 영향력을 조기 파악하는 것도 중요하다. 핵심적인 이해관계자와 기대 수준, 기대 사항이 다를 때 갈등이 생기기 마련이다. 이것을 조정하지 않고 단지 개혁의 기치가 옳다는 것만으로 밀고 나가면 순식간에 독불장군, 패장으로 고꾸라지기 쉽다.

모 금융 업체의 N 사장은 자신의 레임덕, 권력 약화 현상을 회의 때 공기에서 단박에 느낄 수 있다고 말한다.

"일단 권력 누수 현상이 발생하면 조직에서 뭔가 느슨한 이완이 느껴지지요. 리더를 투명 인간화한다고나 할까요. 사소한 것에서 스킵하고 넘어가는 것이 읽히지요. 회의를 진행할 때도 작은 태클이 걸리고요. 그것은 건설적 반대와는 다른 미묘한, 그 무엇입니다. 말할 수 없이 기분 나쁘게 식은땀 나는 기분이라고나 할까요."

하늘을 우러러, 땅을 내려다보며 한 점 부끄럼 없다는 올곧은 대쪽파일수록 정치력을 폄하하고는 한다. "나는 회사에 정치를 하러 온 것이 아니라 일을 하러 온 것"이라고 자기주장을 밀어붙인다. 정치란 자신의 정체성을 부각하고 특별한 관계를 만들고 유지하기 위한 전략적행위로, 리더십의 필수 요건이다. 주요 이해관계자들의 니즈와 원츠를 파악하고 이해관계를 조정하는 것은 권모술수가 아니라 리더십의필수 과정이다.

정치를 우습게 내리깔아 보는 당신, 혹시 홀로 개혁의 파수꾼을 자처하며 고독을 씹고 있지는 않은가. 산이 깊으면 골도 깊다. 조직이라는 산골짜기에는 산만 있는 법도 없고 골만 있는 법도 없다. 명과 암, 일과 관계 모두 잘 알아야 한다. 올바른 정치력은 비루한 처세술이 아니라 조직을 살리고자 하는 절박함의 치세술이다.

아부는 한자어로 '阿附', 언덕 아, 붙을 부, 소도 비빌 언덕이 있어야 한다는 말로 풀어 볼 수 있다. 사장도 마찬가지다. 의지할 곳이 있어야 무슨 일을 시작하거나 이룰 수 있다. 나름대로 실력을 갖췄는데도 '못다 핀 꽃 한 송이'로 단명하는 경우를 살펴보면 정치력 부재, 지지 세력 미확보가 원인인 경우가 많다. 세勢를 만들지 않고 힘을 내는 것은 어불성설이다. 단지 성과를 냈다는 것만으로 자만하고 조직의 정치 맥을 읽지 못할 때 좌초한다. '숫자가 인격', '숫자가 깡패'라는 말도 그 숫자의 단위를 이해관계에 따라 어떻게 해석하느냐에 따라 천양지차로 달라지기 때문이다.

적어도 당신이 권력을 가진 한 조직이 평화롭고 직원들이 따르게 돼 있다. 건설업계에서 일하는 한 임원은 정치를 아주 현실적으로 단칼로 표현했다.

"정치는 조직에서의 생존력이다. 알고 보면 그 전략은 간단하다. 엄청 센 사람이 돼서 아무도 못 건드리게 하거나, 아니면 그 센 사람 밑에서 그림자로 살거나…."

어쨌든 정치력은 상대의 절실함을 나의 절실함과 교류하는 리더십의 증표다. 그들과 당신을 '우리'로 묶는 필수 요소다. 당신은 지금 얼마나 절실한가. 세勢를 만들지 않고 리더가 리더답게 되기는 어렵다. 리더십 없는 권력은 가능하지만, 권력 없는 리더십은 잠시도 불가능한 법이다.

잘 대하기보다
잘되게 하라

　사람의 마음을 얻는 자, 세상을 얻으리라. 말은 쉽지만 정작 실천하기란 쉽지 않다. 선심을 베푸는 것과 환심을 사는 것의 경계도 애매하다. 사람마다 받아들이는 것이 다르고, 열 길 물속보다 변화무쌍한 게 사람의 마음이기 때문이다. 많은 리더가 사람의 마음을 얻는 것과 사는 것을 착각한다. 사람의 마음을 구걸하려 할 때 인심은 인기의 호된 기세로 변해 리더를 비루하게 한다. 기강을 해이하게 하기도 한다.

　연륜 있는 사장들이 공통적으로 하는 말이 있다. "돈과 관용만으로는 사람의 마음을 살 수 없다"라는 이야기다. 퍼주기식 관용이 오히려 구성원의 기대만 높여 놔 나중에 '불만은 갖되 만족은 없는' 고약한 버릇을 들였다고 후회하는 사장도 봤다. 욕구 충족은 마음 얻기와 다르다. 잘해 주면 그들이 언젠가는 보답하고 더 열심히 일할 것이라며 순진한 사장들이 근거 없는 기대를 할 때 '호의'는 '호구'로 날개 없는 추락을 하기 쉽다. 직원이 정작 원하는 것은 대접이 아니라 역량을 제대로 인정하고 성장시켜 주는 것이다.

VUCA(변동성volatility, 불확실성uncertainty, 복잡성complexity, 모호성ambiguity의 약자로 현대의 비즈니스 환경을 뜻하는 신조어), 재택근무, 원격 근무, 세대 차이 등등 예전과 달라도 너무 달라진 시대에 어떻게 리더십을 발휘할 것인가. 직원에게 충성, 애사심이라는 말을 꺼냈다가는 코앞에서 코웃음을 당하기 십상이다. 요즘 리더십의 키워드는 몰입이다. 간혹 몰입과 만족을 헷갈리는 경우가 있다.

국민대 경영학과 교수 고현숙은 이 둘을 이렇게 구분한다. 만족satisfaction이 회사가 나에게 어떻게 해 주느냐에 대한 수동적 반응이라면 몰입engagement은 주도성과 적극성을 갖고 추가적인 노력을 기울이는 것이다. 만족은 긍정적인 직장을 만드는 데 기여하고 직원과 직장의 연결성을 보여 주지만 그렇다고 해서 생산성으로 직결되는 것은 아니다. 단지 이직률 저하에 영향을 미칠 뿐이다. 반면에 몰입도는 성과와 직접 연결된다. 만족은 잘해 주는 것만으로 해결되지만, 몰입은 잘되게 해 줘야, 즉 성장을 시켜야 향상된다.

그렇다면 직원을 성장시키고 몰입을 가능하게 만드는 것은 무엇인가? 연애에도 창조적 밀당이 있듯, 리더십에도 창조적 밀당이 있어야 한다. 창조적 밀당이란 상대의 기대를 따라가 주는 것이 아니라, 그 사람의 가치를 인정해 주는 것이다. 그 가치에 대한 인정을 '까무러치게' 감동적으로 해 주는 것도 필요하다. 남들 하는 만큼 해서는 남들만큼

밖에 이끌어 내지 못한다. 매일 '권력은 총구에서 나오고 리더십은 지갑에서 나오는 법', ' 돈이 리더십'이라며 탄환(돈) 탓만 하는 리더는 솔직히 돈이 있다고 해도 마음을 얻지 못한다. 이들의 마음을 얻는 데는 자율성, 성장성, 관계성의 삼단콤보가 필요하다. 리더로서 당신은 이 중 어느 것을 잘 활용하고 있는가.

좋은 사장 밑에
좋은 직원이 모인다

중국 고대 주 왕조의 기틀을 마련한 정치가 주공은 아들 백금이 노나라의 제후가 돼 떠나려 할 때 다음과 같은 말을 들려준다.

"나는 문왕의 아들이자 무왕의 동생이며 지금 왕인 상왕의 숙부다. 나는 천하에 결코 천한 사람이 아니다. 그러나 나는 일목삼착一沐三捉(머리를 감다 말고 젖은 머리카락을 쥐고 인재를 만나러 뛰쳐나감), 일반삼토一飯三吐(밥을 먹다 인재를 만나러 먹던 것을 뱉고 만나러 감)하면서 인재를 우대했다. 오로지 천하의 인재를 얻지 못할까 걱정돼서였다. 너는 노나라로 가더라도 결코 사람들에게 교만하지 말고 신중하라."

주공의 묘에 가면 이 구절을 새긴 비석과 함께 주공이 무릎을 꿇고 두 손으로 예물을 바치며 인재에게 정중히 절하는 조각이 새겨져 있다. 다른 사례도 하나 더 보자. 중국 연나라 소왕이 인재를 모으는 방법에 대해 고민하자 신하인 곽외가 이런 말을 들려준다.

"물론 좋은 방법은 많이 있습니다. 다만 문제는 왕께서 실행할 수 있느냐 하는 것입니다. 제왕의 신하는 명분은 신하지만 실제는 스승입니다. 예를 갖춰 상대방을 받들고 겸손한 자세로 가르침을 청하면 자기보다 100배 훌륭한 인재가 모여듭니다. 상대방에게 경의를 표하고 그 의견을 진지하게 듣는다면 자기보다 10배 훌륭한 인재가 모일 겁니다. 하지만 상대방과 똑같이 행동하면 자기와 비슷한 사람만 모여들고, 의자에 기대어 곁눈질이나 하면서 지시한다면 소인배만 모이게 되며, 무조건 화를 내고 다그치면 노복만 모일 뿐입니다."

실제로 인재 영입에 성공한 현명한 임금들은 자신을 도와준 재상을 모두 스승, 심지어 아버지급에 준한 호칭으로 칭했다. 그만큼 존중하고 대우해 줬다. 주 무왕은 강태공을 곁에 두고 '상부上父'로 칭하며 공경했다. 춘추오패의 리더 격인 제나라 환공은 한때 자신을 죽이려고 한 관중에 대한 원한을 잊고 재상으로 등용해 '중부仲父'라 부르며 아버지나 스승과 같이 모셨다. 후한의 명제는 사師를 높이고 부傅를 중히 여겨 이들 교수에게 절을 할 정도였다.

인재를 존중하는 리더 주변에 인재가 모이는 것은 당연한 진리다. 실패한 리더인지 알아보는 확실한 리트머스 시험지는 성과나 인기가 떨어지는 것이 아니라 주변의 유능한 인재가 하나둘 이탈하는 것이다. 사장과 직원은 유유상종이다. 좋은 사장 밑에 좋은 직원이 모이고, 무능하고 몰인정한 사장 밑에 그런 직원이 꼬인다.

당신은 자기 주변에 인재가 없거나 떠난다고 푸념하지 않는가. 이는 '내가 좋은 리더가 아니다'라는 말과 동의어다. 인재가 없는 게 아니라 제대로 존중하지 않아 오지 않거나 떠났을 뿐이다. 곧고 바른 인 재를 중용해서 쓰면 그런 인재들이 몰려들고, 입에 발린 아첨으로 자 신의 부족한 실력을 메우려는 소인배를 중용하면 그런 류의 사람들 이 들끓게 된다. 조직의 수준은 결코 리더의 수준을 뛰어넘지 못하는 법이다. 생각해 보자. 당신은 인재를 왕사로 섬기는가, 아니면 집사로 부리는가. 존중은 단지 말만이 아니다. 자신의 의견이 받아들여지고 실행되는 것을 뜻한다.

접대하지 말고 대접하라, 대접하지 말고 대우하라

몇 년 전, 모 대기업이 '우수 인재 확보'라는 기치를 내걸고 임금을 50퍼센트 이상 파격 인상했다. 동기 부여에 획기적인 효과를 줬을까. 결론부터 말하자면 언 발에 오줌 누기였다. 처음에는 다소 의욕에 불 타올랐지만, 곧 인상된 월급에 익숙해지고 무덤덤해지더라는 것. 선 의가 계속되면 권리가 된다는 말이 괜히 있겠는가.

홍보 업체의 S 사장은 "직원의 충성도를 높이려면 주변부, 즉 가족 과 배우자를 공략하라"라는 말을 듣고 연말에 고급 호텔에서 부부 동 반 모임을 열었다. 시작은 좋았다. 문제는 그다음이었다. 더 좋은 곳, 더 새로운 곳으로 계속 업그레이드를 하지 않으면 만족하지 않아 점 점 한계에 부닥쳤다. 이것이 '접대'의 한계다.

접대의 '역습'을 당하지 않기 위해 명심해야 할 것은 직원을 '접대'하는 것이 아니라 '대접'해야 한다는 것이다. 모 기업은 매년 회사 창립 기념일마다 모범상을 받는 직원의 배우자에게 아름다운 꽃다발과 전 직원 앞에서의 자랑스러운 스피치 기회를 선사한다. 한 모범 직원의 부인은 이 스피치에서 "이제 딸과 나는 둘이서 잘 살겠으니 남편인 당신은 야근하며 눈치 보지 말고 일에 열중하라"라고 말했다. 그 뒤에도 남편이 일이 힘들다며 그만두겠다고 하면 "그런 좋은 회사 없다"라고 만류하며 회사의 적극 지원자로 변신했다. 독심술보다 중요한 게 득심술이다. 독심술과 달리 득심술은 후천적 학습으로 키울 수 있다.

연예 매니지먼트 업계의 Y 사장은 득심술의 달인이다. CEO답지 않게 내향적인 성격이지만, 직원들을 팔로워가 아닌 팬으로 만든 비결은 '감동의 깜짝쇼 연출'에 있다. 어느 날 팀장이 감기에 걸렸다는 사실을 알고, 직접 손을 붙잡고 한약방에 데려가 보약을 지어 줬다는 일화는 깜짝쇼의 일부에 불과하다. 계열사 식당 요리사가 개발한 새로운 디저트 메뉴가 탄생하기까지의 눈물 나는 사연을 SNS에 소개해 일약 온라인 스타로 만들어 준 적도 있다. 디저트를 요리할 전용 부엌을 만들어 줄 계획도 밝혔는데, 그 셰프가 충성을 외쳤을 것임은 불문가지다.

심리학자 스키너는 "사람의 행동을 강화하는 것은 규칙성이 아니라 간헐적, 즉 불규칙적 보상에 있다"라고 했다. 정기적이고 예고된 감동보다 파격적 감동의 깜짝쇼를 연구해 보라. 사람은 자기에게 잘해 주는 사람을 위해서가 아니라, 자신의 역량을 알아 제대로 대우해 주는 사람을 위해서 목숨을 바친다. 리더인 당신, 기대 이상의 성과를 얻고 싶다면 무엇을 인정해 줄 것인지 관찰하여 대우해 주라. 환심성 대접이 아닌 감동의 파격 대우를 해 주라. 직원이 감동해 자발적으로 몰입하게끔 하는 것이 창조적 밀당의 최고봉이다. 접대하지 말고 대접하라.

알아야 이해하고
이해해야 연결된다

사장은 다가가려고 하지만 직원은 부담스러워한다. 씁쓸하지만 받아들여야 하는 현실이다. 예전에는 "너 말고도 사람 많아"라는 멘트가 직장인을 두렵게 했다면 요즘에는 "여기 말고도 갈 데 많아요"라는 멘트가 사장을 두렵게 한다. MZ세대 직원에게 좋은 직장이란 돈을 많이 주는 곳보다는 성장이 가능한 곳이다. 내가 성장할 수 있는지, 나를 가르칠 사람이 있는지, 몰입할 환경이 조성돼 있는지가 중요한 지점이다.

직원에게 가장 좋은 복지는 성장과 좋은 동료라는 말이 왜 있겠는가. 직원에게 가장 큰 복지는 학습 조직, 성장을 추구하는 조직 문화다. 알고 보면 직원의 성장은 그다지 예산을 들이지 않고도 효과를 볼 수 있다.

IT 업계의 B 사장은 '5년 후에도 사장이나 직원이나 지금의 수준을 넘어서지 못한다면 옷 벗자. 성장하지 못하면 나부터 옷을 벗겠다. 그것 자체도 솔선수범이다'라는 결연한 각오로 교육에 임했다고 밝혔다. 교육도 시키지 않으면서 성과 나기를 기대하는 것은 사장의 욕심이라며 그는 직원끼리 5분 스피치 성장 경연을 벌이게 한 게 성공 요인이라고 털어놨다.

그는 출근하면 30~40분 동안 뉴스 거리를 검색해 사회, 경제, 헬스, 부동산 등 각 지면을 두루 훑는다. 업무와 관련된 뉴스를 넘어 전세 계약 온라인 확정 일자, 연금 계좌 등 직원이 관심 가질 만한 분야에 초점을 맞춰 5분 스피치로 정리한다. 월요일에는 일주일간의 뉴스를 정리해 직원과 공유한다. 나머지 요일에는 팀별로 직원들이 돌아가며 자신의 상식, 일등 분야에 상관없이 5분 스피치를 돌아가며 발표하도록 한다. 스스로 연사가 되고, 수강생이 되는 상호 학습 형태다. 처음에는 부담스러워하고 불평했지만 점차 활기를 띠고 지금은 빼놓을 수 없는 조직 문화가 됐다.

"이 세상에는 60억 명의 인구가 있다. 60억 명이 서로 물고 뜯고 제로섬 게임으로 사는 것이 아니다. 60억 명 모두에게 자기의 우주가 있고, 자기의 우주에서는 스스로가 대장이다. 대장이 열심히 살지 않으면 불모지, 실망의 우주가 돼 버린다. 자신이 왕이니만큼 자존감을 가져라. 자존감은 남이 주는 게 아니라 본인이 갖는 것이다."

B 사장이 늘 직원에게 성장을 강조하며 하는 말이다.

지금 우리 조직에 필요한 리더 유형은?

직원들에게 왜 상사와의 소통을 피하는지 물어봤다.

"시댁은 아무리 잘해 줘도 시댁이지 않습니까. 상사도 마찬가지지요. 좋은 상사, 나쁜 상사를 불문하고 불편한 것이지요. 인사 철 등 직원이 궁금해할 사안이 있거나, 공유해야 할 공식 사안이 있을 때 외에는 법인 카드 주고 빠져 주시는 게 편하지요. 우리끼리 회식을 잡는 나름의 톱 시크릿 노하우가 있어요. 비서와 잘 내통해 놔 그분이 취소할 수 없는 불가피한 날짜에 회식을 잡아 직원이 모두 가능한 날짜가 이날밖에 없다고 간곡히 말씀드리는 것이지요. 물론 이것도 독재자처럼 밀어붙이는 상사에게는 통하지 않지만요."

회식 전부터 '킹스맨' 못지않은 첩보 작전을 펴서 스케줄을 파악한 뒤 직원 회식 날짜를 잡아 부서장을 '은따'시킨다는 이야기를 들으니, 그러는 직원의 노고도, 소외당하는 임원도 가여웠다. 혹자는 우스갯소리 삼아 "사장이 모든 자리에 함께할 수 없어 법인 카드를 만들었다"라고 한다.

한 젊은이가 물었다.

"꼰대라는 말이 왜 생겼는지 아십니까?"

모른다고 하니 "기성세대는 자신이 듣기 싫고 모르는 문제가 나오면 눈에 띌 정도로 지체 없이 몸을 꼬기 때문에 꼰대"란다. 그 말에 내심 찔렸다. 흔히 세대 소통이라고 하면 꼰대 타파론, 꼰대 탈피론만 연상한다. 요즘에는 꼰대 마니아보다 꼰대 소리 듣기를 두려워하는 꼰대 포비아가 문제인 경우도 많다. 조직에 필요한 리더는 줏대 있는 리더다. 품어야 할 때 품고, 쪼아야 할 때 쫄 줄 아는 게 진짜 리더다.

리더의 소통은 비위를 맞추기보다 호흡을 맞추는 식으로 이뤄져야 한다. 이 둘을 헷갈리거나 한쪽으로 기울 때 문제가 된다. 세대 소통에 임하는 5대 리더의 유형을 알아보자.

핏대 유형

늘 이글이글 끓는 분노와 불평으로 이마의 힘줄만 불끈거리는 유형이다. 품지 않으면서 쪼기만 하는 핏대 리더의 문제점은 하도 많이 지적돼서 따로 말할 필요가 없을 정도다. 반짝 성과를 내는 것처럼 보이지만 이들의 성과는 위장된 경우가 많다. 경영학자 에이미 에드먼슨이 하버드 대학 병원을 대상으로 연구한 조사 결과에서 핏대 리더의 팀은 의료 사고율이 민주적 리더십 팀의 8분의 1로 나타나 표면적으로 좋아 보였다. 핏대 리더의 팀원은 질책이 무서워 사고를 보고하지 않은 반면 민주적 리더의 팀원은 어떤 보고를 해도 괜찮다는 심리적 안전감을 바탕으로 자잘한 사항도 보고했기 때문이었다. 핏대 리더는 성과를 입에 달고 다니지만 성과의 진정한 의미가 무엇인지 제대로 성찰할 필요가 있다.

광대 유형

품기만 하고 쪼지 않는 경우다. 이래도 흥 저래도 흥, "너희가 옳아, 밀레니얼의 특성은 이렇대" 하며 무조건 비위를 맞추는 경우다.

멀대 유형

'이런들 저런들 어떠하리' 하며 자신도 같은 월급쟁이 처지임을 입에 달고 다닌다. 사건이 터지면 '나 그럴 줄 알았지' 하며 후견지명을 자처한다. 광대형 리더와 멀대형 리더는 자신이 앞서가는 리더, 좋은 리더라고 착각하지만, 천만의 말씀이다.

MZ세대가 조직에서 중시하는 것은 '성장 경험'이다. 참견과 호통에는 거부감을 가져도 맹점과 허점을 지적해 주는 피드백에는 목말라 한다. 구성원의 성장을 도외시한다면 비위와 호흡 맞추기를 헷갈리는 것이다. 리더의 월급에는 구성원의 성장 수당이 포함돼 있다는 점을 명심할 필요가 있다.

갈대 유형

책 한 권, 강의 한 번 접할 때마다 오락가락하는 변덕스러운 유형이다. 구성원 입장에서는 같이 일하기 가장 어려운 게 이들이다. 차라리 핏대 유형은 일관성이라도 있지만 갈대 리더는 같은 행위에 대한 판단과 반응이 그때그때 달라지기 때문에 예측이 어렵다. 갈대 리더가 악덕 리더보다 더 힘들고, 번아웃을 일으킨다. 기분보다 기준을 제시하자.

줏대 유형

해야 할 일과 안 해야 할 일의 기준이 분명하다. 자신의 기분을 따르기보다 기준을 정해 준다. 눈치를 보게 하기보다 코치coach를 통해 맞춤형으로 성장시켜 주고자 노력한다. 진정한 세대 소통은 비위를 맞추기보다 호흡을 맞추는 데 있다. 지금 당신의 조직에 필요한 리더는 핏대, 광대, 멀대, 갈대가 아닌 줏대 리더다.

'나 때는'을 남발하는 '라떼' 상사와 나이를 마일리지라고 생각하는 '나일리지' 상사, 꼰대 마니아의 문제는 많이 지적됐다. 요즘에는 꼰대를 자처하는 꼰대 마니아보다 꼰대라는 말을 들을까 봐 무서워하는 꼰대 포비아가 더 문제라는 지적의 소리가 높다. 중간 관리자의 마음을 헤아리고 조직의 규율을 세우기 위한 사장의 노력이 필요하다. 무조건 관리자 책임이라고 질타만 하는 것은 바람직하지 않다.

밀레니얼 세대와
함께 일하는 법

밀레니얼 세대는 조직을 향한 충성심과 애사심이 떨어진다고 탓하고는 한다. 이는 세대의 문제라기보다 환경 문제다. 길고 안정적인 커리어를 유지할 수 있었던 과거에는 가능했지만, 현재에는 의미가 없어져 환경에 적응했을 뿐이다.

MZ세대의 모토는 '가늘고 길게'도 아니고 '굵고 짧게'도 아니다. 이들은 짧게 끊어서 빠르게 가고자 한다. 회사 밖은 낭떠러지가 아니라 또 하나의 세계일 뿐이라고 생각한다. 예전보다 직업 안정성은 떨어졌지만 유연성은 높아졌기 때문이다. 본인의 기대 수준만 낮춘다면 아르바이트, 프리랜서 등 짧게 끊어서 벌 기회가 도처에 있기 때문이다. 이들에게 애꿎은 애사심을 요구하기보다는 협력할 방안을 연구하는 게 보다 현실적이다.

MZ세대에게서 자발적인 협력 의지를 이끌려면 어떻게 해야 할까. 사람, 일, 기회를 줘야 한다. 이 세 가지는 상호적인 관계를 맺으며 서로를 강화한다. 무엇을 강점으로 두는지는 조직의 상황마다 조금씩 다르다.

사람이 답이다

친구, 멘토, 팀, 선배 등등 일터에서 자신의 성장에 대해 관심을 갖고 케어해 주는 사람과 긍정적인 관계를 맺고 있다면 이들은 당연히 일에 몰입한다. 중간 관리자가 상사가 아닌 멘토, 코치가 돼야 하는 이유다. 당장 할 수 있는 일은 말을 줄이고, 밀레니얼 세대를 인정해 주는 메시지를 수시로 전해 진정성 있는 신뢰를 확보하는 게 첫걸음이다. 사장은 관리자에게 재촉만 하기보다 이를 성과 기준의 한 지표로 삼아서 고무할 필요가 있다. 항상 가치는 수치가 뒷받침돼야 조직에 뿌리를 내릴 수 있다.

일의 흥미를 키우자

흥미로운 일을 할 기회를 늘리는 것이다. 이것이 힘들다면 잡무와 반복 업무를 줄일 방법을 모색하는 것도 효과적이다. 조직의 일이라는 게 늘 짜릿할 수만은 없고 하고 싶은 일만큼 해야 할 일도 많은 게 사실이다. 잡무와 반복 업무를 줄이거나 균등하게 배분하고, 그에 대한 근거와 의미를 설명해 주는 것도 한 방법이다. 아웃소싱도 적극적으로 검토할 필요가 있다. 이들에게 업무 프로세스를 개선할 아이디어를 직접 물어보는 것도 도움이 될 것이다.

역량 강화의 기회를 제공하라

밀레니얼도 성공에 관심이 있다. 간섭은 원하지 않지만 성공적인 경력을 위해 무엇을 해야 하는지 알고 싶어한다. 이들은 자신의 경력에 대해 불안해하고 무엇을 평생 직업으로 삼아야 할지 갈증을 느낀다. 업무 후의 자기 계발 못지않게 매일의 성과 수행을 통해 경력이 향상될 수 있음을, 평생 직업이 될 수 있음을 진정성 있게 설명해 줘야 한다. 밀레니얼 세대를 성장시키기 위한 계획을 함께 짜 보고 지원해 주라. 단지 코앞의 직무 역량 향상 외에 이 직업을 통해 얻을 수 있는 인생의 비전과 커리어 맵을 연결하여 면담할 수 있는 시스템을 갖추는 것도 방법이다.

공공 기관의 P 이사장은 현직 시절 자신의 취미인 사진 찍기를 활용해 직원들의 사진을 찍어 주며 소통했다.

"요즘 젊은 직원들은 SNS 프로필 사진 등 쓸 데가 많으니 사진을 찍어 준다고 하면 좋아하지요. 사진이라는 게 한 방에 나오는 것이 아니기 때문에 여러 가지 포즈를 취하며 자연스럽게 대화를 나누게 되지요. 처음에는 어색해 하다가 나중에는 저절로 친해집니다. 사진이라는 게 순간의 진실 포착이라고나 할까요. 저도 그 친구를 잘 기억하게 되고 이모저모로 좋더군요. 아무 매개도 없이 맨숭맨숭하게 대하기 보다는 이처럼 자연스러운 다리가 있으면 한결 쉽게 소통할 수 있지요."

금융업계의 CEO인 N 사장은 회의 때 업무 이야기만 하는 대신 '나의 별명과 어린 시절'이라는 주제로 워크숍을 열었더니 의외로 진술한 이야기가 쏟아지고, 이후 끈끈한 연대 의식이 눈에 띄게 향상되더라고 소개했다.

모 공공 기관의 H 이사는 '교만한 자기소개'라는 코너를 마련해 회식 때마다 각자 자신의 장기와 강점을 자랑하는 자리를 갖는다. 이를 통해 구성원의 강점과 재능을 자연스럽게 파악하고 발전 상황도 알아보게 된다.

알아야 이해를 하고, 이해를 해야 서로 연결될 수 있다. 그저 시간만 같이 보낸다고, 눈만 멀뚱멀뚱 뜨고 있다고 서로를 알게 되거나 통하지는 않는다. 리더가 이와 같은 '다리'를 구조적으로 놔야 상하좌우 십자 방향으로 서로 이해할 수 있다. 사람들은 자신이 하는 일은 '의도'로서 평가받으려 하고, 상대의 일은 '결과'로서 평가하려 하기 마련이다. 서로 본색을 드러내 쌍방 이해하도록 만드는 것이 소통이다. 다리가 없이 강을 건널 수는 없다.

단, 지나치게 많은 것을 같이하려고 하지 마라. 오히려 부작용이 크다. 쿨하게 거리를 두라. 벽은 허물되 선은 긋는 것이 피차 편리하다.

당신을 어렵게 여기는 것은 당신이 나빠서가 아니라 상사이기 때문이다. 피할 때 피하고 알릴 때 알리면 충분하다. 핏대도, 광대도, 갈대도 말고 줏대가 돼라.

사장이
사람의 마음을 얻는 법

금융업계의 O 사장은 '리더십은 또 보고 싶은 사람이 되는 것'이라는 색다른 정의를 내린다. 직원으로서는 상사가 또 보고 싶어 하는 사람, 상사가 돼서는 부하가 또 보고 싶어 하는 사람, 고객에게는 또 보고 싶은 사람… 이처럼 '또 보고 싶은 사람'이 되면 만사형통이라는 이야기다.

결국 리더란 남을 통해서 성과를 내는 사람이다. 그러기 위해서는 먼저 상대에게 또 보고 싶은 사람이 돼야 하고, 그러기 위해서는 상대를 감동시켜야 한다. 내 사람이 되게 해야 한다. 각 분야 정상의 리더들을 만나며 느낀 공통점은 바로 사람의 마음을 얻는 '끗발'을 지녔다는 것이다. 마음을 얻는 자가 세상을 얻는다는 말은 바꿔 말하면 유혹의 기술과 통한다. 마음을 얻으면 상대는 목숨을 바쳐 최선을 다한다.

당신은 바람둥이인가, 바람잡이인가? 바람잡이는 막전 홍행 분위기를 돋우지만 뒷심이 없어 메인까지 끌고 가지 못한다. 바람둥이는 시종일관 유혹의 기조를 유지하며 마음을 붙들어 맨다. 바람둥이는 어떻게 사람의 마음을 얻는가? 이는 리더의 조직 관리에도 유용한 시사점을 준다.

무엇이 그를
또 보고 싶게 만드는가

상대의 약점보다 강점을 먼저 살핀다

자타 공인 카사노바인 데이트 코치 K에게서 들은 연애 코칭 원 포인트가 홍미로웠다. 그는 항상 상대의 장점을 발견하려 애쓴다. 그런데도 정말 없으면 '발명'이라도 해서 상대가 자기 자신을 세상에 하나밖에 없는 귀한 존재로 느끼게끔 만드는 게 백전백승 승률의 비결이라고 털어났다. 장점이 없으면 머리카락, 눈동자 색깔에서라도 장점을 발견해 칭찬함으로써 상대의 자부심을 돋운다는 것이었다. 사장의 인재 경영도 마찬가지다.

세상에 완벽한 인간은 거의 없다. 우선순위를 정해 포기할 것은 포기해야 하는데 그것이 어려우니 원점에서 맴도는 것이다. 주변에 내 사람이 없다고 울상을 짓는 리더들도 마찬가지 경우다. 내 말에 순종하고 똑똑하면서 경쟁 기업보다 싼값에 데려올 수 있는 그런 '삼박자 인재'는 없다. 야생마를 길들이든, 좀 순하지만 둔한 말을 길들여서 내 말로 만들든, 결국 선택이다. 집중해서 볼 것은 강점이고 적합성이다. 맞장을 뜨며 약점을 색출하기보다는 강점에 주목해 맞장구를 쳐주라.

일장 연설을 하는 대신 경청을 한다

리더가 경청을 해야 한다는 말은 어제오늘의 이야기가 아니다. 관청의 '청聽'을 보라. 들을 청聽과 집 엄广으로 구성돼 있다. 리더의 업무는 말하기보다 듣기라는 것을 시사한다. 들을 때의 기본자세를 이야기해 보자. 흔히 아이 콘택트, 고개 끄덕이기 등은 기본이다. 모든 소통에서 그렇듯 중요한 것은 의도보다 상대의 인식이다. 간혹 "열심히 들어 보려고 하는데 집중이 힘들다", "중간에 말을 자르지 않고 끝까지 들었으면 잘 들은 것이냐"라며 경청의 어려움에 대해 하소연하거나 성과 척도를 물어보고는 한다. 두 가지 문제를 한방에 해결하는 비결이 있다. 메아리 경청법이다. 귀가 아닌 입으로 들어라. 상대의 말을 간단히 정리하고 재구성해 메아리처럼 들려줘 보자. 이렇게 하면 스스로도 딴생각할 겨를이 없고, 말하는 이도 상대가 자신의 말에 집중하고 있음을 인식할 수 있어 양수겸장이다.

답을 주기보다 질문을 한다

혹시 당신은 영화 〈타이타닉〉에서 남자 주인공 잭(레오나르도 디카프리오 분)이 여자 주인공 로즈(케이트 윈슬렛 분)와 한순간에 불꽃 튀는 사이로 진화하게 된 장면을 기억하는가. 삼등석 칸의 무일푼 청년 화가 잭이 막강한 재력의 약혼자까지 가진 귀족 처녀 로즈의 마음을 송두리째 흔들 수 있었던 것은 바로 '너는 진정으로 자유로운가?'라는 근본적인 질문을 건넸기 때문이었다.

"왜 너는 침 한 번 뱉을 자유조차 없는 거니? 그런 것도 지금까지 해본 적이 없어?"

이 질문이 '갖지 못한 것이 없다고 생각했던' 그녀의 가슴에 내재해 있던 자유에 대한 욕망을 도발한 것이다. 만일 잭이 "너는 자유롭지 않은 사람이다"라고 단정 지으려 했다면, 오히려 "네가 뭘 안다고 그러냐"라며 반발심을 샀을지도 모른다. 질문은 답변보다 강력하다. 상대에게 주도권을 넘기기 때문이다.

현명한 리더는 자신이 요구하는 답을 상대에게 강요하지 않는다. 페인 포인트pain point를 저격하는 질문을 던져 상대가 스스로 판단하고 나름의 정답을 찾을 수 있게 유도한다. 리더가 자신의 답만 정답이라며 강요할 때, 직원들은 답답해 질식한다. 종종 '질문이 갑질의 증거'라는 반발을 사는 것은 바로 마음속 답을 맞추도록 심문하는 질문 방식 때문이다.

감시하기보다 관찰한다

진도는 상대가 준비된 만큼 뽑는 것이지, 나의 의도만큼 뽑는 것이 아니다. 감시와 관찰, 현상은 비슷하지만 의도와 신뢰 면에서 이 둘은 다르다. 상대를 위해서 한다면 관찰이지만, 내 방식에서 벗어나는지 살핀다면 감시다. 상대의 강점에 집중하고, 상대의 말을 경청하라. 감시하기보다 관찰하고, 답을 주기보다 질문하고, 연설하기보다 경청하는 것이 '또 보고 싶은 사람'이 되는 비결이다.

어떻게 직원을
몰입하게 할 것인가

바닷물을 모두 먹어 봐야 그 맛이 짜다는 사실을 알 수 있는 것은 아니다. 조직 문화 진단도 마찬가지다. 조직 문화의 실태를 알기 위해 모든 직원을 대상으로 인터뷰하고 설문지를 돌려야 하는 것은 아니다. 또는 회사 홈페이지에서 번듯이 소개하고 있는 비전 등을 보고 짐작할 수 있는 것도 아니다. 회사의 수준은 사장의 멋진 연두 교서의 메시지에 담겨 있지 않다.

대리급 정도의 직원과 이야기를 나눠 보면 회사의 현재와 미래를 어느 정도 짐작할 수 있다. 대리급 직원이 사석에서 "우리 회사는…" 하고 말할 때 그 안에 담겨 있는 열정의 온도와 눈빛에 비치는 충성의 정도가 회사의 현재이자 미래다. 3년 후 회사 사옥이 이전한다고 할 때 직원들은 당연히 거기에서 자신들의 미래를 꿈꿀 것 같은가? 아니면

"3년 후 내가 여기에 있을지 없을지 모르니 해당 사항 없어 상관할 필요 없고…" 하며 심드렁해할 것 같은가? 오죽하면 '대리 만족'하는 회사가 진짜 일하기 좋은 회사라는 시쳇말이 있겠는가.

사장이 직원에게 가장 아쉬워하고 갈증 나게 간구하는 것은 너나 나나 충성심, 로열티다. "능력은 키울 수 있지만 로열티는 키울 수 없더라"라고 여러 경영자가 한목소리로 말한다. 사장들에게 부탁하고 싶은 것이 있다. 충성은 눌러 짜내서 되는 게 아니라 우러나게 해야 한다는 것이다. 리더의 능력은 본인의 실력만이 아니라 직원들 실력의 합으로 구하는 것이다.

매주 CEO 레터로 직원과 활발히 소통하던 모 대기업의 전직 사장 K는 현직에 있을 때 그룹 내 리더십 평가에서 톱5에 드는 사람이었다. 퇴직 후 환갑 모임에서는 옛 직원들이 자전거를 타고 출현해 축하하는 깜짝 행사를 벌였을 정도로 직원과의 관계가 끈끈했다. 알고 보니 그 역시 처음부터 좋은 리더는 아니었다. 리더십 평가 꼴찌에서 톱5로 '개과천선'한 터닝 포인트는 이랬다.

"팀장 때였는데요. 직원들이 일을 해 올 때마다 도대체 마음에 들지가 않았습니다. '야, 이리 줘. 내가 후딱 해 버릴게' 하며 일을 점점 더 떠맡게 됐지요. 그러다 보니 내 일은 많아지고 직원은 뒷짐 지고…. 일하느라 매일 밤 12시를 넘기는 날이 많아졌습니다. 어느 날 보니 나 혼자 일하고 있는 겁니다. 이러다가는 안 되겠다는 생각이 들더군요. 그 후로는 내 기준에 차지 않더라도 꾹 참았습니다. 가르쳐 주고 또 기다리고…. 그러니 저를 믿고 따르는 직원이 점점 많아지더군요. 퇴직한 지금도 그 직원들과 연락을 나눕니다."

직원의 몰입 또한 주스처럼 짜내는 것이 아니라 차처럼 우려내는 것이다.

억지 강요는 오히려 반발을 불러올 뿐이다. 인간의 근본적 욕망을 이해하지 못하는 사람은 진정한 권력자도 될 수 없고, 당연히 충성도 이끌어 내기 힘들다. 하루가 멀다 하고 사원 모집 공고가 올라오는 회사는 취업 준비생에게 기피 기업이 될 수밖에 없다. 매일 뽑는다는 것은 매일 떠난다는 것과 같은 말임을 모를 사람이 어디 있겠는가. 지나친 충성 강조는 배반까지는 아니더라도 이처럼 이반을 낳는다. 과연 충성은 자꾸 외치다 보면 세뇌돼 무럭무럭 자라날까? 아니면 강조할수록 튕겨 나가 반발심을 갖게 하는 걸까? 결론부터 말하면 조직 충성의 시대는 갔다. 사람에 충성하지 않는다는 말도 유행이었지만 이제는 조직 충성마저 기대하기 힘들다. 일에 대한 몰입과 열정을 강조하는 것도 이와 맥이 닿아 있다. 몰입과 열정은 짜내는 것도 아닌, 우러나게 하는 것이다.

상사와 회사가 아닌
가치를 바라보게 하라

판이 바뀌면 패도 바뀐다. 과거 조직 문화에서 상사가 부하에게 충성을 요구했다면, 현재의 조직 문화에서는 직원이 리더에게 '심리적 안전감'을 요청한다. 심리적 안전감이란 구성원이 업무와 관련해 그 어떤 의견을 제기해도 벌을 받거나 보복을 당하지 않을 거라고 보장되는 조직 환경을 뜻한다. 충성심이나 심리적 안전감이나 통한다. 톱다운이냐, 바텀업이냐의 차이일 뿐이지 조직의 문제점을 터놓고 이야기해 성과를 내자는 점에서 같은 이야기다. 어디 요즘뿐인가. 왕조 시대 때도 임금은 의견을 절실히 청했고, 예전의 라떼 상사들도 야자 타임을 마련해 우문현답(우리의 문제는 현장에 답이 있다)을 청하고자 했다. 다만 직언과 제안 환경을 만드는 것은 리더의 책임임을 분명히 한다는 점에서 차이가 있다.

일본의 자동차 부품 업체인 덴소의 기능직 직원의 이야기다. 어느 날 스무 살의 직원이 제품의 이상 징후를 회사에 보고했다. 나사를 조이는데 평소와 다르게 뭔가 느낌이 이상하다는 것이었다. 품질 검사 담당이 검사 리스트에 따라 점검을 해 봐도 전혀 이상이 없었다. 이에 작업을 계속해도 좋다는 지시를 내렸지만 그 직원은 계속 재검사를 강력하게 요청했다. 결국 모든 생산 라인을 멈추고 현미경까지 동원해 마침내 나사에 미세한 균열이 생긴 것을 발견했다. 오토바이 엔진의 강한 진동에 걸리는 나사여서 떨어져 나가는 날에는 대형 사고로 이어질 수 있었다.[1]

두 번째 사례는 미국 병원에서 있었던 일이다. 2000년대 초반, 미국 최고 병원으로 꼽히는 존스 홉킨스 병원의 원장이 회의가 있다며 급히 중환자실에 뛰어 들어왔다. 이 장면을 목격한 스물다섯 살의 신입 간호사는 원장이 손을 씻지 않았다는 이유로 중환자실 입장을 막았다. 손을 씻지 않으면 중환자들에 감염 질환을 일으킬 수 있기 때문이었다. 그 뒤로 원장을 포함해 의사들이 중환자실에 갈 때마다 손을 씻고 번쩍 들어 올리며 "나 손 씻었어요"라고 외치는 게 이 병원의 관행이 됐다.[2]

마지막 사례는 국내 모 교육 업체의 이야기다. 교육을 다녀 본 사람은 알듯이 교육 프로그램에서는 강의 못지않게 먹거리가 중요하다. 단언컨대 간식의 수준은 교육 프로그램의 평가와 비례한다. 고급진 간식의 성찬은 강의 참여도와 재신청도를 높인다는 게 많은 경영자의 이야기다. 대부분 교육 프로그램의 간식은 천편일률적이다. 이곳은 매주 간식이 바뀔 뿐 아니라, 사 온 다과일망정 '숨은 손'의 정성이 느껴졌다. 간식과 강의의 준비를 보조하는 일선 직원은 입사한 지 6개월이 안 된 신입 사원이었다. 그녀에게 '간식이 정성 어리고 고급진' 비결을 물어봤다. 그녀의 옹골진 답이 의외였다.

"매번 간식의 반응 추이를 지켜봅니다. 과자는 크게 짠 과자와 단 과자가 있잖아요. 수강자분들이 어떤 과자에 손이 많이 가는지, 반응이 좋았는지 살피고 이를 반영해 간식 메뉴를 구성해요."

세 가지 사례에서 당신은 어떤 공통점을 발견했는가? 어떻게 이들은 직책과 상관없이 자신 있게 발언할 수 있었을까. 시키는 일도 제대로 못 해내는 경우가 많은데 시킨 것 이상의, 아니 시킬 엄두도 못 내는 경지의 행위를 보이게 된 걸까? 단지 타고난 품성의 문제일까?

여기에는 한 가지 공통점이 있다. 첫 번째 덴소 직원의 경우를 한 번 더 읽어 보라. 현장 직원의 말을 귀담아 존중하는 현장 소통 시스템을 발견할 수 있을 것이다. 생산 라인을 모두 중지하고 결함을 발견한 것은 해피 엔딩이다. 하지만 그렇지 않을 수도 있었다. 그것을 알면서도 생산 라인을 중지하기로 한 결정에는 비용 감수에 대한 각오, 현장 존중의 의지가 담겨 있다. 당신의 회사는 현장 직원의 말을 귀담아듣고 있는가?

두 번째 존스 홉킨스 신입 간호사의 사례 역시 같은 맥락에서 분석해 볼 수 있다. 우리 조직에서는 사장과 임원이 규율을 어겼을 경우, 말단 직원이 거침없이 제지할 수 있는가? 존스 홉킨스 병원은 한때 환자들에게 위험한 병원으로 인식됐지만, 조직 문화를 바꾸면서 안전한 병원으로 자리 잡았다. 사실 미국 병원도 군대만큼이나 계급이 확실하고, 가족 같은 분위기의 부서라도 위아래 구분이 명확하다. 존스 홉킨스는 아랫사람이 윗사람의 실수를 지적할 수 있는 열린 문화를 조성했고, 그 결과 고성과 조직으로 탈바꿈할 수 있었다. 성과를 내는 조직을 만들기 위해 필요한 것은 눌러 짜는 압축기처럼 충성을 강요하는 일이 아니다. 찻잎처럼 절로 우러나게 하는 조직 문화다.

세 번째 국내 사례의 경우에서 직원이 교육 막간에 제공하는 간식에도 창조적 발상을 발휘한 비결은 무엇이었을까? 바로 원장의 관심이었다. 그녀는 '오늘 간식의 추이, 수강자의 반응'을 원장에게 다이렉트 메일이나 문자로 보냈다. 원장은 이에 즉각 칭찬과 관심이 담긴 문자를 보냈다. 현장 직접 보고가 가능한 환경과 원장의 관심이 간식의 질을 높인 것이다. 그녀가 현장, 아니 강의장 구석에서 아무도 지켜보지 않는 '보조'로 처박혀 있는 것이 아니라 강의의 품질을 높이는 '역전의 용사' 역할을 하고 있다는 것을 말이 아닌 반응으로 확인케 한 것이다.

로열티를 가진 직원이 하늘에서 뚝 떨어지는 법은 없다. 거름 주고 물을 주지 않고서는 로열티가 자라나지 않는다. 구성원은 리더라는 태양을 중심으로 위성처럼 궤도를 돌지 않는다. 핵심 가치를 명확히 함으로써 목적을 확인할 수 있을 때, 또 그 목적을 추구하기 위해 해야 할 일과 하지 말아야 할 일을 정할 수 있을 때 진정한 충성심이 발동된다. 직원이 '상사 바라기'가 아니고 '가치 바라기'가 돼 당당히 활동하게 만들고 싶은가? 그렇다면 충성심을 억지로 꾹꾹 눌러 짜내지 마라. 녹차처럼 그윽하게 절로 우러나게 하라.

사장들을 만나면 한결같이 하는 말이 있다.

"왜 내가 혼자 떠들어야 하지?"

"왜 내가 아이디어를 내야 하지?"

아이디어를 듣고 싶은데 오히려 원맨쇼를 하게 된다는 불만이다. 현장에 나가 한 번 휙 둘러보면 아이디어가 전광석화처럼 떠오르는데, 왜 현장에 있는 그들은 아이디어를 내지 않는가. 아이디어의 문제인가, 게으름의 문제인가, 신뢰의 문제인가. 제언과 직언을 받아들이려면 토양을 만드는 게 필수다.

심리적 안전감을 확보하고 조직을 살리려면 무력, 무위, 무시의 3무를 없애야 한다. 구성원의 무력無力은 짐작하듯 상사의 무력武力에 비례한다. 파워 디스턴스(리더와 구성원 사이의 거리감)에서 빚어지는 두려움과 어려움이다. 무익은 말해 봤자 잃을 것으로 예상되는 위험은 큰 반면, 얻을 것으로 예상되는 이익은 작기에 구태여 위험을 자초

할 필요는 없다는 나름의 판단에서 비롯된다. 무시는 매번 이벤트성으로 아이디어와 의견을 수렴해 봤자 결국은 부러진 화살이 돼 위로 전달되지 않더라는 그간의 경험치로부터 발생한다. 한 연구 결과에 따르면 무력보다 무익과 무시로 인한 현장의 묵언이 두 배 이상 많다고 한다. 상사가 무섭다기보다는 우스워서 말을 안 한다는 이야기다.

이 3무를 없애야 현장의 소리가 위로 올라온다. 자유롭게 의견을 말할 수 있을 때 직원의 장기근속이 증가하고 성과도 좋아진다. 그러려면 어떻게 해야 할까.

용기 있는 실행자의 모습을 보여 주라

무언가를 의논할 때 매번 핑계를 대며 '참새가 봉황의 뜻을 어찌 알겠냐'며 참새론을 이야기하다가 결국 예산과 외부 시장 탓을 하는 오리발로 결론 나면 침묵의 강이 흐를 수밖에 없다. 머리 짜내고 입 아프게 이야기한 것이 허공의 메아리가 되기를 바라는 사람이 어디 있겠는가. 어떤 아이디어를 실행할 때 돈, 시간, 인력이 드는 것은 당연하다. 그리고 이는 모두 윗선에서 불편해하는 것들이다. 이런 것들을 개선할 모습을 보이지 않은 채 '왜 너희는 이렇게 아이디어가 없냐'고 아무리 닦달해 봤자 더 움츠러들 뿐이다. 사수가 자신의 옹호자이자 대변자라는 신뢰가 형성돼야 일선 직원의 입은 열린다.

파워 시그널을 없애라

목의 깁스를 풀어야 한다. '켈의 법칙'에 따르면 직급이 한 단계씩 멀어질수록 심리적 거리감은 제곱으로 커진다. 동료 간 거리가 1일 때, 직원과 상사와의 거리는 2이고, 심리적 거리감은 4가 된다는 것이다. 이를 인지하려는 노력과 간격을 좁히기 위한 구체적인 실행이 뒤따라야 한다. 직원이 앞에 있는데 하품과 기지개를 크게 하거나 푹신한 의자 등받이에 누워 기대는 것, 수시로 핸드폰과 컴퓨터 모니터를 체크하는 것 등이 모두 거리감을 유발한다. 알게 모르게 상사가 파워 시그널을 보내는 이상 직원은 '닥충(닥치고 충성)'을 외칠 수밖에 없다. 자신의 조직에 만연한 파워 시그널은 무엇인지 그것부터 알아보고 제거하라. 권력 신호 없애기가 먼저다.

정기적으로 만나고 주도적으로 다가가라

의례가 아닌 의도가 중요하다. 진정성을 보여라. 얼굴을 대면하는 대화 자리를 자주 마련하라. 안건이 없어도 정기적으로 대화하는 자리를 마련하라. 단순히 개방적인 자세를 보이는 것만으로는 부족하다. 주도적으로 다가가 그들의 커리어 패스에 관심을 갖고 지원에 대해 논의하라. 조직 문화와 일의 내용, 맥락과 정보를 투명하게 공개하고 설명하라. 모 기업의 L 사장은 사내 게시판에 '무엇이든 물어보세요'를 운영해 직원이 일에 대한 질문이든 개인적인 질문이든 궁금한 사항을 물어보게 한다. 처음에는 시큰둥해하며 '얼마나 갈까'라는 분위기였지만, 아무리 사소하고 기초적인 것이라도 정성스럽게 답을 달자 댓글도 점점 활성화되고 조직 문화도 좋아지는 것을 느낄 수 있다고 전했다.

후속 조치를 취하라

경청은 의사소통이 아니라 실행이다. 말잔치로 끝나지 않을 것이라는 가시적인 조치를 보여 주는 게 필요하다. 가이드라인과 책무를 처음부터 명시하면 직원이 그 계획에 기여하는 일이 힘들고 무익하다는 느낌을 경감할 수 있다. 아이디어를 제안한 사람과 공헌자에게 작게라도 보상을 하거나 인정을 해 주는 것도 효과적이다. 반영까지는 아니더라도 반응은 보여 주라. 그래야 발언의 물길이 형성된다. 직원이 묵언할지, 방언을 터뜨릴지는 그들의 문제가 아니라 리더의 문제다.

사장의 무력, 무익, 무시는 조직을 믿지 못하는 무신無信론자를 키운다. 심리적 안전감 확보야말로 진정한 몰입과 열정을 이끌어 내는 확실한 토양이다.

사람을 알아보는
세 가지 방법

아부와 평판을 구분하는 방법은 무엇일까? 당사자 앞에서 하면 아부고, 뒤에서 말하면 평판이다. 더 어려운 것은 평판과 소문의 구별이다. 평판과 소문은 당사자 뒤에서 하는 말이라는 점에서 공통적이다. 평판이 상대적으로 객관적인 평가라면, 소문은 '카더라'의 기분학상의 주관적 평가라는 점에서 다르다.

평판은 한자로 評判이다. '평'은 말씀 언言과 평평할 평平이 합해져 인물을 공평하게 평정해 논한다는 뜻이고, '판'은 반 반半과 칼 도刂가 합해진 것으로 공평하고 분명하게 반으로 가른다는 뜻이다. 평판의 영어인 reputation은 're(다시)'+'putare(생각하다)', 즉 직관적 즉결 심판이 아니라 심사숙고해 평하는 것이다.

동양이나 서양이나 인물평은 기분이 아니라 곱씹어 근거를 갖고 이야기하는지를 살펴야 한다. 이는 남을 평가하는 사람은 물론이고, 듣는 사람 역시 잘 분간해야 한다는 이중적 의미를 갖고 있다. 예전 춘추 전국 시대 때도 나라를 무너뜨리는 결정적 술책은 대규모 전면전이 아니라 충신을 간신으로, 간신을 충신으로 평해 내부에 혼란을 일으키는 반간계反間計의 심리전이었다. 공자는 40세를 불혹不惑이라 일컫는다. 혹자는 이를 세간의 평에 미혹되지 않고 사람을 바로 보기 시작한 것이라 풀이하기도 한다.

소문에 휩쓸리지 말고
종합적으로 판단하라

당신은 어떻게 실상과 허상을 구분해 바른 평가를 하는가. 예컨대 중요 자리의 임직원을 뽑으려 해 요로에 알아보니 한쪽에서는 '별로'라고 도리질을 치고, 한쪽에서는 '퍽 괜찮은 사람'이라는 정반대의 평가가 나왔다고 하자. 이 경우, 어떻게 적부를 판단하겠는가. 누가 진짜 로열티를 가진 사람인지 알아보는 방법은 무엇일까? 중국에서 말馬을 잘 알아보기로 유명했던 백락은 "좋은 사람을 알아보기보다 나쁜 사람을 조심하는 법을 익히는 게 필요하다"라고 조언했다. 마찬가지로 무엇을 조심해야 하는지부터 짚어 보자.

여론의 함정에 빠지지 마라

즉 '어떤 사람들이' 평하느냐가 '무엇을' 말했느냐보다 중요하다. 《논어》에 나오는 이야기다. 제자 자공이 공자에게 물었다. '여론으로 사람을 평해야 합니까?'가 골자였다. 공자는 여론, 지지율이 문제가 아니라고 말한다. 누구의 평인지가 중요하다는 답변이었다.

인물평의 50퍼센트 이상은 누구에게 묻느냐가 좌우한다. 인재를 구하는 것은 정치인 후보를 정하거나, 연예인을 선발하는 오디션이 아니다. 인기, 여론 몰이와 평판을 헷갈리지 마라. 내용보다는 평가자의 진정성, 즉 어떤 사람이 좋게 혹은 나쁘게 평가했느냐가 더 중요하다.

편견을 확인하라

혁신을 추구해 새바람을 일으키는 사람들은 평온한 현재에 안주하고자 하는 이들에게 미움을 사기 쉽다. '긴 줄에 서는 게 처세의 최고 기술'이라는 순응주의자들은 결코 나쁜 평을 듣지 않는 법이다. 알고 보면 이단아 풀pool이야말로 패거리식 편견의 희생양이고, 인재의 보물 창고일 수 있다.

모 프로 스포츠 구단의 P 초대 단장 이야기다. 꼭 필요한 역량을 가진 인재가 있는데 평판을 조회해 보니 좋지 않았다. P 단장은 소문에 휘둘리지 않고, 왜 그런 평가를 받게 됐는지 더 알아봤다. 문제는 개혁 추구 성향 때문이었다. 이는 창단의 스타트 단계에서 필수 자질이라 오히려 환영할 요소였다. 이와 관련해 그는 이렇게 설명했다.

"소문이 안 좋은 인물은 바른 돌출 행동을 하는 경우와 나쁜 돌출 행동을 하는 경우 두 가지로 갈립니다. 이를 구별할 줄 아는 것이 매와 같은 리더의 눈입니다. 진짜 천리마는 야생마에서 나오지, 순한 짐말에서 나오지 않으니까요. 소문이 나쁘더라도 거친 돌출 행동을 해서 불화를 초래한 것인지 바른 돌출 행동을 해 반대 세력에게 왕따를 당한 것인지 자세히 알아볼 필요가 있습니다."

이단아, 야생마 길들이기 전략은 블루칩 인재 등용에 대한 고도의 비유이다. 동서양 영웅들이 한결같이 사나운 야생마를 길들여 본인의 말로 만드는 것은 우연이 아니다. 야생마치고 성질이 까다롭지 않거나 심지어 위험하지 않은 이는 없다. 알렉산더 대왕의 애마 부케팔로스 일화, 유비의 적로마 일화 모두 그렇다. 부케팔로스는 명마이기는 하나 누구도 쉽게 제압할 수 없었다. 무용이 뛰어난 장군들도 이에 실패했지만 알렉산더는 말의 갈기를 쓰다듬으며 가뿐히 말의 등에 올라타 고분고분하게 길들인다. 알렉산더 대왕은 부케팔로스가 그림자를 무서워한다는 사실을 알고 해의 방향으로 서게 해 교감을 나눴고 순종케 했다. 《삼국지 연의》에 나오는 유비와 적로마의 이야기도 뭉클하다. 적로마는 눈 아래에 눈물주머니가 있고 이마 언저리에 흰 점이 있어서 붙은 이름이다. 이 말은 원래 주인을 해친다는 흉마였다. 그 비밀을 안 책사 이적이 유비에게 적로마를 타지 말라며 만류하지만 유비는 오히려 야단을 친다.

"사람의 목숨은 하늘에 달려 있는데, 어찌 말 따위가 사람을 해칠 수 있단 말이오."

유비가 절체절명의 위기에 처해 적병에게 추격당하고 앞쪽으로는 단계라는 시내에 막혀 진퇴양난의 어려움에 처했을 때 적로마는 결정적 활약을 해 유비의 목숨을 구했다.

알렉산더 대왕이나 유비나 결국 신뢰를 표해 복종을 얻어 냈다는 점에서 통한다. 인간에 대한 신뢰도 이와 같다.

'창의적 이단아' 활용 전략이 조직에서 연착륙하기 위해 필요한 것은 적극 보호와 지원 전술이다. 이들의 야생성은 집단 서식지에서는 외톨이로 소외당하기 쉽고 적대시되기 쉽기 때문이다.

끝으로 건성 주례사를 검증하라

우리나라 사람은 제삼자에 대해 나쁘게 평하기를 꺼린다. '누이 좋고 매부 좋고'식의 주례사식 평을 하는 경우가 많다. 상대가 보여 주고 싶어 하지 않는 '이면'을 보기 위해서는 다각적, 다층적 접근을 하는 게 필수다. 벤처 기업 투자 전문가 K 회장은 투자를 검토해야 할 회사의 고객, 동업자, 직원들의 말을 고루 직접 들어 확인한다. '벤처란 보이지 않는 것에 대한 투자다. 사람을 알아보는 게 그 무엇보다 중요하다. 사업 계획서보다 확실한 게 CEO의 객관적이고 종합적 평판'이라는 게 K 회장의 지론이다.

지지율과 여론, 편견, 건성 주례사의 콩깍지를 벗겨 내고 실상을 보는 것, 그것이 바로 사람 알아보는 지혜의 첫 단추다. 성공을 거듭하는 사장은 사람의 문제에 민감해져야 한다. 대중이 무엇을 고민하고 있는지, 무엇이 부족하다고 느끼는지 안테나를 세워야 한다. 경영은 문제 해결업이다. 사람 문제에 민감해져야 한다.

열심히 달리다 문득 뒤돌아보니 함께하거나 따르는 이가 전혀 없어 외롭다고 느낀 적은 없는가. 동업자와 동지로부터 뒤통수를 맞아 믿었던 이들에게 회의를 갖게 됐던 적은 없었는가. 마음 얻기와 뒤통수 경험은 빛과 그림자다. 사람을 잘 본다는 것을 누가 자신할 수 있겠는가. 심지어 관상가도 사기를 당해 낭패를 본다는 이야기를 들은 적도 있다. 사람 보기에 도가 텄다는 사장일수록 의외로 큰코다친 배신의 쓴 경험을 토로하는 경우가 많다. 배신은 상대의 인성에도 원인이 있지만 본인의 기대치가 더 컸다는 점에서 발생하기도 한다. 아끼던 인재의 이탈에서 동업자와의 갈등에 이르기까지 다양하다. 혹자는 인간관계를 운전에 비유하기도 한다. 무사고 운전 N년이라고 자신해 봤자 한 번 대형 사고를 당하면 말짱 꽝이라는 점에서다. 이에 모 건설업의 L 사장은 나름의 인생 달관술을 들려줬다.

"저도 한때 호된 배신을 당하고서는 속지 않으려고 엄청 애썼습니다. 그럴수록 오히려 선의를 가진 많은 사람들과 좋은 관계를 맺기 힘들어요. 배신당하지 않으려고 모든 사람을 의심하기보다는 배신당하더라도 일단 믿어 보는 것이 더 큰 이득입니다. 넘어지지 않으려고 힘을 줄수록 더 다치지 않습니까. 인간관계도 마찬가지입니다. 배신당했는데 멀쩡한 사람은 없지요. 일희일비하기보다는 '이런 사람이 다 있군' 하며 삭이려고 합니다. 더 큰 경영자가 되기 위해 쓴 약을 벌컥 마신 셈 치고요. 그 상처에만 머무르면 자신만 손해입니다. 물론 같은 실수를 반복하지 않기 위해 복기하는 일은 필요하지요."

엄정과 온정의
균형을 맞춰라

드라마에서 악역을 맡은 배우가 있다. 만일 그가 거리에서 시청자를 만났는데 "당신의 인품이 그럴 사람이 아닌데 역할을 잘못 만났군요. 착한 당신과는 정말 안 어울려요"라는 말을 듣는 게 좋을까, 아니면 "정말 당신은 천하의 나쁜 사람이군요"라며 비난의 돌팔매질을 받는 게 좋을까. 당신이 진정 배우라면 전자보다는 후자를 역할에 맞게 연기를 잘했다는 칭찬이라고 받아들일 것이다.

어쩌면 리더도 같을지 모른다. 자신의 '인품'이 아니라 '역할'에 맞추노라면 욕도 먹고 비난도 감수해야 한다. 물론 호감도 얻고 역할도 잘해내면 더 이상 좋을 것이 없다. 집토끼, 산토끼 두 마리를 동시에 잡을 수 있는 경우는 드물다.

리더는 외롭다. 배역일 뿐이라고, 역할에 맞췄을 뿐이라고 이야기해 봤자 소용없다. 연극의 독백이고 방백이다. 무대에는 들리지 않고, 들려서도 안 되는 소리다.

사람에게 온정을 배풀되
성과에는 칼같이 냉정하라

유능한 사장은 엄정과 온정의 균형을 맞춘다.

'굿 보스' 하면 무조건적인 관용을 떠올리기 쉽다. 하지만 관용이 무조건적 포용을 의미하지는 않는다. 일을 열심히 하는 사람이 손해 보지 않도록 하는 것도 리더의 의무다. 세종대왕, 이순신 장군 모두 관용적 리더였지만, 규율을 위반한 사람에게는 서슬이 퍼럴 정도로 엄정했다.

우리는 세종대왕을 마냥 포용만 한 인물로 알기 쉽다. 태평성대여서 전국 방방곡곡에 〈용비어천가〉만 울려 퍼졌을 것이라고 착각하기 쉽다. 역사서를 살펴보면 오히려 곤장 치는 철퍼덕 소리가 그치지 않았다고 한다. 바로 관내에 굶는 백성이 없게 하라는 어명을 어긴 수령들이 볼기짝을 맞는 소리였다. 세종대왕은 지방 관리들만 닦달한 게 아니고 중앙 대신들도 들들 볶았다. 물론 백성을 위한 정치를 위해서였다. 하지만 한글 창제 등의 정책을 반대한 최만리, 허조와 같은 이들에게는 한없이 관용적이었다. 즉 자신의 정견, 주장에 반대하는 올곧은 관리는 포용했지만 원칙을 위반하는 이는 가차 없이 처벌했다.

성웅 이순신 장군 역시 마찬가지다. 자상한 인물로 알려졌지만, 기록을 보면 부하들에게 아주 엄격했다. 일례로 이순신 장군은 무인으로서 강직했다. 부대를 추상같은 무위武威로 장악했다. 충무공은 함대를 맞아 첫 출전할 때 집으로 도망가서 숨어 있던 여도 권관(변경의 각 진에 뒀던 종 9품 무관) 황옥천을 효수했다. 금부나장 두 명이 뇌물을 받고 도망병을 묵인해 줬다는 보고를 받자 사실을 확인한 뒤 그 자리에서 바로 처형했다.

상하를 막론하고 군법 위반자를 처단한 경우가 대단히 많다. 탈영 혹은 비겁 행위자나 부역자, 유언비어 유포자나 부녀 추행자를 향한 응징은 무서웠다. 빠짐없이 모두 참수형이었다. 사정없이 처단하겠다는 군령을 내리면 반드시 피바람이 분다는 것이 부하 장졸의 인식이었다.

모 유통 업체의 K 사장의 이야기다. 그가 신임 사장이 된 후 존경하는 선배 경영자에게 멘토링을 청했다. "사장으로서 명심해야 할 한마디를 해 달라"라는 것이었다. 선배는 매트릭스로 설명해 줬다.

"성과와 인간 모두에 냉정하면 직원이 따르지 않는다. 그렇다고 성과와 인간 모두에 온정을 베풀면 조직은 개판 되고, 리더는 웃음거리가 된다. 성과에는 물렁팥죽이면서 사람에만 냉정하면 직원은 곧 사표를 쓴다. 가장 바람직한 것은 사람에게 온정을 베풀되 성과에는 칼같이 냉정한 원칙을 적용하는 것이다. 카리스마 리더십이 유행이 갔다고 하지만 조직의 원칙을 세우는 데는 여전히 유효하다. 그것은 리더의 권위를 위해서뿐만 아니라 열심히 일하는, 일하고자 하는 이들이 손해 보지 않게 질서를 잡기 위해서도 그렇다."

어벤져스가
슈퍼맨 열 명을 이긴다

현장에서 합리적으로 처리하기가 생각처럼 쉽지 않은 이유는 답을 몰라서가 아니다. 합리를 추구하려다 정리와 의리를 무시해야 하는 경우가 생기기 때문이다. 이 갈림길에서 지조를 지키는 것은 고독한 일이다. 2014년 월드컵에서 한국 축구가 16년 만의 무승이라는 참패를 기록한 후, 축구 전문가들이 공통적으로 내놓은 평가는 이랬다.

"의리는 더 이상 세계 무대에서 통하지 않는다."

감독의 리더십은 크게 의리파와 합리파로 나뉜다. 의리파는 학교, 인맥, 출신 등을 고려해 선발하는 것이다. 반면에 합리파는 예전에 히딩크가 발휘했던 식으로 '얼굴에 철판 깔고' 모든 '벌閥'을 끊어 내는 것이다. 아무래도 한국의 감독들은 의리파가 대다수다. 글로벌 무대에서 의리의 리더십은 전혀 '으리으리'하지 않다. 형님과 아우의 '우리가 남이가'라는 식의 끈끈한 유대가 프로의 세계에서는 통하지 않는 아마추어 마인드일 뿐이다. 합리 위에 쌓여야 진정한 의리다.

집단 사고와 집단 지성은 '원 맨 팀'이냐, '원 팀'이냐에 비유할 수 있다. 하나로 뭉친다는 점에서 겉으로는 비슷해 보일지 모르지만 그 본질은 도라지와 인삼의 차이만큼이나 다르다. 끈끈한 유대라는 현상에서는 같지만 내부 구조와 목적이 다르기 때문이다.

사이비 의리로 뭉친 집단 사고의 원 맨 팀은 구성원이 몇 명이든 리더 한 명의 몫을 넘지 못한다. 한 방향의 원 골을 갖기는 하되, 거기에서 한 발짝도 더 나아가지 못한다. 동화《피리 부는 사나이》에서처럼 선도자의 영도에 따라 모두 한 방향, 한마음으로 물가에 가서는 풍덩 풍덩 빠져 버린다. 아무도 반기를 들지 못하고, 누구도 이견을 제기하지 못한다. 반대하면 반역으로 받아들여지기 때문이다. 의리의 형님 아우 조직에서 "전체는 부분의 합보다 크다"라는 말은 어불성설이다. 원 맨 팀의 리더는 십인십색이 아니라 십인일색의 집단 사고를 단결이라고 착각한다. 동고동락하면서 쌓이는 인간적 유대만이 전부라고 생각한다.

반면에 합리적 조직의 원 팀은 감독부터 선수까지 성과와 승리가 목표다. 의리와 다르게 합리는 윗사람을 얼마만큼 알아서 모시고, 실력이 부족한 후배라도 중요 포지션에 꽂아 주느냐의 문제가 아니다. 밀어주고 끌어 주는 관계, 유전자 DNA 일치 정도보다 중요한 것은 성과에 대한 공헌, 성장 촉진이다. 끈끈한 정보다 중요한 것은 기준과 원칙, 논리와 사리 분별이다.

모 기업의 감사 담당 임원은 자신을 해당 기업에 스카우트해 준 선배가 기업의 윤리 강령을 위배한 것이 드러나 해고를 통지해야 하는 입장이 됐다. 그러나 밤새 소주잔을 기울이며 통음과 통곡을 할망정 칼자루에 피를 묻히는 역할을 피해 갈 수는 없었다. 의리보다 합리를 택한 것이다.

평상시에는 좋은 게 좋은 의리파와 합리파가 별로 표시 나지 않을 수도 있다. 전시에, 승패의 갈림이 분명한 위기 시에는 의리파와 합리파가 확연히 갈린다. 승리를 위해, 성과 내는 혁신 조직을 위해 어쩔 수 없이 운명의 선택을 마주해야 하기 때문이다.

합리 없는 의리는 조직을 원 맨 팀으로 만들어 모두를 사지로 끌고 가기 십상이다. 결단의 그늘에는 그로 인한 피해자와 희생자가 있기 마련이다. 모두에게 갈채를 받기는 힘들다. 때로는 어려움을 같이 한 동지를 잘라 내는 비장한 결정을 내려야 한다.

자신이 아끼는 사람이라도 처벌하고, 같이 고생했던 사람도 인정을 뒤로하고 내쳐야 하는 것이 리더의 숙명이다. "그럴 리가 없는데. 내가 아는데…" 하는 인정적인 판단이 인사를 망치고 조직을 와해시킨다. 결단을 내리기 위해서는 미움받을 용기가 필요하다는 사실을 명심하자.

좋은 사람과 좋은 사장은 다르다. 착하더라도 역할을 수행하지 못하면 해를 끼친다. 사장은 무책임하게 행동하거나 터무니없는 요구를 해 오는 직원, 고객, 거래처 들을 대면해야 한다. 친절을 유약함으로 오인해 만만하게 보고 이용하려 드는 이들에게 당당히 맞서야 한다. 거기에 사업의 성패가 달려 있다. 사장이 사람에게 친절하고 공평하게 대하면 사랑과 존경을 받는다는 것은 교과서 속의 이야기다. 기준을 투명하게 세우는 것과 모든 사람의 지지를 받는 것을 구별할 필요가 있다. 모 엔터테인먼트의 S 대표는 농담 삼아 이렇게 말했다.

"인사 고과 발표 후 모든 사람에게 공정하다는 말을 듣기는 힘들다. 자기가 승진해 잘되면 공정한 인사고, 안되면 불공정한 인사라고 평하는 게 인간의 생리다."

사장의 자리에 앉을 때는 미움받을 용기를 가져야 한다. 내 의도와 상관없는 결과로 미움과 원망을 받을 수밖에 없다는 사실을 각오해야 한다. 토를 달자면 결과는 불공정하더라도 절차와 상호 작용에는 공정해야 한다.

당신의 오른팔이
조직의 해악일 수 있다

"총애하는 신하를 지나치게 가까이하면 반드시 그 군주를 위험에 빠뜨릴 것이며, 대신을 너무 귀하게 대우하면 반드시 군주의 자리를 갈아 치우려 할 것입니다. 왕실의 형제들을 복종시키지 못하면 반드시 사직이 위태로워질 것입니다."

동양의 마키아벨리라 불리는 한비자의 통찰이다. 신상필벌, 잘하는 사람에 대한 상 못지않게 중요한 것은 잘못한 측근에게 벌을 내리는 것이다. 때로는 당신의 오른팔이야말로 조직의 해악일 수 있다.

손빈의 말마따나 '변화를 실행할 수 있음은 병법만 아는 것이 아니라, 오른팔도 자를 용기를 보여 주는 것'이다. 조직의 공정성은 기준을 세분화할 때가 아니라 문제적 측근에게 엄정한 처벌을 내릴 때 증명된다.

사과의 썩은 부분을
도려내는 법

회사 보고 들어왔다가 사수 보고 나간다는 말이 있다. 바꿔 이야기 하자면 사과의 썩은 부분, 즉 문제 있는 직원을 변화시키는 것만으로도 조직의 성과가 오를 수 있다. 나쁜 관리자는 본인뿐 아니라 주위에도 증상을 전염시켜 더 위험하다.

스탠퍼드 대학교의 교수 로버트 서튼은 저서 《또라이 제로 조직》에서 악행의 감염력은 선행의 감염력의 3~5배나 된다고 밝혔다.[3] 사기를 떨어뜨리는 것은 물론이고 구성원을 살기등등하게 만든다는 이야기다.

이토록 나쁜 상사와 관리자를 왜 조직에서 퇴치하기 힘든 걸까? 이들이 강한 사람에게는 약하고, 약한 사람에게는 강해서 윗사람들을 자신의 옹호자로 만드는 데 선수인 것도 이유다. 또 일부 경영자들이 '성과를 내는 데는 이들이 유용하다'고 생각해 은근히 방조 내지는 묵인을 넘어 조장하는 경우가 있기 때문이다. 그렇다면 진짜 나쁜 관리자는 성과를 내는 데 도움이 될까?

결론부터 말하면 이들은 오히려 성과에 역효과를 낸다. 나쁜 관리자 중 50퍼센트 이상은 실제로 생산성이 뛰어나지도 않으며, 뛰어나다 하더라도 장기적 측면에서 조직에 큰 불안을 안겨 생산성을 떨어뜨린다. 경영 컨설턴트 미첼 쿠지와 엘리자베스 홀로웨이가 《당신과 조직을 미치게 만드는 썩은 사과》에서 소개한 바에 따르면, 나쁜 관리자로 인해 직원 중 50퍼센트 정도가 회사를 그만두고 싶어 하고, 12퍼센트는 실제 떠난다고 한다.[4] 또한 80퍼센트는 늘 애면글면 걱정하면서 회사 생활을 보내 직무에 몰입하지 못한다. 한마디로 겉으로 일하는 시늉만 하고 있거나, 냉소적이거나, 이탈한다는 것이다. 사과의 썩은 부분을 도려내기 위해서는 어떻게 해야 할까.

나서서 여론을 청취하라

사실 직원들은 누가 나쁜 상사인지 이미 알고 있다. 이를 방조하거나 묵인하지 말고 즉각 개선 내지 교화 조치를 취해야 한다. 모 벤처 기업의 L 사장은 직접 일대일 피드백을 하며 집중 마크하는 조치를 취한 것이 유효했다고 말한다. 직원이 하나둘 그만둬서 알아보니 창업 동지인 B 부사장이 원인이었다. 폭언과 모욕으로 직원들이 심하게는 이직을 하고 작게는 출근하고 싶지 않게 만든 것이다.

부사장의 문제 행위를 지적하자 "리더십에는 독도 필요합니다. 굴욕감이 직원을 성장시킵니다. 회사에 굿 리더, 배드 리더가 함께 필요하지 않습니까. 사장님이 굿 리더 역할을 하십시오. 제가 배드 리더 역할을 하겠습니다"라고 응수하는 것 아닌가. 이때 L 사장의 답은 단호했다.

"모욕과 굴욕은 다릅니다. 굴욕은 성장시킬지 모르지만 모욕은 좌절시킵니다."

이후 L 사장은 B 부사장의 리더십 향상을 위해 임원 리더십 교육도 보내 보고, 행복한 웃음이 담긴 긍정적인 그림도 선물해 봤지만 별로 효과가 없었다. B 부사장은 오히려 '잘해 주면 기어올라 기강이 해이해진다'며 반발했다. L 사장은 결국 최후통첩을 했다. 앞으로 직원들에게 폭언하지 않을 때까지 부사장이 주재하는 모든 회의에 참석해 지켜보겠다고 말한 것이다. L 사장은 "한 명의 장군보다 100명의 병사를 지키겠다는 결심으로 이런 특단의 결정을 내리겠다"라고 결연하게 말했고, B 부사장은 위협 섞인 마지막 통고에 결국 자신의 리더십 스타일을 바꿨다.

조직 차원에서 예방 시스템을 마련하라

기업 가치에서 명시하고 있는 관리자의 구체적 요건을 인사에 공식 반영하는 것이다. 즉 인재 경영의 베니핏과 인재 해악의 페널티를 명시하는 것이다. 공공연히 남에게 창피를 주고, 교묘하게 공격하며 근무를 방해하는 것을 제도적 장치로 막는 것이다. 당장의 역량이 훌륭하더라도, 인재 육성을 소홀히 하는 관리자, 초조, 불안, 짜증을 퍼뜨리는 사람, 구성원을 존중하지 않는 사람에게는 페널티를 주고, 반대의 경우에는 가산점을 주는 것이다. 실제로 모 기업에서는 승진 심사 시 부하 직원에 대한 멘토링을 인사 고과 점수에 반영한다. 모두들 인재 경영의 중요성은 알고 있지만 당장 현업에 부딪히면 '내 코가 석자'라고 인재 육성을 소홀히 한다. 이것을 점수화시켜 고과에 반영하니, 절로 인재 경영의 효과가 확산되더라는 이야기다.

'구성원들의 소리'를 정기적으로 들어라

모 회사의 워크숍에 간 적이 있다. 임원 발표 시간에 직원들의 몰입도가 100퍼센트, 열정은 100도였다. 이곳 임원들은 발표 시간에 설교가 아닌 간증을 했다. 내가 이렇게 변화했고, 이런 것을 고치겠다고 고백한 것이다. 비결이 무엇일까.

이 회사 임원들은 '내부 고객인 직원의 소리'를 1년에 한 번 이상 듣는 것을 정례화하고 있다. 직원들로부터 '관리자에게 해 주고 싶은 말, 고쳐야 할 것, 우리 조직에서 바꿔야 할 것, 하지 말아야 할 것'을 가감 없이 듣는다. 이 소리를 들은 관리자의 반응은 세 단계를 거친다. 처음에는 '아니 너희가 어쩌면 그런 생각을'이라는 배신감과 경악, 그러다 '직원 입장에서는 그런 생각을 할 수 있겠다'는 수용, 마지막으로 '내 잘못을 인정하고 고칠 것은 고치겠다'는 다짐을 하는 것이다. 리더가 '하라'에서 '나부터 고칠게'로 변화하니 조직 분위기가 확 달라지고 구성원도 존경하더라는 이야기였다. 소리 경청의 가장 큰 효과는 리더들의 착각과 오만, 자신에 대한 과대평가를 깨는 계기가 된다는 것이다.

이외에도 간단한 자가 처방의 방법이 있다. 피터 드러커가 제시한 질문 처방이다.

"당신이라면 당신의 자녀를 당신과 같은 상사 밑에서 일하게 하고 싶습니까?"

지금 당신이 구성원에게 하는 말과 행동을 청소년기 자녀가 본다면 과연 자랑스럽게 생각할지 스스로에게 질문하게 하는 것이다.

4장

무슨 일을
맡기고
무슨 일을
할 것인가

사장의 일

리더는 단지 효율적으로 일을 처리하는 사람이 아니다.
리더는 올바른 일을 하는 사람이다.

게리 맥킨토시(맥킨토시교회성장네트워크 회장)

경영의 최고 목표, 무위이치

얼마 전 조찬 세미나 후, 작은 동네 병원을 개업한 전문의가 질문을 했다. 자신이 경영자인지 전문가인지 헷갈린다는 것이었다. 나의 답은 '남을 통해 일할 수 있는 시스템', 좀 더 자세히 말해 '자신이 손을 놔도 일이 돌아가도록 할 인재 경영 능력'을 갖췄는지 아닌지가 둘의 차이를 가른다는 것이었다.

리더에는 전문가와 경영자, 두 그룹이 있다. 전문가는 탁월한 능력으로 자신의 분야에서 성과를 낸다. 하지만 남에게 영향력과 성장력을 미치지 못해 그가 손을 놓는 순간 조직이 우왕좌왕하기 일쑤다. 반면 경영자는 그가 손을 놔도 조직과 구성원이 쌩쌩 변함없이 돌아간다. 단적으로 말하면 전문가는 자신의 능력으로 성과를 내지만, 경영자는 남의 능력으로 성과를 낸다. 노자가 말하는 무위이치無爲而治는 바로 경영의 최고 목표다. 무위이치라고 하면 저절로 돌아가는 것만 생각해 진정한 뜻을 헷갈리기 쉽다. 그러나 세상에 공짜는 없다. 무위이치의 성패는 작동 시스템에 달려 있다. 노자는 리더십 등급을 이렇게 구분한다. 일류 리더는 존경받고, 이류 리더는 두려움의 대상이 되며, 삼류 리더는 우스갯감이 된다. 한비자는 일류 리더는 남의 지혜를 이용하고, 이류 리더는 남의 힘을 이용하고, 삼류 리더는 자신의 힘으로만 용틀임을 한다고 했다. 요컨대 자발적 동기 부여가 일류 리더십의 핵심이다.

사장의 경영과 직원의 일이
함께 행복할 수 있는가

당신은 어떻게 생각하는가. 사장과 직원의 행복은 반비례 관계인가, 비례 관계인가. 아니면 선후 관계로 리더부터 행복해야 하는가, 구성원부터 행복해야 하는가. 마치 '닭이 먼저냐, 계란이 먼저냐'처럼 난감한 문제다. 이 난제를 마주하니 《맹자》〈양혜왕〉 편의 구절이 떠올랐다.

양혜왕은 맹자에게 묻는다. 그는 마침 커다란 기러기와 미끈한 사슴이 뛰노는 왕궁 동물원을 지은 터였다. 다소 민망한 마음이 들었던 터였을 것이다.

"현명한 사람들도 이런 동물원을 짓고 노는 것을 즐거워합니까?"

맹자는 전혀 주저함 없이 그렇다고 말한다. 왕궁 동물원을 얼마나 크고 화려하게 짓느냐 여부보다 그것을 백성과 함께 즐기느냐 여부가 더 중요하다는 부연 설명을 곁들이면서. 어진 군주는 그것을 백성과 함께 즐기지만, 어질지 못한 군주는 혼자 즐기려고 하니 백성이 원망하게 된다는 지적이다.

리더부터 행복하든 구성원부터 행복하든 핵심은 '함께함'에 있다. 혼자 맛있는 음식을 먹게 되면 사랑하는 사람이나 가족을 떠올리지 않는가. 바로 그 마음과 같다. 나만 맛있게 먹고 재밌게 노는 것이 아니라, 함께하고자 하는 데 포인트가 있다. 실제로 번역 에이전시의 A 사장은 이를 실천한다.

"창업하자마자 사업이 잘됐습니다. 내 실력 덕이라 생각해 우쭐해져 조직에 소홀했지요. 일주일에 서너 번씩 골프를 치러 나가 PGA(평일에 골프 치는 것을 비유) CEO 멤버로 꼽힐 정도였고요. 그런데 금융 위기가 겹치며 휘청하고, 한 직원이 잘못 들어와 분위기가 흐려지면서 대책 없이 상황이 어려워지는 겁니다. 그때 아차 했지요. 사람이 중요하다는 것을 깨달았어요."

이후 그는 평일 골프, 잡기를 모두 끊고 '착실한' 사장으로 변신했다. 착실이 별 게 아니다. 그는 뭐든 좋은 것을 보면 직원부터 생각하고 함께하고자 했다.

"영화 〈인턴〉을 봤는데 회사에 전속 안마사를 두는 내용이 나오더군요. 우리 회사에도 전속 안마사를 두거나 전문 마사지 숍을 계약해 쿠폰을 복지 제도의 일환으로 주면 좋겠다는 생각이 퍼뜩 드는 거예요."

하긴 경영이 무엇인가. 모 패션 업체의 CHO(최고 인사 책임자)인 C

상무는 이를 '구성원이 게거품을 물게 하는 것'이라고 비유한다. '게거품을 문다'는 것은 주도적으로 일함이다. 이는 착취당하거나 이용당한다고 생각하는 상황에서는 결코 가능하지 않다.

경영이라는 말의 어원도 알고 보면 자발적 동기 부여와 상관 있다. 경영은 《시경》에서 비롯돼 《맹자》에도 나오는 말로 '경지영지經之營之'의 준말이다. "처음에 영대(중국 주나라 문왕 정원에 위치한 누각-전망대)를 짓기 시작함에 그것을 계획하고 지었으니, 뭇 백성들이 공력을 들여 하루도 못 돼 그것을 만들었네. (문왕이) 지음에 서두르지 말라고 하였으나 뭇 백성들은 부모의 일 돕듯 했도다經始靈臺, 經之營之, 庶民成之, 經始勿亟, 庶民子來"라는 구절에서 유래했다. 왕을 위한 영대를 짓는데 백성이 자기 일처럼 생각하고 달려와 즐겁게 일한다는 내용이다. 사장은 오히려 서두르지 말라는데 직원은 기꺼이 서둘러 목표를 초과 달성하는 것, 예나 지금이나 모든 사장의 바람이다.

총명한 게으름뱅이가
돼라

중국 알리바바그룹의 창업자이자 전 회장인 마윈은 "총명한 게으름뱅이가 돼라"라며 이렇게 말했다.

"세계는 사실상 게으른 사람들에 의해 돌아가고 있다. 세상이 이렇게 정교한 것은 이들이 준 선물 때문이다. 지금 당신은 성공하지 못한 주 원인을 알아야 한다. 일을 적게 하고 싶다면 게으를 수 있는 방법을 생각해 내야 하고, 이를 위해서는 나름의 경지가 요구된다. 성공한 사람 가운데 열심히 일만 한 사람은 얼마 없다. 그들은 매일 고통스러운 일을 반복하지 않기 위해 다른 길을 생각해 냈다. 하루 종일 바쁘게 움직이는 사람의 월급이 가장 적다. 회사에 출근하지도 않는 사람들의 월급이 가장 많다."[1]

리더에 대한 최고의 상찬은 '성과를 내는 사람'보다 '사람을 남기는 사람'이며 '능력자'보다는 '자신보다 나은 사람을 모아 쓸 줄 아는 사람'이다. 스포츠에서도 일류 선수가 일류 감독이 되지 못하는 이유는 해당 분야의 경험과 지식이 없어서가 아니라 성장력, 영향력의 인재 경영 능력이 떨어지기 때문이다. 자, 당신은 탁월한 전문가로서 성과를 남길 것인가, 총명한 게으름뱅이 경영자로서 사람을 키울 것인가.

조직에 변화를 일으키고자 하는 리더라면, 사람을 키우는 능력은 필수다. 사장은 직원이 성과를 내면 성장한다고 생각하지만, 반대 논리도 가능하다. 성장을 해야 성과를 낼 수 있다. 간혹 직원을 성장시키기 위해 일껏 교육했더니 교육만 받고서는 떠난다며 아쉬움과 섭섭함을 털어놓기도 한다. 어쩌겠는가. 배신당할까 봐 연애를 못 한다는 이야기와 통하지 않을까. 교육에 따른 효과가 더 크다면 감당할 수밖에 없다.

모 인테리어 업체의 L 사장은 평일에도 골프장으로 출근하다시피 하지만 필드에서 하는 일은 결재 전화를 받거나 주요 보고 사항을 체크하는 게 고작이다. 아들의 후계 경영 수업도 골프장에서 이뤄진다. 그곳에서 고객을 만나고 접대하고 영업하는 일을 자연스레 익힌다.

반면에 세면 용품 업체의 K 사장은 '월화수목금금금' 주말에도 사무실에 출근하며 일에서 헤어 나오지 못한다. 그 역시 권한 위임의 필요성을 절감하지만 시기상조라고 말한다. 오래전부터 "나라고 모르겠습니까. 다만 우리 조직에는 아직…", "앞으로 2~3년 정도만 더 교육시키고 그때 가서…"라며 시기상조론을 말했지만 몇 년째 진전은 없다. 믿을 만하면 능력이 없고, 능력이 있으면 믿을 만하지 않고… 이래저래 눈에 차지 않는다는 호소다.

그 역시 인재의 필요성을 느끼고 주위 지인들에게 구인 SOS를 보냈지만 영입된 임원들이 견디지 못하고 몇 달 만에 퇴직하는 일이 반복됐다. 애써 영입하고서는 "지난번 고객 만나실 때 ○○를 드셨더군요" 하는 식으로 작은 단위 비용도 일일이 따지기 일쑤다. 사장이 주말에도 출근하고 버티고 있으니 임원이 눈치가 보여 주말 출근을 안 할 수가 없다. 충성은 고사하고 몇 개월 만에 못 견디고 나간다. 사장은 믿을 사람 없다며 사람을 더 불신하고, 그러다 보니 본인의 일은 더 많아지고 성과는 떨어지는 악순환이 계속된다.

물론 모든 일을 임직원에게 넘기고 밖에서 골프나 치거나, 아니면 평일 골프는 모두 사절하고 사무실에서 근무를 하는 것만이 바람직한 사장의 리더십이라는 의미는 아니다. 사장이 챙겨야 하는 일이 무엇인지 구분하고 자체적으로 리더십을 성찰할 필요가 있다는 이야기다. 스포츠 감독도 그렇지 않은가. 예전에는 공 하나 던지는 것도 일일이 간섭하고 맹연습시키는 감독의 성과가 높았지만 요즘에는 어디 그런가. 목표를 제시하고 데이터를 분석하고 그것을 바탕으로 자율과 신임을 주는 자율형 감독의 성과가 높다. 능력도 경험도 부족한 창업기에는 하나하나 참견하는 리더십이 효과가 있을지 몰라도 성장기에는 업무를 이양하고 신뢰를 표하는 리더십이 필요하다.

노자의 《도덕경》 73편에는 "천망회회 소이불실天網恢恢 疏而不失", '하늘의 그물은 크고 넓어 엉성해 보이지만, 결코 그 그물을 빠져 나가지는 못한다'는 말이 있다. 권한 위임은 방임이 아니다. 위임은 넓고 엉성한 그물처럼 보이지만, 신뢰를 부여해 자유를 주고 결국에는 사장의 힘도 키운다. 권한 위임과 방임의 다른 점은 그물의 줄을 잡고 있느냐, 놓고 있느냐 여부다. 실무에 적용해 말하자면, 현업을 속속들이 다 알고 있을 수는 없어도 들으면서 챙기고 질문할 줄은 알아야 한다는 것이다.

CEO 안식월까지 마련해 가며 충전 여행을 즐기는 K 사장은 회의를 최대한 많이 참석한다는 입장이다. "사장 중에는 권한 위임과 전임을 혼돈하는 경우가 있습니다. 임직원에게 일을 맡겼다고 해서 그것이 제대로 진행되고 있는지 체크하지 않는 것은 큰 잘못입니다"라고 잘라 말한다. 회의 때 의견이나 지시를 듣다가 마무리 때 촌철살인 5분 질문으로 현장에서 어떤 일이 일어나고 있는지를 챙긴다. 필요한 부분에 대해서는 납득할 만한 증거를 확인하고, 필요한 경우 어떤 지원을 해야 적절한지 알아보는 절차가 반드시 필요하다고 강조한다. 또 다른 K 회장은 회의에 최대한 참석하지 않는다는 반대 입장이었다. "회의는 어차피 과거의 보고 자료에 그친다"라며 문서의 맥락을 파악하는 것만으로 충분하다고 말한다. 과거의 일은 문서로 파악하고, 담당 임원과 일대일로 면담해 미래를 통찰하는 질문을 던짐으로써 권한 위임의 정도를 조절한다고 노하우를 밝혔다. '알아야 면장을 한다' 권한 위임에도 제대로 아는 일은 반드시 필요하다. 알지 못하면 결코 면장을 하기 힘들다. 회의 불참론이든 필참론이든 일은 파악해야 하고 체크 포인트는 알아야 한다.

권한 위임에는 사장이 내려놔야 할 짐도 있지만 반드시 지고 가야 할 짐도 있다. 이 둘을 헷갈리면 대형 사고가 발생한다. 사장이 반드시 위임하지 말고 챙겨야 하는 일은 무엇일까.

임직원에게 넘길 일을 사장이 지고 있는 것도 비효율적이지만 사장의 일을 임직원에게 넘기는 것은 위험하다. 우선은 소유주 사장일 경우, 기업 이념과 기업 전략에 관한 최종 결정, 인재의 요건은 본인이 챙기는 것이 필수다. 전문 경영자, 소상공업 사장이라면 인사 고과, 갈등 해결, 조정, 상담, 훈계, 해고 등에 해당하는 관리 감독 및 인사 업무는 반드시 살펴야 한다. 또한 비밀이 요구되는 일도 위임을 삼가야 한다. 기밀 사항을 처리할 때 비밀이 누설되면 팀의 신뢰를 잃을 수 있다. 또 위기 극복의 의무를 다른 사람에게 전가해서도 안 된다. 중요한 일을 맡기되, 무엇이 중요한 일인지 결정하는 게 사장의 권리이자 의무다. 권한 위임은 사장의 짐이자 힘이다.

"참 좋은 것인 줄은 알겠지만… 나도 하고 싶지만…"은 권한 위임에 대한 사장의 공통적인 반응이다. 인재가 있을 때 위임을 해야 하는지, 위임을 해야 인재가 양성되는지는 닭이 먼저냐, 계란이 먼저냐의 문제다. 언제까지 지금처럼 사장이 북 치고 장구 칠 수 있을 것인가. 지금과 같은 사장의 원 맨 시스템이 계속된다면 3년 후 회사의 성과와 비전은 어떻게 변할 것인가 질문해 보라.

독방은 특혜이자
가장 가혹한 형벌이다

경영자 몇몇이 모여 '행복 경영'이라는 화두에 대해 이야기를 나눌 기회가 있었다. 한편은 리더가 행복해야 조직에도 행복이 넘친다는 이야기, 또 한편은 구성원을 행복하게 해 줘야 좋은 직장이 된다는 이야기였다. 결국 조직이 행복해야 한다는 목표는 같았으나 출발점이 차이를 보인 것이다. 마치 같은 목적지라도 왼쪽으로 반 바퀴 돌 것인가, 오른쪽으로 반 바퀴 돌 것인가 하는 것처럼 말이다. 2세 경영자인 S 사장은 "선친이 하루 16시간씩 일하시는 모습을 보며 정말 행복해 보이지 않았다. 나는 아버지처럼 살지 말아야겠다고 결심했었다"라고 말문을 열었다. 회사를 고단한 일터가 아닌 '유치원처럼 즐거운 일터'로 만드는 게 꿈이었다는 것. 자신은 제시간에 꼭 퇴근하고, 주말에 임원들과 즐겁게 골프치고, 회사에도 피트니스 클럽을 만들어 시간 나면 운동하고, 직원들과 편하게 지낸다고 털어놨다. 리더가 행복해야 직원도, 조직도 행복해질 수 있지 않겠느냐는 이야기였다.

다음은 모 IT업계의 O 사장의 순서였다. O 사장은 행복 경영 리더로 유명하고, 그 회사는 일하기 좋은 직장으로 꼽히는 곳이다. 그에게 한 사람이 지나가듯 "다시 태어나도 사장 하시겠어요?" 하고 묻자 그는 화들짝 놀란 표정을 지으며 "에구, 다음 세상에는 사장으로 안 태어날래요. 너무 힘들어요" 하며 진심 어린 손사래를 쳤다. 사장은 불편할 수밖에 없다는 것이다. 마치 산모가 아파야 아기가 빨리 나오는 것처럼, 사장이 힘들고 불편해야 구성원들은 편해지는 반비례의 관계에 있다는 게 그의 설명이었다. 그의 일과를 들어 보니 그럴 만도 했다. 아침 7시에 출근해서 퇴근한 뒤에도 일에서 헤어 나오지 못한다고 털어놨다. 최근에는 노사 문제까지 겹쳐 새벽잠을 설치기 일쑤였다.

2018년 코오롱그룹의 회장 이웅열이 회장직 사퇴를 선언하며 '불행한 금수저론'을 주장해 화제가 됐었다. '금수저를 물고 태어난 덕분에 다른 사람보다 특별하게 살아왔지만 그만큼 책임감의 무게도 느꼈다"라며 "그동안 금수저를 물고 있느라 이가 다 금이 간 듯한데 이제 그 특권도, 책임감도 내려놓는다"라는 내용이었다. 그러면서 "변화를 위해 앞장서 달려왔지만, 그 한계를 느낀다. 내가 비켜야 진정으로 변화가 일어나겠다고 생각했다"라고 밝혔다. 한 전직 경영자는 "사장 퇴직 경고를 들었을 때, '에쿠, 올 것이 왔구나. 자발적으로 그만두지는 못했지만 속이 시원하다. 이만하면 내려놓을 때가 됐지" 하고 오히려 무거운 짐을 내려놓는 후련한 마음이 컸다고 털어놨다.

모 글로벌 기업의 K 사장은 사장의 일에 대해 이렇게 말했다.

"사장은 문제를 하루 종일 들어야 하는 자리입니다. 이 사람 저 사람이 가져오는 문제를 매일 들어 줘야 합니다. 대부분 좋은 이야기보다는 어려운 문제, 크고 작은 사고들이지요. 그뿐 아니라 간을 슬쩍 보며 사실은 나를 조종하려는 경우도 있습니다. 여기에 넘어가지 않는 모습을 보여 줘야 합니다. 사장이 뭐 별것이겠습니까. 문제 들어주고 풀어 주는 사람이지요. 그것에 지치는 순간, 사장으로서 사장死藏되지요. 사람과 사람 사이에서 점점 나 자신을 잃어버리는 것을 발견하게 됩니다. 혼자 생각하는 것을 쉽사리 얘기할 수도 없고 모든 얘기를 듣다 보면 어느새 나는 사라지고 없어요. 하루 종일 듣다 보면 에너지가 완전 방전돼요. 마치 연극이 끝나고 난 뒤 배우가 느끼는 탈진 같은 것이 몰려옵니다."

많은 직장인들이 '의자'가 갈수록 뒤로 가다 마침내 자신의 방을 갖게 되는 그날을 꿈꾼다. 하지만 아이러니한 것은 자신의 방을 가지면 바깥 조직원과의 소통이 그리워진다는 사실이다. 직원이 수런거리며 복도에 있으면 괜히 내 이야기를 하는 것 같고 신경이 쓰인다. 독방은 가장 큰 특혜인 동시에 가장 혹독한 처벌이기도 하다. 모 CEO는 점심 식사 때나 직원 회식 때 자신의 말이 많아지는 것은 바로 독방 살이의 설움 때문이라고 토로하고는 한다.

직원들은 힘들 때 술 한 잔 걸치며 '공공의 적'인 상사를 안주로 잘강잘강 씹으며 호기 어린 한 방을 날린다. 하지만 사장은 그럴 수 없다. 자신이 공공의 적이 될망정 씹을 사람도, 펀치를 날릴 대상도 없다. 날리면 자살골, 자기 얼굴에 침만 떨어질 뿐이다. 그러니 가슴에 품어야하고, 그래서 외롭다. 못나도 잘나도 내 탓으로 안아야 하고, 남의 이야기만 받아 주는 욕받이 신세이기 때문이다.

이들의 이야기가 엄살로만 들리지는 않는다. 일본에서 사장을 대상으로 한 설문 조사에서 '경영자의 자리에서 물러나고 싶다고 생각한

적이 있습니까?'에 대한 응답을 교차 분석해 보면 흥미로운 결과가 나온다. "한 번도 그만둘 생각을 해 본 적 없는 사장"이 자신에게 결여된 자질로 꼽은 것은 객관성(13%), 자금 조달 능력(12%), 교섭력(11%) 등이었다. 거꾸로 한 번이라도 생각해 본 적 있는 사장이 자신에게 결여돼 있다고 꼽은 것을 살펴보면 교섭력(15%), 지도력(13%), 자금 조달 능력(11%) 등이며, 객관성은 9퍼센트에 머물렀다.

한 꺼풀 벗겨 보면 지금 자신감 넘치는 사장이라면 한 번쯤 돌아볼 필요가 있다는 의미로 해석할 수 있다. 나는 정말 잘하고 있는가, 잘하고 있다는 것을 어떻게 확인할 수 있는가, 내 자녀를 내 회사에 보낼 수 있을 것인가. 반면에 리더십 자신감이 떨어지는 사장이라면 소통 능력, 교섭력에 대해 재정의하거나 관리 보완 방안을 구체적으로 생각할 필요가 있다. 흔히 교섭력, 협상력하면 스피치 실력과 프레젠테이션 실력을 생각하기 쉽다. 그러나 이는 직원이 기대하는 소통과는 거리가 멀다. 맥락을 짚어서 구체적으로 이야기해 주는 것이 진정한 교섭이다. 어떤 목적지를 향해 가고 있는지, 현재 조직이 어떤 처지에 놓여 있는지, 목적지에 닿기 위한 최적의 경로는 무엇인지 귀 기울여 듣고 수렴해 함께 방안을 모색하는 것이 진정한 교섭이다.

사람을 바꿀 것인가, 일하는 방식을 바꿀 것인가

　사람의 마음도 잡고, 생산성도 높이는 양수겸장이 경영의 최고봉이다. 누군들 이것을 모르겠냐마는 부족한 자원과 척박한 환경에서 이것저것 좌고우면하려니 사장의 고민은 깊어진다. 일이냐, 사람이냐? 온정의 배려인가, 냉정의 일 중심인가? 인문학적 관심인가, 과학적 수치 관리인가? 많은 사장의 숙제다. 말이야 당연히 온정과 인문학이 정답 같다. 하지만 현장에서는 이것이 말처럼 쉽지 않다. 정답이 무엇인 줄은 아는데 내가 해 보려면 안 되고, 현장에서 먹히지 않으니 고민이 깊다. 생산성을 높이기 위해서는 마른 수건도 쥐어짜는 성과 중심의 과학적 관리 방식이 당연히 시급하다. 하지만 급한 마음에 일방적으로 몰아붙이다 보면 인재들이 이탈할 것이 걱정된다.

　관심의 기반이 없는 상태에서 과잉 관리는 착취로 해석된다. 직원은 사장이 '몰입과 헌신'을 강조할 때 똑같은 말을 들으며 '착취와 소진'으로 전혀 다르게 해석한다. 사장은 비전을 '사장의 목적지를 알아주는 것'이라 생각해 높은 곳으로 시선을 두길 바라지만, 직원들은 '직원의 처지를 읽어 주는 것'이라 생각해 낮은 곳으로 임하기를 바라는 동상이몽을 꾼다.

'선비는 자신을 알아주는 사람을 위해 죽는다'를 뒤집어 말하면 리더를 위해 죽을 수도 있지만 죽일 수도 있다는 이야기다. 자신을 알아주지 않으면 충성은커녕 배신, 태만, 이탈, 냉소 등 각종 창의적인 방법을 동원해 뒤통수를 때린다. 관리가 없는 상태에서 관계 과잉은 기강 해이와 불공정 평가를 불러 근무 의욕을 꺾는다. '포템킨의 마을'이라는 말처럼 과시성, 가시성 평가로 진실을 호도하고 리더를 우스갯거리로 전락시킨다. '자리와 직위'가 아닌 '실력과 진정성'이 민낯을 드러내는 위기와 변화의 격변기일수록 일과 사람의 운영 묘수는 더욱더 중요하다.

결국 사람이냐 일이냐, 관심이냐 관리냐는 선택의 문제라기보다는 배합과 균형의 문제다. 관리와 관심은 독수리의 양 날개와 같다. 관리와 관심은 따로국밥이 아니라 동전의 양면이다. 흔히들 사람은 믿되 일은 믿지 말라고 한다. 사람과의 관계에서는 유연하고 자유롭게 대하되, 일을 관리하는 데 있어서는 시스템으로 관리해야 한다. 시스템과 관계 모두 널널할 때 리더는 우습게 돼 무시당한다. 반면에 시스템이 헐렁한데 리더가 모든 것을 관리하려 할 때 리더는 결국 공공의 적이 된다. 조직은 모래알처럼 서걱서걱 따로 놀며 살기등등해지기 쉽다. 조직의 허점은 방비되기는커녕 맨홀 속 독가스처럼 덮어지고 호도되다 폭발하기 쉽다.

열매는 토양에, 조직은 문화에 달렸다

'귤화위지橘化爲枳'라는 말이 있다. 중국의 강남에 심은 귤을 강북에 옮겨 심으면 탱자로 변한다는 뜻이다. 바꿔 말해 같은 열매도 토양에 따라 전혀 다른 열매로 변한다는 이야기다. 통찰력이 있는 농부들은 탐스러운 열매를 거두기 위해서는 열매에 신경 쓰기보다 토양을 먼저 바꿔야 한다는 것을 안다. 농약을 전혀 안 쓰는 사과를 재배해 성공한 일본 최고의 농부 기무라 아키노리는 저서 《기적의 사과》에서 무농약 농법의 비결은 '열매 개량'이 아니라 '선先 토양 개량'에 있었다고 털어놓는다.[2]

"실패를 거듭한 이유는 보이는 데만 신경 쓰고 지하는 안중에도 없었기 때문이다. 보이는 것이 전부는 아니다. 열매만 보지 말고 지하의 흙을 봐야 한다."

무농약 재배법의 거듭된 실패로 자살까지 결심했던 그는 이런 교훈을 얻은 후, 사과 연구에서 토양 연구로 패러다임을 바꿨다. 튼실한 사과를 거두려 하기에 앞서 매일 같이 흙을 파헤치며 관찰했고, 과수원의 흙과 저 산기슭의 황무지까지 실험했다. 왜 들판의 나무는 비료를 안 주는데도 잘 자라고, 과수원의 나무는 농약과 비료를 많이 주는데도 늘

재해에 약한가? 그는 땅의 온도를 재고 생육 조건을 달리하며 실험을 거듭해 드디어 '무농약 사과 재배'라는 성공을 거뒀다. 답은 열매 연구가 아니라 토양 연구에 있었다.

수도권에 소재한 모 대학의 S 총장이 H 대학의 무감독 시험제를 시찰할 기회가 있었다. 그는 H 대학의 모든 학생이 무감독 시험제를 양심적으로 실시하는 모습을 보고 충격에 가까운 감동을 받았다. 이후 학교로 돌아오자마자 당장 무감독 시험제를 전면 실시했다. 그 결과는 어땠을까? 학생들은 '기회는 이때다' 하며 커닝에 온갖 반칙을 범하며 그야말로 난장판을 쳤다. 그 와중에 일부 원칙을 지킨 소수파 학생들은 순진하게 규칙을 지켜서 당한 자신들의 불이익을 원망하며 반칙 학생 리스트를 작성해 투서를 보내는 한편, 재시험을 요구하며 거세게 항의했다. 결국 학교는 당초 서로 신뢰하에 실시했던 '선진 시찰 무감독 시험제'의 좋은 취지를 포기하고 원래의 철두철미한 감독 시험제로 복귀해 재시험을 치를 수밖에 없었다. H 대학이 무감독 시험제에 성공할 수 있었던 토양, 즉 배경에는 신앙을 통한 가치관 교육, 평판 중시 조직 문화, 동료 감독 체제 가동, 시험지 상단의 자기 맹세 등을 통한 자기 규율 확보 등 여러 가지가 작용하고 있었다. 문화는 보이는 방법이 아니라 보이지 않는 정신에서 나오고, 그것을 한 발짝 한 발짝 만드는 것이 리더의 소임이요, 사명이다.

이 두 가지 사례를 보며 당신은 어떤 생각이 드는가? 이는 기업의 사장에게 던지는 교훈이 크다. 멀게는 구글 등 외국의 회사, 가깝게는 '우리가 다니고 싶은 회사들'로 꼽히는 회사의 표면 현상을 보고 '뱁새가 황새 따라가는' 무리를 무릅쓰고 벤치마킹했더니, 죽도 밥도 안 되는 것은 물론 직원이 해이해지고 기고만장해지더라는 고민을 털어놓는 경우가 꽤 있다. '지들 하고 싶은 좋은 것만 쏙쏙 뽑아 먹고, 해야 할 일은 하지 않아' 낭패를 봤다는 패전담도 즐비하다. 탐스럽게 열린 '열매'만 보고 '열매'를 열리게 한 '토양'은 관찰하지 않은 채, 덜컥 옮겨 심어서 발생한 부작용이다. 말라 죽거나, 탱자라는 돌연변이로 변하는 것은 특별한 게 아니라 당연한 현상이다. 원상회복은커녕 오히려 후퇴해 직원과 리더 모두 상처만 받기 쉽다.

사실 '우리들이 꿈꾸는 회사'의 표면을 벗겨 보면, 일하기 좋은 회사가 일하기 편한 회사와 동의어가 아님을 알 수 있다. 성과의 지표와 평가 기준이 뚜렷하기에 재택근무, 유연 근무제 등 여러 가지 널널해 보이는 선진 시스템이 그 이면에 가동하는 것이다. '황금 보기를 돌 같이 할' 정도로 직원들의 윤리성이 높은 것은 그들의 도덕성이 다른 직원의 도덕성과 '종자'가 다르기 때문이 아니다. 황금이 돌처럼 보여서가 아니라, 황금 너머의 다이아몬드, 즉 당장의 욕심보다 더 중요한 가치와 자부심이 존재한다는 사실과 또 그것이 중요하다는 사실을 인이 박히도록 강조하고 그들이 빗나가지 않게 예방하는 시스템이 가동되기 때문이다.

이런 시스템을 갖추지 않은 상태에서 '천국'의 스피릿이 구현되리라고 생각하는 것은 연목구어다. 우물가에 애들을 내놓은 것과 다름없는 방임이다. 나무에서 물고기가 열리지 않고, 우물에서 숭늉을 구할 수 없는 것은 당연한 세상 이치다. 스피릿을 구현하고 싶으면 시스템을 바꿔라. 사람을 바꾸고 싶으면 환경을 재설계하고, 프로세스를 바꿔라.

리더의 일은
손을 뻗어 목표를 가리키는 것

국내 최고 화장품 업체의 S 회장은 사람을 얻는 방법에 대해 이렇게 말했다.

"조직의 규모, 직원 수에 따라 그 방법도 연동돼 달라져야 합니다. 사람 수가 적으면, 치밀하게 소통하고 따뜻하게 대우하면 통합니다. 여기서 조금 더 늘면 사장의 솔선수범이 필수입니다. 조직이 더 커지면 정확한 사명감과 대의가 있어야 합니다."

일반적으로 생업을 유지할 수준의 직원 규모는 1~7명 정도다. 점장 수준에서는 7~30명 정도, 가업 수준은 30~70명 수준이라면, 70명 이상부터는 기업 차원이다. 700명 이상은 대기업 경영 수준이다. 직원 수가 일정 수준을 넘어서면 권한 이양이나 조직의 체계와 질서를 잡는 일이 필요하다. 한 사람이 관리할 수 있는 인원은 생업 수준인 7명, 흔히 피자 한 판 같이 먹을 수 있는 것에 비유한다. 이것을 염두에 두고 조직을 편성해야 한다.

조직이 커질수록 가치의 공유, 소명 의식 강조가 더 중요해진다. 초기의 소규모 조직에서 통했던 인간적인 리더십, 즉 직원 이름 외우고 가족 경조사 챙기기 등과 같은 따뜻한 공감 표시하기는 물리적으로도 힘들다. 가치관 공유 없는 성장은 골다공증 걸린 것처럼 조직에 허점의 구멍이 뻥뻥 뚫리게 한다. 상사를 보고 움직이기보다 가치를 보고 움직여야 하기 때문이다. 역설적으로 조직이 커질수록 초반의 가치가 공유되기 힘들다. 많은 기업이 조직이 커지면 리폼을 넘어 트랜스폼transform해 가치 회복의 기치를 내걸고자 하는 것은 남에게 보여 주기 위한 겉치레가 아니다. 생존의 시급한 명제이기 때문이다. 가치의 'why'가 분명해야 그것을 실행할 'way'가 나온다.

1988년 전당 대회에서 마이클 듀카키스와 부시 사이에 논쟁이 붙었다. 하버드 법대 출신의 듀카키스가 부시를 놀렸다.

"이 선거는 이데올로기에 대한 것이 아닙니다. 이 선거는 능력에 대한 것입니다."

이에 대해 부시는 다음과 같이 반박했다.

"능력은 기차를 제시간에 가게 만들지만, 기차는 자기가 어디로 가고 있는지 알지 못합니다."[3]

중요한 것은 능력이 아니라 우리가 어디로 가고 있는지를 알아야 한다는 날카로운 지적이다. 한 MZ세대 직원은 "일을 하는 방법은 인터넷을 찾고 선배에게 물어도 나오지만, 일의 의미와 방향은 상사만이 줄 수 있는 것"이라고 그 차이를 말했다. 버스를 탈지, 지하철을 탈지 노선을 가르쳐 주기보다 목적지를 가르쳐 줘라. 그러면 나머지는 그들이 알아서 할 수 있다. 일의 의미를 알지 못하면 기차는 어디로 내달려야 할지 모르고, 궤도를 거침없이, 의심 없이 이탈한다. 심지어 이탈하고서도 이탈한 줄 모를 수도 있다.

모 증권 회사의 신임 사장 이야기다. 그는 증권업이 외부적인 면에서는 저금리, 저성장, 초고령화 시대에 있고, 내부적으로는 고객 신뢰가 저하돼 있다는 점에서 변화가 필요하다고 진단했다. 외부 환경이란 어쩔 수 없다고 할지라도, 내부의 고객 신뢰는 반드시 회복해야 할 일이라고 문제를 진단했다. 만약 당신이라면 이런 과제에 어떤 대책을 세우겠는가? 직원 의식 재무장 교육, 고객의 현장 고발제? 아니었다.

그는 고객 신뢰 저하의 원인을 자산 관리사(PB)와 증권 회사와 고객의 목표가 일치하지 않은 데서 찾았다. PB는 개인적인 보상, 증권 회사는 매출(거래 수수료), 고객은 수익률을 높이는 것을 목표로 하기 때문에 서로 이해관계가 불일치해 신뢰가 떨어졌던 것이다. 이 회사는 PB, 증권 회사, 고객의 목표를 일치시키는, 소위 삼위일체를 위한 새로운 변화를 위해 새로운 업적 평가제를 도입했다. 즉 PB의 업적을 평가하는 핵심 성과 지표Key Performance Indicator, KPI 100점 중 45점을 고객의 수익률에 맞춤으로써 고객이 제대로 수익을 얻지 못하면 PB가 보상 받지 못하도록 프로세스를 설계했다. 무조건 수탁고만 올리거나 잦은 매매로 수수료만 취하려 하는 관행을 막는 시스템을 마련한 것이다. 단기적 수탁률 제고보다 고객의 신뢰를 바탕으로 한 장기적 발전이 생존의 활로라고 생각해 성과 평가 시스템을 바꿨다.

사람을 바꾸려 하기보다 일하는 방식과 프로세스, 평가 방식을 바꿔라. 가치는 수치로 뒷받침된다. 의식을 개조하려 하기보다 환경을 바꿔라. 시스템 가동 없는 스피릿은 사상누각이고 헛수고다. 고수 사장들은 '도덕적 신뢰' 운운에 "고마 치아 뿌라" 하고 코웃음을 친다. 스피릿은 시스템으로 뒷받침된다. SK의 회장 최태원은 저서《새로운 모색, 사회적 기업》에서 마을 고양이의 쥐잡기 우화를 예로 들어 설명한다.

"어느 마을에 쥐가 들끓어 고양이에게 쥐를 잡게 했다. 일정 기간이 지나도 쥐가 줄어들지 않았다. 일부 고양이들이 편한 방법으로만 잡았기 때문이다. 어미 쥐를 잡든, 새끼 쥐를 잡든 동일한 보상이 원인이었다. 쥐 잡는 것을 즐기는 흰 고양이가 있어 관찰해 보니 사나운 큰 쥐나 하수구 등 험지도 가리지 않았다. 촌장은 흰 고양이에 맞춰 생선을 주는 기준을 바꿨다. 어미 쥐, 새끼 쥐 등에 따라 보상에 차등을 두자 다른 고양이들도 난이도 있는 방식으로 쥐를 잡기 시작했다. 이후 쥐를 잡는 수가 정체될 때마다 기준을 바꿨다. 이런 과정을 거치면서 촌장은 흰 고양이가 가장 필요한 존재임을 깨닫게 됐다."

그는 인센티브의 효용을 인정하지만 위험성도 함께 지적한다. 금전적 인센티브만으로 동기를 부여하면 규모의 경제는 발전하지만, 인센티브 수령을 위해 수치를 왜곡, 조작할 우려가 있다. 이것은 모니터링 등의 사회적 비용으로 작용한다. 결국 조직에 필요한 것은 위에서 말한 우화 속의 고양이와 같은 존재, 외재적 동기가 아닌 내재적 동기에 의해 일하는 사람이 많아지는 것이라고 지적한다. 이는 사회적 기업을 넘어 일반 기업에도 적용된다.

추상적인 이념의 실행을 어떻게 측정할 것인가, 인센티브의 순기능과 역기능을 어떻게 활용하고 예방할 것인가, 기업의 원칙 경영에 맞는 인재는 어떻게 선발하고 육성할 것인가. 사장이 고민해야 할 문제다. 스피릿과 시스템은 따로 갈 수 없는 공동 운명체다. 실력 있는 농부는 탐스러운 열매를 따고자 하면 토양부터 바꾼다. 내공 있는 사장도 마찬가지다. 스피릿을 바꾸고 싶으면, 의식을 무장하고 싶으면 시스템을 바꾼다. 지금 바꿔 나가야 할 우리 조직의 프로세스와 조직 습관은 무엇인가. 지향하는 가치는 수치로 반영된다. 가치와 수치가 유전자에서 얼마나 일치하는가. 그것이 곧 조직 문화의 지표다.

시간과 돈의 행방이
리더를 평가하는 바로미터

리더십의 출발은 자기 인식이다. 내가 어떻게 행동하고 있는지 알기만 해도 변화할 수 있다. 강의나 코칭을 가서 보면 리더는 스스로를 이상적 리더상에 가깝다고 생각하는 데 반해 구성원은 고개를 절레절레 흔드는 사례가 더 많다. 구성원이 옆구리를 찔러 '바로 당신이 문제야' 하고 이야기하는 것은 현실적으로 어렵다. 심지어는 리더의 이야기를 돌려서 들려줬는데도 "요즘 세상에 저런 사장이 어디 있어…" 하며 함께 분노를 표할 때는 울어야 할지 웃어야 할지 모르겠다고 말한다. 자기 인식이 되지 않은 리더는 자신도 변할 수 없고, 조직에 변화를 불러일으키기는 더더욱 어렵다. 아무리 토양만 개량하면 무엇 하나. 조직의 뿌리인 리더가 변화하고 성장할 의지가 없다면, 나무는 제대로 자랄 수 없는데 말이다.

우선순위대로
시간과 돈이 집중되는가?

막연한 생각이나 추정에 사로잡히면 허망과 착각에 빠져 물개 박수만을 요구하는 '벌거벗은 임금님'이 되기 쉽다. 요즘은 교육을 많이 받기 때문에 '아는 것'을 '하는 것'으로 착각하는 경우가 많다. 리더가 생각하는 자화상과 구성원이 보는 초상화의 차이를 좁히는 방법은 무엇일까? 체로키 인디언 사이에서 내려오는 전설이다. 할아버지가 손자에게 말했다.

"인생의 모든 선택은 내면에 있는 늑대 두 마리의 싸움이다. 한 마리는 분노, 질투, 탐욕, 두려움, 거짓말, 불안, 자존심을 담당하고 다른 한 마리는 평화, 사랑, 연민, 친절, 겸손, 긍정적 생각을 담당하지. 둘은 서로 우위를 차지하려고 싸우고 있어."

"어느 늑대가 이겨요?" 손자가 물었다.

"네가 밥을 주는 놈이 이긴단다."

할아버지가 말했다.

밥을 준다는 것은 곧 관심이고, 지향점으로 삼았다는 것이다. 사장 리더십과 연결해 보면 어떻게 시간을 보내고 돈을 쓰는지가 곧 실행 리더십의 지표다. A 늑대에게 밥을 준다고 해 놓고 B 늑대에게 먹이를 던지면 헷갈리듯이 말과 행동의 일치가 필요하다.

스스로가 좋은 리더인지 측정하는 자기 인식 지표는 '생각'과 '행동'의 우선순위가 일치하는지 대차 대조표를 만들어 보는 것이다. 우선순위의 목록은 잘 정돈된 지시 사항이다. 우선순위 없이 모두 다 중요하다고 중언부언 써 놓는 것은 '실행하지 않겠다'고 말하는 것과 같다. 더 나쁜 것은 생각의 우선순위와 실제 행동의 분리다. 조직에서 리더가 중요하다고 말하는 일과 중요하게 처리하는 일이 따로 놀면 리더십에 균열이 생긴다. 구성원 입장에서는 리더의 입과 손을 따로 봐야 하니 생산성이 높아질 수 없다.

우선순위대로 행하고 있는지 쉽게 알아보고 싶은가? 시간과 돈을 어디에 제일 많이 쓰느냐를 꼼꼼히 점검해 보라. '재물 가고 시간 쓰는 곳에 마음이 있는 법'이다. 이것은 서로 분리되지 않는다. 당신이 중요하다고 말하는 일의 가치순으로 시간과 돈을 쓰고 있지 않다면 그것은 생각과 행동이 일치하지 않는다는 반증이다. 구성원은 모를 것이라고? 천만의 말씀이다. 그들은 당신보다도 먼저, 귀신같이 알아차리게 돼 있다. 다만 침묵하다가 기회가 되면 조용히 떠날 뿐이다. 디자인 관련 업종에서 팀장으로 일하던 후배 이야기다. 얼마 전 회사를 그만둔 그의 사연은 이랬다.

"나는 글로벌한 일을 하고 싶었어요. 사장님은 늘 '우리 회사가 앞으로 해외 지사를 두고 그쪽 일을 확장해 나갈 것이다. 그러니 조금만 기다려라, 기다려라' 하고 붙잡았습니다. 마냥 기다려도 별무신기고…. 최근 몇 년간 우리 회사의 전체 예산에서 해외 사업 부문에 투자한 비율을 살펴보게 됐습니다. 거의 없을뿐더러 새해 예산에도 크게 배정돼 있지 않더군요. 그저 저를 붙잡기 위한 임기응변 공수표일 뿐이라는 생각이 들더군요. 전에도 후에도 예산이 쥐꼬리만큼 편성돼 있는데 어떻게 글로벌 확장이라는 이야기가 가능하겠어요? 결국 과감히 그만두기로 결정했지요."

당신이 일에서 우선순위를 두고 있다고, 혹은 돼야 한다고 생각하는 것은 무엇인가? 한정된 24시간이라는 자원에서 당신은 어디에 제일 많은 시간을 쓰고 있는가? 매일매일 바쁘고 쫓기는 가운데에서도 절대 포기하지 않고 우선해서 한 일은 무엇이었는가? 결론적으로 당신은 말한 대로 우선순위를 배정해 실행하고 있는가?

조직의 생산성은 리더가 제시하는 좋은 목표만으로는 향상되지 않는다. 리더가 어디에 우선순위를 두는지 몸으로, 시간으로, 돈으로 보여야 한다. '버선목 뒤집기처럼 진심을 보여 줄 수도 없고…' 하며 사장들은 직원에게 진정성이 전달되지 않는다고 답답해한다. 사장의 진정성은 말보다 실행, 특히 시간 운용에서 드러난다. 돈이야 성과가 날 때, 규모가 큰 곳, 작은 곳에 따라 성의가 달라질 수 있다. 시간은 공평하다. 당신은 그 공평하게 주어진 시간을 정말 소중한 데 쓰고 있는가.

모 교육 업체의 C 사장은 사장실을 없애고 직원의 사무실 가운데에 사장 책상을 배치했다. 물론 사장과 한 공간에서 벽 없이 근무하면 직원들이 불편해한다. 하지만 그것도 처음뿐, 결국 사장이 얼마나 '격의 없이 잘하나'에 달려 있다. 그가 들려준 이야기다.

"매년 제 책상을 부서마다 돌아가며 이동해 배치합니다. 단지 제 책상을 어느 부서에 두느냐만으로도 올해의 치중 업무, 핵심 부서가 어디인지 직원들이 알아채더군요."

P 사장은 연수원에 갈 때 카풀을 해 팀으로 함께 이동한다. 차 안이

야말로 오붓한 소통 공간, 이야기를 편하게 나눌 수 있어서다. 인재 성장을 소중히 여긴다면 그들이 참여하는 교육에 함께 참여하라. 정말 중요하다고 생각한다면 우선순위에 두라. 문고리 권력은 단지 참고인이라고 한다면 그들과의 시간을 '참고용'으로만 줄이고 보고에서 새치기 등의 작은 반칙도 범하게 하지 마라. 사장의 시간 가고 돈 가는 곳이야말로 사장의 마음이 어디를 향하고 있는가를 보여 주는 바로미터다. 스스로가 어떤 리더인지 알고 싶으면 스케줄러와 1년 예산 기획서, 그리고 사장의 법인 카드 명세서부터 살펴봐야 하는 이유다. 지금 당신의 시간과 몸은 말한 대로 가고 있는가. 어떤 사람을 만나는데 시간을 쓰고 있는가.

사장이 배경 설명 없이 뜬금없는 지시를 하면 임직원은 당황한다. 이때 이들이 비서에게 전화를 걸어 일제히 확인하는 것은 '우리 사장, 어제 누구와 밥 먹었나'다. 힘발, 말발은 조직 내 직급, 내외부를 떠나 사장과의 독대 시간에 비례한다. 백 번 천 번 구호를 외치고 전사적으로 교육하는 것보다 확실한 방법은 사장이, 회사가 돈과 시간을 어디에 중점을 두고 쓰는지 증명하는 것이다. 당신이 어떤 가치를 소중히 한다면 예산과 시간으로 보여 주라.

돈의 흐름을
보여 주라

Y 사장은 '이익은 돈을 버는 능력과 돈을 아끼는 능력의 합'이라고

정리한다. 사장 마인드를 가지라고 말할 때 복사 용지도 아끼라는 말이 빠지지 않는 것도 이런 맥락이다. 사장은 회사의 물품이 곧 자신의 피 같은 돈이라 생각해 허비하지 않으려 한다. 사장 마인드라고 하면 호탕한 품새 같지만 쫀쫀하게 복사 용지와 이면지를 아끼는 일부터 시작하는 이유도 이 때문이다. 실적이 좋은 회사의 사장일수록 조직에 절약 습관이 뿌리내리고 있다.

'경비 절감' 하면 사장들이 착각하는 게 있다. 직원 점심 식사 비용과 같이 당장에 쉬운 비용부터 줄이고자 하는 것이다. 이는 직원의 사기를 떨어뜨리고 조직 내에 위기의식을 높인다. 아무리 상황이 어려워도 인건비, 구내식당 음식의 퀄리티 유지비와 같은 복지 비용은 사수할 필요가 있다. 실적이 부진하다고 인건비를 절약해 우수 직원이 떠나면 오히려 남은 직원의 의욕이 떨어지고 결국은 저성과로 이어진다.

모 의류 업체의 L 사장은 불경기 때 경비를 절감하면서도 직원의 불만이 적었던 나름의 노하우를 이렇게 말했다.

"경비 긴축을 하더라도 그 절약 비용을 직원에게 환원하는 것을 원칙으로 합니다. 가령 직원의 이직 후 신규 인원 보충이 필요하다면 충원할 것인가, 아니면 그 비용을 남은 직원에게 분배해 현재 인원으로 일할 것인가 하는 것으로요. 잉여 비용은 전액 보너스로 주겠다고 하니 비용도 절약하는 한편 사기가 오히려 오르더군요."

지금처럼 경기가 어려운 상황에서 직원의 무신경을 탓하기보다 돈의 흐름을 제대로 세팅해 보라. 절약한 만큼, 노력한 만큼 자신의 이익

사장은 혼자 울지 않는다

으로 돌아온다고 직원이 생각할 때 그들도 적극적으로 아끼는 데 동참할 수 있다.

한창 국내 굴지의 대기업들에서 성과급 논란이 거셀 때였다. 모 건설 업체의 P 사장은 MZ세대 직원들의 성과급 요구가 걱정됐다. 겉으로 보는 수주액 덩치는 크지만 그만큼 수익이 나는 것은 아닌데 자칫 착시 효과로 인해 같은 요구를 해 오지 않을까 염려됐다. 그는 매년 상반기와 하반기에 분기별로 직원에게 회사의 수익을 설명하고 현황을 투명하게 공개해 직원으로부터 오해와 무리한 요구를 면할 수 있었다. 손님이 줄을 길게 서 있는 식당에서도 망하는 곳이 나오듯, 매출액과 수익은 다르다는 사실을 직원도 알 수 있게 평소에 정직하게 정보를 공유할 필요가 있다.

행복 경영으로 잘 알려진 M 기업은 맛있는 구내식당으로 유명하다. 알고 보면 그곳 행복 경영의 비밀은 호텔 수준의 고급 식당이 아니다. 진짜 비밀은 직원에게 돈의 흐름을 보여줘 회사의 수입과 지출 구조를 이해하게 하는 정보 공유였다. 발송장에 적힌 금액이 내 지갑으로 곧바로 들어오는 것이 아니라 어떻게 순환 구조를 거치고, 미래 사업을 위해 기업은 얼마만큼을 보유해야 하는지를 최대한 정직하게 알려줘 신뢰를 확보한 것이다. '통장 공동체'가 가장 친한 사이를 가리키듯 직원을 존중한다는 것은 돈의 흐름을 공유하는 것이다.

MZ세대 직원들이 성과급에 대해 이슈를 제기할 때의 중요한 점은 '왜 적게 주느냐'보다 '분배 기준이 무엇인가'에 대한 정보를 투명하게 공유해 신뢰를 확보하는 일이었다. 돈의 흐름은 직원에게 회사 지출

이 어떻게 사업을 가능케 하고 왜 모두가 비용을 줄이는데 책임이 있는지를 보여 준다. 돈의 흐름이 공유되면 사장의 버는 스트레스도, 나누는 스트레스도 줄어들 수 있다.

장수하는 사장은
DNA가 다르다

최근 10년 내 퇴임한 국내 대기업 전문 경영인의 대표 이사 재임 기간은 평균 4년이 못 되는 것으로 나타났다. 이는 사주(오너) 경영인에 비해 8년 이상 짧다. 2020년, 기업 평가 사이트 CEO스코어가 500대 기업 중 반기 보고서를 제출하는 347개 기업의 2010년 이후 전현직 대표 이사 1,582명의 재임 기간을 조사한 결과 지난 10년 동안 대표 이사로 재직했다가 퇴임한 전문 경영인(사주 제외)의 평균 재임 기간은 3.6년으로 집계됐다. 권불십년權不十年이라는 말도 있지만 그것도 힘들다는 이야기다. 한마디로 추풍낙엽, 풍전등화, 좌불안석! 요즘 전문 경영자들의 명운을 가리키는 사자성어다.

일반 회사원들은 평균 28.6세에 입사해 52.5세에 임원이 되는데 평균 24년이 걸린다. 대기업에 근무하는 임원들은 현실은 그보다 더 각

박하다고 입을 모은다. 입사 동기 100명 가운데 두세 명만 임원이 되는 현실이 말해주듯, 대부분의 직장인은 그런 혜택도 못 누리고 회사를 그만둬야 한다. 아무리 임시 직원이라 말하지만 '여우의 신포도'처럼 부러움을 돌려 말한 것일 뿐이다. 국내 대기업에서 임원에 오르려면 평균 129대 1의 경쟁률을 뚫어야 한다. 어렵게 임원이 돼도 5년, 치열한 경쟁을 뚫고 사장이 돼도 3~4년이라는 이야기다.

모 대기업의 임원 K는 "나는 학력도, 인맥도 내세울 게 없었다. 그렇기 때문에 더 많은 노력이 필요했다. 사람들 술자리 쫓아다니며 하는 줄타기는 줄 한번 잘못 타면 오히려 마이너스다. 내가 속한 업종의 트렌드를 공부하며 차근차근 준비하니 어느 순간 어떻게 해야 할지가 눈에 보이더라. 조직의 지향, 업계의 동향이 보이면서 임원 인사 때마다 내 촉이 맞았고, 준비해야 할 사항도 선명해졌다. 줄타기, 아부도 하지 않으면서 매번 승진의 앞줄에 설 수 있었다. 다음 단계에 필요한 역량을 차근차근 준비한 게 나의 성공 비결"이라고 털어놨다.

창업이 어려운가, 수성이 어려운가. 이는 역사상 오래된 논쟁이다. 중국 역사상 최고의 황제로 평가받는 당태종은 이 같은 이슈를 공개적으로 논쟁에 부친 바 있다. 개국 공신 방현령은 "강한 적을 상대로 어려운 상태에서 목숨을 걸고 싸워야 하니 창업이 당연히 어렵다"라고 말한다. 그러자 위징은 "제왕帝王의 자리를 얻고 나면 자신의 뜻대로 모든 것이 이루어지기 때문에 교만과 방자에 빠지기 쉽습니다. 백성들은 안정을 꾀하지만 늘 성곽 공사 등 부역을 시킵니다. 나라가 쇠퇴해 멸망의 길을 걷는 이유는 언제나 이곳에서 나옵니다. 이렇게 살펴본다면, 이미 이룩한 창업創業 이후 나라를 지키는 수성守成이 더 어렵다고 할 것입니다"라고 반박하며 논쟁의 날을 세운다. 이에 대해 당태종은 "방현령은 죽을 고비 넘어가며 전쟁통을 겪어 낸 개국 공신이고, 위징은 안정기에 신임 등용된 관리형 신하이기 때문에" 각각 자신들의 입장에 따른 차이라고 정리한다.[4]

창업과 수성을 오늘날에는 어떻게 적용할 수 있을까? 창업은 기업가 정신, 수성은 조직 관리로 볼 수 있다. 창업을 문자 그대로 '창업하는 것'으로 볼 수도 있겠다. 또는 승진이 창업을 의미한다면 수성은 장수하는 것을 의미할 수도 있다. 앞의 여러 조사 결과를 보면 승진도 힘들지만 수성은 그보다 더 힘들다는 사실을 알 수 있다. 오죽하면 빨리 내보내고 싶은 사람이 있으면 임원으로 조기 승진을 시켜 내보낸다는 속설도 있겠는가.

멈춰야
비로소 보인다

다시 당태종 때의 이야기로 돌아가 보자. 당태종은 그렇다면 수성을 하기 위해 어떤 결론을 내리고 실행에 옮겼을까. 신하들의 갑론을박 끝에 내린 그의 결론은 오늘날에도 시사적이다.

"창업의 고통과 어려움은 과거의 일이다. 그러나 수성의 어려움은 마땅히 그대들과 함께 신중하게 생각해야만 하는 현재의 일이다"라며, 수성의 관건인 자기 관리를 위해 직언하는 신하를 가까이 두고, 그들의 말을 기꺼이 수용하며 자기 혁신을 꾀했다. 즉 직언 시스템을 가동해 지속 가능 경영을 꾀한 것이다.

정상에 오르기 위해 필요한 성공 DNA는 실력, 노력, 체력이다. 수성의 DNA는 다르다. 그것은 자기 관리 능력이다. 수성의 관건은 교만, 욕심의 덫에 빠지지 않도록 자기를 통제하는 윤리력과도 통한다. 정상을 오르는 과정에서 액셀러레이터로 작용한 실력, 노력, 체력을 잘못 가동하면 브레이크 없는 자동차가 될 수 있다는 이야기다. 정상에 오르는 단계에서는 '멈추면 죽는다'가 통했다면 수성의 단계에서는 '멈춰야 비로소 보인다'로 패러다임을 바꿔야 한다. 액셀러레이터뿐 아니라 브레이크를 종종 잡아야 한다. 오르는 단계에서는 경쟁자가 외부 환경에만 존재했다. 수성의 단계에서는 나, 내부 환경이 더 위협적인 경우가 많다. 남의 발에 걸려 넘어지는 것은 조심하고 경계할 수 있다. 넘어져도 찰과상이다. 그러나 내 발을 헛디뎌 낙상을 당하면 대형 사고다.

장수 CEO들은 바로 이 같은 낙상을 당하지 않는다. 그러기 위해 이들은 어떻게 대비하는가. 장수 임원을 넘어 장수 CEO를 하는 사람의 DNA는 무엇이 다를까. 공력 20년 넘게 직업이 사장이라는 이들의 이야기를 들어 봤다. 다음과 같은 질문을 던져 긍정적 대답을 얻는다면 당신은 장수 CEO의 자질을 갖춘 것이다.

이해관계자의 기대 사항을 고려하는가?

아무리 좋은 아이디어와 실행 사항이라도 이해관계자의 지원을 얻지 못하면 말짱 황이다. 모 기업의 회장이 장학 재단 설립 아이디어에 대한 조언을 구하기 위해 선배 경영자들을 찾았다. 그때 한결같이 '스테이크 홀더(조직에 직접적으로 연결돼 경제적인 이해관계를 갖거나 조직의 의사 결정에 영향을 받는 사람들) 등의 이해관계자에게 동의를 구하고 충분히 설명했는가'라는 답이 나왔다. 역사 속의 개혁파들을 살펴보라. 정책의 기치가 나빠서 실패한 개혁파는 없었다. 늘 이해관계자와 기득권의 저항, 이들을 향한 설득 실패가 원인이었다. 한 경영자는 "변화해야 하지만, 함부로 변화해도 좌초합니다. 모두는 아니더라도 핵심 이해관계자만큼은 포섭해 놓고 시작해야 하지요"라고 말했다. 패가 좋은 것만으로는 부족하다. 먼저 판을 깔아 놓고 시작할 줄 알아야 한다.

철학을 가졌는가?

철학을 가진 리더가 장수한다. 숫자가 인격인 조직에서 성과를 내는 것, 맞다. 모든 리더의 실력은 실적으로 평가받는다. 장수 경영자들은 '무엇을 해야 하는지' 못지않게 '왜 해야 하는지', '어떤 회사를 만들고 싶은지', '어떤 리더로 기억되고 싶은지'를 성찰하고자 한다.

철강업계의 P 사장은 "리더란 등불이다"라고 주장한다. 리더가 든 등불을 보고 직원은 쫓아오게 돼 있다는 이야기다. 그는 예전에는 직원이 자신의 마음에 안 들거나 실적이 안 오르면 사무실의 문짝이 남아나지 않을 정도로 박차고 나갈 정도로 다혈질이었다고 한다. 자신이 되고 싶은 리더상을 성찰하고 명상하면서 열정과 욕심을 조금씩 구분하게 됐다고 고백한다. 성과를 목표가 아니라 결과로 삼을 때 역설적으로 성과는 향상되더라는 이야기다.

철학 있는 리더가 오래간다. 리더를 자리로 받아들일 때 정상은 '영향력 발휘의 수단'이 아니라 '잃으면 안 되는' 집착의 대상으로 변한다. '나는 어떤 사람인가, 우리는 무엇을 파는가, 고객에게 어떤 가치를 주는가'를 질문하라. 장수 CEO는 '무엇을 해야 하는지'에 앞서 '왜 해야 하는지'를 질문하고 자신을 설득한다. 어떤 리더로 기억되고 싶은가. 이 질문을 가슴에 안고 임하는가. 그렇다면 그것이 곧 사장철학이다.

역할과 상황에 맞춰 변신할 줄 아는가?

앞에서 지적한 조건의 철학이 가치관의 체體라면 변신은 용用이다. 리더로서 변화를 자신의 정체성 변질 내지는 위선으로 인식할 때 운신의 폭은 좁아진다. 유통업계에서 전시 컨벤션 분야까지 두루 거친 H 사장은 "사장은 배우다"라고 주장한다. 다중성격자와 역할 적응은 다르다.

"배우는 작품에 따라 다양한 역할을 맡지요. 리더도 그렇습니다. 조직 상황에 따라 다양한 역할을 해낼 수 있는 리더가 돼야 합니다."

한마디로 리더십은 쇼맨십과 종이 한 장 차이라는 주장이다. 배우는 관객을 감동시키는 연기를 해야 하는 것은 기본이고, 역할에 따라 웃게도 슬프게도 해야 한다. 리더도 마찬가지다. 때로는 속을 내비치며 호소해야 하고, 때로는 속을 감추고 냉혹한 척도 해야 한다. 겁나고 두려운 위기 상황에서 자신감을 가장하며 독려해야 할 때도 있다.

장수 리더들은 자기에게 편한 방식만을 고집하기보다 상황에 맞는 변신을 두려워하지 않는다. 과거에 고수했던 자신의 리더십 방식이 편안하고 검증된 것이라 할지라도, 새로운 상황에서는 틀릴 수 있고 통하지 않을 수 있다는 것을 염두에 둔다. 비록 불편하고 가식 내지는 위선처럼 느껴질지라도 카멜레온처럼 변화할 용기를 갖는 것이 장수 리더십의 DNA다.

자기 관리를 위한 피드백을 받고 있는가?

'나를 비춰 볼 거울을 갖고 있는가'라는 비유적 표현도 가능하다. 고도高度일수록 고도孤度가 높다. 자신의 말에 찬동하는 메아리만 울리고 들린다. 조직도 마찬가지다. 정상에 서면 '만사 패스'로, 나를 통제하거나 제어할 사람이 적어진다. 리더가 사장 자리를 그만둘 때 땅을 치고 후회하며 하는 말이 무엇인지 아는가.

"왜 진작 그 말을 해 주지 않았는가"

한마디로 자신이 헛똑똑이였다는 자성이다.

수성을 잘하는 지속 가능 리더는 직언하지 않는 직원을 원망하기보다 피드백 받는 것을 제도화한다. 당신은 어떤 피드백 시스템을 마련했는가. 바른 소리를 서슴지 않고 해 줄 참모나 멘토, 코치를 몇 명이나 두고 있는가. 말이 아닌 시스템으로 어떻게 구축했는가. 직언하는 참모를 쌩하게 무시하지 않고 구체적으로 격려하고 포상해 준 샘플을 보여 준 적이 있는가. 그것이 바로 장수 리더십 가동의 첫 발짝이다.

고독 타임을 확보하고 있는가?

모 호텔의 J 사장은 "세상살이가 팍팍하고 고단하게 느껴지면 다산서원과 같이 우리 역사에서 선비들의 혼이 깃든 곳에 다녀온다"라고 말한다.

"과연 그분들이 내 옆에 계시다면 어떤 조언을 들려 줄 것인가 묵념하며 깊이 생각에 잠기지요. 그러면 거짓말처럼 정신이 맑아지며 해답을 얻습니다. 잠시 동안 욕심으로 탁해진 마음도 정화되고요."

대상이 조상이든 신이든, 이들은 영혼과의 대화를 통해 직관적인 판단력을 구하는 것이다. 금융업계의 K 사장은 자신만의 비망록을 작성한다고 한다. 글을 쓰면서 마음이 가라앉고 생각이 정리되는 기분을 느낄 수 있어서다. 힘들 때는 물론 기쁠 때도 이른바 '해피 노트'라는 이름의 비망록을 작성한다. 힘들어서 억장이 무너졌던 일 또는 흐뭇했던 일을 읽기도 하고 쓰기도 한다. 당장은 분노가 치솟거나 힘들었던 일이라도, 몇 달 지나서 읽어 보면 '뭐 그 정도 일 갖고 그랬나…' 하는 자성의 마음이 들기도 해 고독의 치유 효과는 물론 예방 효과도 작지 않다. 금융업계의 Y 사장은 기독교 신자임에도 불구하고 아침마다 108배를 한다. 108배를 하며 좋은 점은 건강을 떠나 자신의 감정을 절제하게 되는 것이라고 한다. 몸의 필라테스뿐 아니라 영혼의 필라테스가 된다는 고백이다.

"처음 내게 108배를 권해 준 분이 절 하나하나에 의미를 부여하라고 하더군요. 나를 위해, 내가 사랑하는 사람을 위해, 심지어는 내가 미워하는 사람을 위해 절하라는 거예요. 처음에는 숫자 세는 데 급급했는데, 하면 할수록 익숙해지고 정말 그들을 위해서도 기도하게 되더군요. 우선 나타나는 가장 큰 효과는 화를 덜 낸다는 말을 듣게 된 것입니다.”

모 글로벌 기업의 H 사장은 지금껏 신입 사원증을 보관하고 있다. 힘들고 애꿎은 지경에 처할 때면, 그 신입 사원증을 보며 그 시절의 초심을 되새기고 각오와 결심을 다진다.

당신이 벤처 투자가라면 다음의 두 유형 중 누구에게 투자하겠는가. A 사장은 월화수목금금금 모니터를 뚫어지게 보며 쉼 없이 일하고 빡빡한 일정을 부지런히 관리한다. B 사장은 자신만의 고독 타임을 확보해 일주일에 반나절 정도는 비워 두고 두루 생각할 자신만의 시간을 가진다.

짐작하듯 답은 B 사장이다. 창밖을 바라볼 시간을 가진다는 것은 한 걸음 물러서서 바라보는 성찰의 시간이 있다는 뜻이고, 무엇이 정말로 중요한 것인지에 대해 다른 각도에서 여러 관점으로 살펴보려는 노력을 하고 있다는 의미이기 때문이다. 하버드대 경영대학원의 교수인 조지프 바다라코는 대학에서 만난 100여 명의 기업인을 인터뷰하고 위대한 인물들의 일기와 기록을 심층 연구한 결과, 성공한 사람들은 “모자이크 성찰”을 활용하고 있다는 사실을 알게 됐다고 밝힌다. 모자이크란 바쁜 일상생활 속에서 틈틈이 시간을 내 다양한 방법으로 성찰하는 것을 의미한다. 즉 성찰의 시간이 있어야 통찰의 시간을 확보할 수 있다.

작고한 전 문화부장관 이어령은 ‘비즈니스맨’이라는 영어보다 ‘기업가企業家'라는 우리말이 한층 더 적합하다고 지적한 바 있다. '企'라는 글자 그대로 사람人이 멈춰止 서서 성찰하는 의미를 가진 반면, 비즈니스맨은 말 그대로 '비지busy'하게 동분서주 황망하기 때문이라는 설명이다. 부정적인 고독으로 방전되기보다 긍정적인 고독으로 충전하는 게 역전의 방법이다. 과거에 오랑캐를 막는 방법은 이이제이以夷制夷, 즉 오랑캐로 오랑캐를 다스리는 방법이었다. 고독을 다스리는 방법은 고독을 피하는 것이 아니라 고독 속으로 달려 나가는 것이다. 공자나 예수나 모두 성인이 된 데는 '광야의 고독'이라는 수련 기간이 있었다. 차라리 고독을 자기 수련의 시간으로 삼아 단련했다. 장수 경영자는 상황을 관찰하고, 자신을 성찰하고, 미래를 통찰하고자 노력한다는 것이 공통점이다.

중국의 고대 시가 모음집인 《시경》의 〈탕蕩〉이라는 시에 '미불유초 선극유종靡不有初 鮮克有終'이라는 구절이 있다. 누구나 시작은 잘할 수 있지만, 끝까지 해내는 사람은 많지 않다는 뜻이다. 수성의 단계로 진입하면 '멈추면 죽는다'에서 '멈추면 비로소 보이는 것들'로 패러다임 전환을 하라. 그래야 미래를 통찰하게 되고, 상황에 따른 역할을 관찰하게 되고, 자신을 성찰하게 된다.

전략은
전력에서 나온다

우리는 위기 타파를 생각하면 전략을 세울 생각부터 한다. 그러나 고수 사장들이 말하는 것은 의외로 전략수립이 아니다. 전략은 스마트함보다 우직함으로 귀결된다. 전략은 온 정성을 기울여 될 때까지 노력하는 전투력全力, 그리고 현재의 한계를 반전해 현실을 재해석하는 전력轉力, 그리고 하나에 집중하는 전력專力에서 나온다.

대표적인 예가 인디언 기우제다. 인디언이 기우제를 올리기만 하면 반드시 비가 오는 이유를 아는가? 바로 비가 올 때까지 기우제를 올리기 때문이다. 사람들은 기우제를 지낸 후 비가 오는 '행운'에만 주목한다. 비가 올 때까지 간절히 정성껏 기도한 노력은 읽지 못한다. 사장의 용기는 기우제를 지내는 인디언 추장과도 같다. 특별한 두뇌보다 필요한 것은 '안 되면 될 때까지' 버티고 전력을 다해 밀어붙이는 지구력이다. 전략보다 시급한 것은 전력을 다하는 것이다.

전력轉力은 의미 부여, 관점 전환을 잘하는 것이다. 산꼭대기까지 바위를 밀고 올라가지만 산꼭대기가 뾰족해 바위가 늘 다시 굴러 내려가 같은 일을 반복해야 하는 '시지푸스의 바위' 같은 운명. 듣기만 해도 얼마나 가슴이 무거운 천형의 고통인가. 성공한 이들은 관점을 즉각 전환하는 능력을 가졌다. 예컨대 "그 무거운 바위를 밀고 올라갔다 내려갔다 하면 체력 단련에 좋겠는걸"이라고 해석한다.

고개에서 넘어지면 삼 년밖에 못 사는 횡액을 당한다는 삼년고개 전설을 생각해 보라. 보통 사람들에게 삼년고개는 불운의 상징이었다. '계속 넘어지고 구르면 3년, 6년, 9년… 무한대로 장수하게 되는 것 아니야?'로 생각이 바뀌자 행운의 상징이 되고, 장수의 비결이 됐다. 다윗과 골리앗의 싸움도 그렇지 않은가. 다윗은 골리앗의 거대한 체격에 겁을 먹는 보통 사람들과 달리 자신의 주특기인 돌팔매의 과녁이 커진다고 생각했기에 자신감을 갖고 당당히 대결할 수 있었다.

빅데이터보다 중요한 것은
해석 능력이다

개발하는 금융 상품마다 계속 히트를 낸 L 부행장이 있다. 그의 히트 상품 비결 역시 전력, 관점 전환이었다. 2002년 월드컵 때의 이야기다. 월드컵은 원래 은행 상품 판매에는 암초였다. 사람들이 축구 경기를 보느라 거리로, 경기장으로 몰리는 바람에 은행을 찾을 겨를이 없었기 때문이었다. 다른 직원들은 그런 상황에 불평만 하며 손을 놓고 있었다. 그는 이를 역이용해 은행권 최초로 레포츠 상품을 개발했다. 그는 거리 응원이 벌어지는 곳마다 찾아가 태극기를 나눠 주며 홍보했고, 유명 스포츠 스타를 1등으로 가입시켰다. 결국 판매 개시 2주 만에 1조 원을 돌파하는 판매액을 올릴 수 있었다. 사람들이 스포츠 경기를 보느라 은행에 오지 않는다고 생각해 오기만을 기다리면 좌판 벌인 채로 파리를 날릴 수밖에 없다. 하지만 '사람들이 한꺼번에 몰려 있는 곳은 어디일까. 그것이 기회야'라고 한계를 전복시켜 기회로 바꾸니 답이 보인 것이다.

흔히 우리는 데이터를 기반으로 한 '팩트'가 문제 해결의 답을 준다고 생각한다. 대용량의 슈퍼컴퓨터와 빅 데이터 못지않게 필요한 것은 해석 능력이다. 날카로운 전략은 데이터에서 나오는 것이 아니라 이리저리 뜯어보며 생각을 바꿔 보는 데서 나온다. 바이브컴퍼니 부사장 송길영이 강연에서 한 이야기가 있다. 빅 데이터에 기반해 보니 6개월 내 조기 퇴직하는 신입 사원들의 공통점은 무엇이었을까? 상사 불만, 조직 불만, 그것보다 중요한 것은 장거리 출퇴근이었다. 중요 포인트는 그 다음이다. 이 데이터를 인사 담당자들에게 이야기했을 때 그들의 반응은 어땠을까?

"조기 퇴직을 막으려면 통근 시간이 1.5시간 이상인 출퇴근자는 뽑지 말아야 하겠군요."

반면 최고 경영자들에게 똑같은 이야기를 하니 답이 전혀 달랐다.

"통근 거리 때문에 인재를 놓칠 수는 없지요. 회사 옆에 기숙사나 숙직실을 지어서라도 인재를 붙잡아야지요."

자, 팩트보다 중요한 것은 해석이라는 말이 실감이 나는가. 시각과 관점을 바꾸면 같은 팩트를 다르게 해석할 수 있다. 전력과 전력을 다해 궁한 것을 통하게 하라. 팩트를 팩트 그대로만 보면 문제 방어가 되지만, 뒤집어서 보는 문제 해결로 보는 전력轉力, 네 일과 하늘의 일을 걱정하기보다 내 일에 집중하는 전력全力을 기울이는 것이야말로 사장의 용기이고 내공이다.

업무 소통법:
명료하게 지시하라

사장이 전력을 다해야 할 부분 중 절대 간과해서는 안 되는 것이 소통이다. 내 일에 집중하는 전력이 사장의 내공이라고 해서, 자기 생각에만 함몰돼서는 안 된다. 조직은 리더 한 사람이 아니라, 여러 사람이 이끌어 가는 것이기 때문이다.

소통에도 중용이 필요하다. 과유불급, 지나쳐서도 모자라서도 문제다. 지나치면 쇽shock통이 되고 모자라면 소小통이 된다. 과연 조직 소통의 황금 비율은 무엇일까? 조직 소통은 크게 업무적 소통, 창조적 소통, 정서적 소통으로 구분할 수 있다. 업무적 소통은 정보 공유 등 업무 성과 향상을 위해 필요한 소통이다. 창조적 소통은 아이디어 제안 등 창조적 성과를 내기 위한 소통이다. 정서적 소통은 인간관계에 초점을 둔 것이다. 이 '3대 소통'이 세 바퀴가 돼 굴러가야 한다.

리더는 콩 주머니 게임을
하지 않는다

업무적 소통부터 알아보자. 업무적 소통을 잘하기 위해 명심해야 할 것은 선택과 집중이다. 지시를 잘하는 리더는 농구 게임을 하지, 결코 마구 많이 던져 '맞으면 좋고, 안 맞으면 할 수 없고'의 '콩 주머니 경기'를 하지 않는다. 농구는 큰 공을 정확하게 골대에 넣으려고 하는 반면, 콩 주머니 경기는 마구잡이로 콩 주머니를 던져 몇 개가 바구니를 맞혔는지 상대는커녕 본인도 가늠하지 못한다. 기억할 수 있는 만큼의 공을 던져라. 그리고 공이 목표를 맞히고 있는지 반드시 진행 사항을 추적하고 못 맞힌 공에 대해서는 그 이유를 체크하라.

리더의 신념과 역량은 거창한 것이 아니다. 리더의 지시에서도 드러난다. 아무리 마음 착하고 잘해 주는 리더, 혹은 원대한 비전의 리더라도 수시로 방향과 방침을 바꿔 혼란스럽게 하면 직원은 회의한다. 상충하는 업무를 한꺼번에 지시하거나, 지시를 자주 번복하는 경우가 이에 해당한다.

상황의 급변에 따른 임기응변의 변경 조치는 필요하다. 하지만 부하를 헷갈리게 하는 잦은 조변석개식 변경은 리더가 생각 없이, 큰 그림 없이 지시를 내렸다는 사실을 입증한다. 그것은 임기응변이 아니라 변덕이고 무전략이다. 모 건설업의 L 사장이 실행의 고수라는 명성을 얻게 된 것은 엄청난 아이디어를 내서가 아니었다. 전임 사장이 아이디어를 수렴하고 서랍 속에 묵힌 것을 검토해 실행한 데 있었다.

경영학의 구루 피터 드러커에게 한 사람이 "경영자나 관리자가 업무를 잘하는지 알려면 어떤 질문을 해야 합니까"라고 물었다. 그는 "지난 두 달 동안 어떤 업무를 중단하도록 했는지 묻고 싶습니다"라고 답했다. 중단은 가장 중요한 선택이자 전략적 의사 결정이다. 어떤 업무를 더 시키고 추가할지 고민하기 전에 무엇을 뺄지 더 고민해 보라. 내공 있는 사장은 결코 생각 없이 불쑥 지시를 내리거나 일정을 마구 바꾸지 않는 법이다.

창조 소통법: 심리적 안전감을 바탕으로 함께하라

다음으로 창조적 소통은 구성원이 열정을 갖고 자신의 일에 몰입하게 할 수 있느냐에서 성공 여부가 갈린다. 영화감독 우디 앨런의 〈로마 위드 러브〉에는 재밌는 에피소드가 등장한다. 은퇴한 오페라 감독 제리는 평범한 예비 사돈 레오폴도가 샤워하면서 부르는 아리아를 우연히 듣고, 보통 솜씨가 아니라는 사실을 발견한다. 문제는 그가 공개 오디션에서는 실력을 발휘하지 못한다는 점이다. 오직 '샤워실'에서만 제 실력을 발휘할 수 있다. 결국 제리는 무대 위에 샤워실을 설치하고 그 안에 들어가 샤워하며 노래를 부르게 한다.

현실에서도 그렇다. 혼자 있을 때는 잘만 하다가 여러 사람 앞에서는 첫음절부터 삑사리를 내는 경험을 한 번쯤 해 본 적 있을 것이다. 못 부르면 어쩌나 하는 두려움과 부끄러움. 이는 직장 내 심리적 안전감과도 통한다. 사장이라면 바로 이 같은 마음을 읽어 줄 필요가 있다. 수줍음과 두려움을 느끼는 직원에게 이를 줄여 주는 '샤워실 장치'를 마련해 줄 때 창조적 소통을 할 수 있다. 예를 들면 내향적인 직원을 위해 공개 발언 대신 포스트잇을 통한 아이디어 발표회를 여는 것 등이 해당한다. 또한 익명으로 제안을 해 주는 시스템도 고려해 볼 필요가 있다.

참여의 효과를 보여 주는 실험이 있다. 미국 올버니 대학의 마크 무레이븐 교수가 한 실험이다. 갓 구운 따뜻한 쿠키를 놓고 한 팀에게는 "무조건 5분간 먹지 말라"라는 강압적 명령을 했다. 또 다른 팀에게는 실험 참가자에 대한 감사를 표하며 "이 실험을 더 효과적으로 진행할 만한 제안이 있으면 말해 달라"라고 적극적인 도움과 피드백을 요청했다. 그러고서 의지력을 실험하는 까다로운 컴퓨터 테스트를 실시했다. 친절한 대접을 받은 후자의 팀은 컴퓨터 테스트를 무난하게 해내며 12분간이나 집중력을 유지했다. 반면에 강압적 명령을 받은 전자의 팀은 실력이 엉망이었다. 두 팀의 결정적 차이는 자기 결정력이었다. 아무런 자율권도 없이 명령에 따르는 '대리인'이라는 의식이 전자 팀의 의지를 약화시킨 것이다.[5]

사장이 미리 심중에 정해 놓은 일방적 지시는 직원을 시늉하게 할 뿐 참여하게 하지 않는다. 사람들은 사장이 한 말은 '사장의 책임'이라는 말과 동의어로 받아들인다. 직원의 행동을 바꾸는 유일한 방법은 바로 그들을 참여시키는 것이다. 숟가락 하나 더 올리는 것이 아니라 밥상을 같이 들게 해야 한다. 참여를 통해 같이 가야 가치가 발생한다.

리더는 갈채만 받으면
좋은 결정을 하지 못한다

어떻게 직원의 참여를 북돋울 것인가. 많은 사장이 직원들에게 패기가 없다고 회의 시간에 입에 지퍼를 잠가 둔다고 말한다. 창조적 소통을 잘하는 리더들의 공통점은 부하가 의견을 낼 수 있도록 조직에 환경을 조성해 준다는 것이다. 노래방의 환경, 즉 '안전지대'를 만들어 준다. 다양한 의견을 구한다는 것은 바꿔 말해 반대 의견을 수용한다는 것이 핵심이다.

인간의 감정에 희로애락이 있다고 하지만 가장 강력한 감정은 두려움이다. '나의 의견이 상사와 어긋나 미운털이 박히면 어떻게 하지, 이미 정해진 결론인데 내가 괜히 지체하게 하면 어떻게 하지, 괜히 긁어 부스럼이라고 해 동료들의 무시를 받으면 어쩌나, 발표한 사람이 모두 책임지고 실행하라고 해 덤터기 쓰면 어떻게 하지' 등 직원이 가질 두려움의 스펙트럼은 넓다. 사장이 진정 1인분 원맨쇼가 아니라 10인분, 부분의 합 이상의 아이디어와 제안을 기대한다는 진정성을 보여 주기 위해서는 어떻게 해야 하는가? 가장 먼저 해야 할 일은 그들이 느낄 두려움을 치워 심리적 안전지대를 마련해 주는 일이다. 반대와 다름으로 인한 후폭풍이 없음을 보장해야 한다. 말이 아닌 행동으로 보여 주는 것이다.

직언을 조장하기 위해 직언파 직원을 중용하는 것 이상의 처방은 없다. 자산 관리 전문 그룹의 M 회장은 회의 때마다 늘 바른 말을 하는 A 부장을 임원으로 승진시켰다. 워낙 바른 말을 많이 하다 보니 내부에서 안티도 적지 않아 그 인사에 대해 반대도 많았다. M 회장은 승진을 강행했다.

"직언을 하는 사람이 눈엣가시가 아니라, 입안의 혀 같은 사람이 오히려 문제라고 제가 수천 번 이야기한다고 믿겠습니까. 차라리 한 번의 인사가 더 직격 효과를 발휘하지요. 솔직히 저도 A 부장을 좋아하고 편하게 여긴 것은 아니었습니다. 하지만 '직언이 대우받는다'는 선언적 의미에서라도 승진을 시켰지요. 그런데 기대 이상으로 파급 효과가 좋았습니다. 역시 말보다 실천이더군요."

당신은 직원의 직언에 마음속으로 불편한가. 자꾸 직언에 트림이 나오는가. 그렇다면 경영의 구루 피터 드러커의 말에 귀를 기울여 보라. 피터 드러커는 "리더는 칭찬을 받으면 좋은 결정을 내리지 못한다. 오히려 상반된 의견을 듣고 토론을 나누고 여러 대안을 모두 모색해야 제대로 된 결정을 내릴 수 있다. 의사 결정의 첫 번째 규칙은 반대 의견이 없는 결정을 내려서는 안 된다는 것이다"라고 말한다. 반대 발언이 눈치 보며 꼬리 내리지 않고 활성화되려면, 직언한 사람이 여러 면에서 피해 보지 않고 오히려 중용되는 가시적인 조치와 스토리가 필요하다. 주변에 인재가 있는지를 어떻게 아느냐고 묻는 연나라 소왕에게 곽외는 간단하게 답한다. 인재를 대우하는 모습을 보여 주면, 인재는 자연스레 모여들기 마련이라고. 어떻게 하면 직언을 권장할 수 있는가에 대한 대답도 마찬가지다. 직언한 사람이 불리한 상황에 처하기는커녕 잘되게 해 주면 된다.

사장의 내공은 좋은 소식보다 나쁜 소식을 제일 먼저 들을 때 깊어진다. 그것 자체가 내공의 반영이다. '나쁜 소식을 알리는 사람은 나쁜 사람'이라는 미신을 갖고 직언파와 고언파를 멀리할 때, 메신저와 메시지를 동일시할 때, 조직에는 허점이 많아진다. 자신을 보호하기 위해서라도, 혹시 있을지 모르는 위험에 대해 알려 줄 수 있는 사람을 조언자로 둬야 한다. 이런 부하들과 돈독한 관계를 맺어 두면, 당신에 대한 나쁜 정보를 방어해 주는 일종의 보호막을 갖게 되는 효과가 있다. 심리학자들은 이 보호막을 '친선 각서'라고 부른다. 이 각서를 주고받은 사람은 당신 앞에서는 직언을 서슴지 않더라도, 뒤에서 누군가 당신을 비방하면 당신을 보호하기 위해 나선다. 앞에서 직언하고, 뒤에서 보호하는 이들이 진정한 충신이다. 한비자는 일정한 위치에 있는 사람이 군주의 눈치를 살피느라 가만히 침묵하며 자신의 생각을 분명히 밝히지 않으면 페널티를 주라고까지 했다. 직언을 거침없이 할 수 있도록 하기 위해서는 '직언자 우대' 방침이 시스템화돼야 한다. 부하 직원의 적극적 수용과 무기력한 침묵은 다르다.

실제로 성공한 리더에게는 '직언 조직'이 있다. 직언이 어렵고 불편한 것은 듣는 당신뿐 아니라 말하는 부하가 더하다. 사람들은 기본적으로 권위에 약하고 다수의 여론에 휩쓸리는 성향이 있다. 그렇기 때문에 리더가 직언을 장려하는 제도적 장치나 시스템을 만들어 놓지 않고 억지로 하라고만 하면 진정성 없는 제스처가 되기 쉽다. "누가 감히 사장의 말에 반기를 드나" 하고 내심 괘씸하게 생각하지는 않는가. 리더의 결정에 도전할 수 있는 직언과 토론의 문화는 시대가 만드는 것이 아니라 리더가 만든다. 군주제 시대든 민주주의 시대든, 조직 운영을 잘한 리더들의 공통점은 리더의 결정에 도전할 수 있는 직언 조직을 만들었다는 점이다. 불편하지만 수용하라. 비판을 편하게 느낄 수는 없지만 적어도 익숙해지는 정도에는 이르는 것, 그것이 사장의 힘이다.

이들은 자신의 독단적 결정에 도전할 수 있는 문화를 제도적으로 육성하고 진심으로 격려했기 때문에 창조적으로 소통하고, 늘 조직의 위기에 대한 조기 경보 시스템을 켜 놓을 수 있었다. 직원의 직언이 가장 확실한 경영 자문인 셈이다.

직원이 반대를 표현하기 힘들어한다면, 제도화해서라도 직언을 들어라. 잘못된 방향으로 가고 있을 때 누군가 나서서 거침없이 한마디할 수 있어야 조직의 분위기는 살고, 그것은 조기의 수익 증대로 이어진다. 상비군을 만들고, 역할을 맡기고, 시간을 만들고, 반대 의견을 나눌 수 있는 별도의 '소도蘇塗' 공간을 만들라. 반대의 역할 놀이를 즐길 수 있도록 하라. 내부에서 반대의 담금질을 세게, 거칠게 당할수록 주장은 미리 걸러져, 허점을 보완하고 합리적 의사 결정을 내릴 확률이 높아진다. 방 안의 코끼리를 치우지 않은 채로는 숨통 트이는 창조적 소통은 백년하청이다.

정서 소통법:
감정보다 평정이다

리더가 흘리지 말아야 할 것은? 우리 사회에서는 아직도 리더의 눈물을 경계한다. 감정의 표현에 대한 경계다. 요즘 리더들이 공식 석상에서 '눈물짓는' 모습을 자주 연출하는 것은 아마도 감성 리더십의 유행 탓도 클 것이다.

진품 명품 감성 리더십은 과연 무엇일까. 감성 리더십의 전도사 다니엘 골먼은 평범한 리더와 비교했을 때 각 조직에서 뛰어난 리더의 다섯 가지 특징이 무엇인지 해당 기업 고위 관리자들에게서 뽑아냈다. 바로 자기 인식, 자기 조절, 동기 부여 능력, 공감대 형성 능력, 사회적 기술이었다. 주위 환경을 그대로 반영하는 '온도계'가 아닌 주위 상황과 상관없이 늘 상온을 유지하도록 하는 '온도 조절기'라고 할 수 있다. 즉 감정 관리에 성공한 리더가 감성 리더다. 이는 동양의 후흑학厚黑學

과도 통한다. 후흑은 면후面厚와 심흑心黑의 합성어다. 뻔뻔함과 음흉스러움을 의미하지는 않는다. 상황에 따라 자신의 감정을 참아 낼 수 있을 정도로 강인하면서도 유연한 변신이 '얼굴이 두터운 면후'라면 결단을 내릴 때는 인정을 고려하지 않는 냉정함이 '심장이 시커먼 심흑'이라고 할 수 있다.

온도계가 아니라
온도 조절기가 돼라

감정 조절이라고 하면 무조건 죽의 장막을 치고 속 모르게 하라는 이야기로 오해한다. 그보다는 일희일비하는 변덕이나 편애, 어떤 정책에 대한 좋고 싫음을 드러내지 말고 감정의 일관성을 가지라는 말에 가깝다. 고전에서 리더의 변덕을 경계하고 감정 조절을 강조하는 것과 통한다. 감정을 감추기보다는 평정심을 지키는 것에 가깝다.

중국 삼국 시대의 유비와 장비는 도원결의를 맺은 형제였다. 장비는 순수했지만 훌륭한 리더는 못 됐다. 유비는 순수하지 않았지만 훌륭한 리더였다. 그 차이는 감정 통제에서 발생한다. 유비는 명장 조자룡이 아들 유선을 빗발치는 화살 속에서 구해 왔을 때 금지옥엽 아들을 맨발로 뛰어나가 맞아들이기는커녕 "내가 너 때문에 귀한 조자룡 장군을 잃을 뻔했구나"라면서 아들을 바닥에 내동댕이쳤다. 그것을 본 조자룡이 간뇌도지肝腦塗地로 충성을 맹세하게 되는 것이다. 부하를 소중히 한다는 마음을 보여 주기 위한 감정 관리 행위가 아니었겠는가. 유비가 면후심흑面厚深黑의 일인자로 꼽히는 이유는 음험함 때문이 아니라 이 같은 감정 관리의 달인이라는 점에서다. 반면 장비의 말로는 허망하다. 장비는 전사한 의형 관우를 애도하기 위해 사흘 안에 흰색 깃발과 흰 갑옷 10만 벌을 준비하라고 지시했다. 부하들이 그 지시가 너무 촉박하다고 반발하자 이들을 나무에 묶어 50대씩 때렸다. 결국 앙심을 품은 부하 장수인 범강과 장달은 장비가 자는 틈을 타서 그를 죽여 버렸다. 리더는 착한 것만으로는, 으리으리한 의리가 있는 것만으로는 부족하다. 자신의 감정을 관리할 줄 알아야 한다.

조조의 아들 간 후계자 경쟁은 치열했다. 동생인 조식이 솔직한 자유분방파라면 형인 조비는 면후심흑파였다. 조조는 마음속으로 계산하고 신중하게 처신하는 조비를 낙점했다. 연장자에다가 문무를 겸비했다는 요소도 작용했다. 조비는 자신이 책봉됐다는 소식을 듣고 기뻐서 어쩔 줄을 몰랐다. 조비의 어머니 변씨는 궁녀들에게 그 모습을 전해 듣고 대경실색했다. 변씨는 "왕께서 조비를 태자로 책봉하신 것은 아들 중에서 그 아이의 나이가 가장 많기 때문이니 특별히 기뻐할 일이 아니네"라고 말했다. 큰 책임감으로 진중하게 처신해야 하는데 환호하면 자리를 오래 지키기 힘들다는 염려에서였다.

요즘이라고 다르지 않다. 사장의 말과 표정이 미치는 영향력은 크다. 회의에 들어서며 맨 말석에 있는 임원에게 "요즘 잘하고 계시던데요"라고 어깨를 한 번만 두드려 줘도 그 임원의 위상은 기존의 반열에서 격상된다. 사장의 말은 무게가 크다. 진정한 감성 리더십은 마음 조절 능력과 적절히 표현하는 사회적 스킬의 균형이다.

감성 소통은 마냥 유약한 것도 무대책으로 감정을 드러내는 것도 아니다. 감성 소통을 위해서는 감정을 관리하는 조절 능력이 필요하다. 자신의 감정을 생각 없이 노출하지 마라. 상황을 시시각각 생중계하듯 반영하는 온도계 같은 면박심백面薄心白한 리더보다, 상황과 관계없이 늘 한결같이 자신의 감정을 컨트롤하는 온도 조절기 같은 면후심흑한 사장이 돼라. 감정보다 평정을 보여라.

업의 본질을
어떻게 공유할 것인가

모 업체에서 뻐꾸기시계를 국내에 판매하기 위해 수입했을 때의 이야기다. 미리 샘플로 가져와 사내에서 테스트할 때는 반응이 뜨거웠는데 시장에 풀고 나니 의외로 판매가 부진했다. 알고 보니 전자식 시계에 익숙한 요즘, 매일 태엽을 감아야 하는 일은 '수고로움'이었기 때문이었다. 가격이 저렴하고 디자인이 예쁘다는 '외적 조건'만 본 실수였다. 이 같은 결정적 결함(?)에도 단 한 대리점만이 판매에 호조를 보였다. 알아보니 그곳 판매왕 직원의 고객 응대 비결이 남달랐다.

고객들은 디자인과 가격이 마음에 들어 "이 시계 건전지는 어디에 넣어요?" 하고 물었다. 태엽 시계라고 하면 "요즘같이 바쁜 세상에 귀찮아서…" 하며 들었던 시계를 다시 놓으며 돌아섰다. 다른 직원들은 거기에서 끝이었다. 반면에 그 판매왕 직원은 달랐다. "고객님, 혹시 자녀분 있으신가요? 매일 태엽을 감아 주는 일로 하루를 시작하면 좋은 습관이 형성돼 부지런해진다고 해요. 학생을 두셨다면 전자시계보다 오히려 태엽 시계가 훨씬 좋답니다"라고 반전의 멘트를 덧붙였다. '태엽 시계=좋은 습관의 형성'이라는 반전이 고객으로 하여금 '놓았던 시계를 다시 들어' 구매하게끔 한 것이다. 이 판매왕 직원이 스스로를 단지 시계 파는 사람이 아니라 '시계를 통해 좋은 습관을 형성'하도록 돕는 셀프 리더십 컨설턴트라고 의미 부여하고 있었기에 가능한 일이었다.

창조는 기본적으로 세상을 다르게 바라보고 다른 것을 생각할 수 있는 능력을 바탕으로 한다. 똑같은 자갈밭을 건너가는 사람은 많다. 그러나 자갈 자체를 살펴보는 사람은 별로 없다. 100퍼센트 새로운 것은 없다. 깊게 관찰하고 100퍼센트 새롭게 해석해 새로 정의하는 방식이 있을 따름이다. 창조적 사고의 출발점은 나의 일, 고객, 경쟁자를 재정의하는 것이다.

일, 고객, 경쟁자를 재정의한다는 것

망하면 무엇이 남는가. 지금 당신의 회사가 없어지면 세상에 어떤 일이 벌어지고, 어떤 불편함이 생기는가. 업의 본질은 존재 이유다. 존재 이유는 역설적이지만 사멸을 전제로 한다. 가령 건설업계 사장들은 우울한 농담 삼아 이렇게 말하고는 한다.

"제조업은 망하면 공장이라도 남는데 건설업은 망하면 사람과 전화기만 남습니다."

사람과 전화기? 그때 남는 물건들은 무엇을 의미하고 상징하는가. 맨땅에서 재기한다면 어떻게 다시 시작할 수 있겠는가. 가령 건설업의 사람과 전화기로부터는 사람이 가진 인적 자원과 이들이 협업하는 PM(마케팅 관리자)의 리더십과 서로 간의 소통능력이 건설업의 본질이라는 답을 얻을 수 있다.

가령 호텔업의 본질은 무엇일까. 삼성그룹의 전 회장인 이건희가 업의 본질을 담당 임원에게 물어본 일화는 유명하다. 임원이 언론 인터뷰에서 공개한 일화에 따르면[6] 그는 호텔업이 서비스업, 조금 더 생각을 심화하면 부동산업이라고 답했다. 서비스업은 고객 입장에서 생각한 것이고, 부동산업은 초기 투자 기간에는 적자를 보더라도 시간이 갈수록 부동산 가치가 높아져 영업 적자를 부동산 가격 상승으로 커버할 수 있다는 계산에서 생각한 것이었다. 이건희의 답은 장치 산업이었다고 한다. "호텔에 들어가는 비품이 1,300개 정도가 되는데 이걸 얼마나 잘 갖춰 놨느냐에 따라 성패가 좌우된다는 점에서"였다. 업의 본질을 어떻게 정의하느냐에 따라 단순히 서비스를 잘해야 한다는 추상적인 접근에서 한 발 더 나아가 서비스의 구체적이고 명확한 실행 항목이 정해진다.

얼마 전 어린이 교구 및 교재를 만드는 모 기업에 강의를 갔다. 대화 중에 회장이 문득 "우리 회사가 어떤 회사인지 아십니까?" 하고 묻기에 "어린이 교구 업체 아닙니까"라고 반문했다. 그랬더니 그는 다음과 같이 바로잡아 줬다.

"아닙니다. 어린이 교육 업체입니다."

교구 업체와 교육 업체, 글자 한 자 다르지만 어떻게 의미가 다른지를 단박에 느낄 수 있었다. 교구와 교육, 글자 한 자 다를 뿐이지만 교구 업체와 교육 업체 중 어느 것으로 정의를 내리느냐에 따라 고객을 대하는 태도는 하늘과 땅 차이로 달라진다. 교구는 단순히 팔아야 할 물건을 의미하지만, 교육이라는 말에는 영혼을 담아 교육한다는 사명감과 소명 의식이 담겨 있기 때문이다. 교구를 파는 판매 직원이 아니라 교육을 하는 교사라고 스스로 정의 내릴 때 일을 대하는 태도는 물론 일을 하는 방식, 팔아야 할 물건의 내용도 달라질 수밖에 없다.

'아 다르고 어 다르다'라는 속담은 일을 대하는 태도에 그대로 적용되는 말이다. 되는 조직과 안 되는 조직, 될성부른 사장과 될 리 없는 사장은 일의 의미 부여에서 갈린다. 작은 생각의 차이가 큰 성과의 차이를 불러온다. 일의 의미 부여는 '나는 무엇을 파는가'에서 '무엇'을 어떻게 정의 내리느냐에 따라 달라진다. 어떻게 정의하느냐에 따라 같은 일도 노동이 될 수 있고 오락이 될 수 있다.

사장으로서 당신은 당신의 업을 어떻게 정의하고 직원과 공유하는가. 노동이 사명으로 전환되는 것은 해석하기 나름이다. 사고방식이 해석을 바꾸고, 해석이 사고방식을 바꾼다. 나는, 우리는 무엇을 파는가. 즉 자신의 일을 어떻게 정의할 것인가. 고객에게 주는 가치를 분명히 할 수 있는가. 조직뿐 아니라 개인의 차별화를 위해 필요한 일이다.

물건을 파는가, 가치를 파는가? 지금 사장으로서 당신이 구성원과 공유해야 할 것은 일을 하는 세세한 방법보다 일의 의미다. 고객에게 무엇을 파는가. 그것은 고객에게 어떤 가치와 혜택을 주는가. 그 가치가 확실하면 어떤 불황도 뚫고 나갈 수 있다. 우리 회사가 없어진다면 도대체 세상에 어떤 동천경지할 일이 벌어지겠는가? 아니면 꿈쩍도 않고 없어진 것조차 모르며 전혀 불편해하지 않을 것인가?

중국 송나라에 엄동설한에도 손이 얼지 않게 하는 약을 비방祕方으로 전해 내려오는 집이 있었다. 이 집은 대대로 내려오는 이 동상 약의 비방 덕분에 부자가 됐다. 이 소문을 들은 나그네 둘이 은전 100냥을 주고, 요즘 말로 그 약의 비방 저작권을 산다. 이 나그네들은 이 약의 용도를 찬물에 비단 행굴 때만 쓰지 않고 전쟁에 나선 군사들의 동상 방지제로 활용했다. 당시 월나라가 군사를 일으켜 오나라를 공격한 일에서 착안한 것이다. 당시 오나라 군사들은 날씨 탓에 손이 얼어 싸움을 거의 할 수가 없었는데, 이 약을 손에 얻자 한겨울 전투에서 월나라에 대승을 거둔다. 똑같이 '손이 얼지 않는 약'이지만, 송나라 사람과는 다르게 이 두 나그네는 주 고객층을 이동해 동네 부자에 그치지 않고 한 나라의 제후 반열에 오를 수 있었다.

같은 제품인데도 고객을 재정의함에 따라 블루 오션이 될 수도, 레드 오션이 될 수도 있다. 모 신발 업체의 이야기다. 처음에 이 스포츠 업체는 전문 마라토너만을 타깃으로 삼아 마라톤 대회 협찬 등에만 집중하는 마케팅을 펼쳤다. 그러다 보니 전문가용 운동화로만 인식돼 판매율이 답보 상태였다 어느 날, 담당자인 L 상무가 둔치를 걷는데 사람들이 트레이닝복 차림으로 조깅을 하고 있는 게 눈에 들어왔다.

그때 미친 생각이 '우리나라 마라톤 인구가 400만 명으로 많다고 하지만 고작 인구의 8퍼센트 아닌가. 전문 마라토너 말고 그 나머지 고객들 92퍼센트로 눈을 돌리면 어떨까'였다. 생각의 전환이 일반인용으로 디자인된 운동화 개발로 나아갔고 마침내 대박을 터뜨릴 수 있었다. 당신의 고객은 누구인가? 고객을 재정의해 보라.

이와 함께 경쟁자를 재정의해 보라. 경영학의 구루 피터 드러커는 일찍이 고급 자동차의 경쟁자는 동종의 자동차가 아니라 보석과 밍크코트라고 말한 바 있다. 고급 자동차의 고객은 같은 돈으로 운송 수단을 사려는 것이 아니라 위신과 품위를 사고자 하기 때문이다. 요즘 대형 병원들이 서비스를 혁신할 수 있었던 것은 경쟁자를 같은 병원이 아니라 호텔로 정했기 때문이다. 코카콜라는 자신들의 가장 큰 경쟁자는 펩시콜라가 아니라 물이라고 이야기한다. 코카콜라 섭취량은 사람의 총 수분 섭취량의 3퍼센트에 불과하니 경쟁자는 물이라는 이야기다. 경쟁자를 재정의함으로써 콜라를 지속 가능한 사업으로 다시금 의욕을 불어넣을 수 있었다. 경쟁자를 어떻게 정의할 것인가. 얼마나 창조적으로 정의하느냐에 따라 업의 방향과 의미와 의욕이 달라진다. 창조적 행동을 하고 싶다면 일, 고객, 경쟁자를 재정의해 보라.

5장

안정과
변화 사이에서
중심을
잡는 법

사장의 마음가짐

구두끈이 풀린지도 모른 채 앞만 보고 뛴다 한들
1등을 할 수 있을까?
가끔은 내려다보고 구두끈을 점검할 필요가 있을 것이다.

하워드 슐츠(스타벅스 회장)

어차피 후배는
치고 올라올 수밖에 없다

어차피 후배는 치고 올라올 수밖에 없다. 리더는 부하보다 뭐든 더 나아야 한다. 실무뿐만 아니라 포용의 힘, 자신감에서도 그렇다. 조직은 힘의 싸움이다. 힘이란 실력, 배경, 자원 동원의 총합이다. 힘이 밀리면 어차피 리더는 밀려나게 돼 있다. 그러기에 리더는 부단히 자기를 계발하고 힘을 기를 수밖에 없다. 2인자와의 대결 국면에서 가장 중요한 고려 요소는 인품과 신뢰다. 나와 같은 방향을 보느냐, 그 인품을 신뢰하느냐가 함께 갈 것인가 말 것인가의 결정 기준이 된다. 인품이란 그간의 일, 열정, 신뢰 등 데이터가 축적돼 있으니 판단이 나오기 마련이다. 같이 갈 사람이라고 생각하면 일단 솔직한 인간적 대화를 요청할 수밖에 없을 것이다. 말 이외에 실력과 능력에 합당하게 나눠 주는 등의 합당한 분배의 윈윈 과정이 불가피하다. 최선을 다하고

서도 대치 국면이 벌어진다면 그것은 할 수 없다. 하지만 최선을 다하지 않고 대치와 파국으로 향하는 것은 서로 불행하다.

자식도 때가 되면
출가시켜야 한다

최근 소사장제를 도입하고 자회사를 만들어 독립시켰다는 B 사장은 가끔 마음이 쓰라릴 때도 있지만 역시 잘한 일이라는 생각이 든다고 털어놨다. 통장 외에는 다 위임했다는 그는 많이 망설였지만 결론적으로 잘한 결정이었다고 말한다.

"자식도 때가 되면 출가시켜야 할 때가 오지 않습니까. 직원도 마찬가지인 것 같습니다. 붙잡고 있을 수만은 없는 단계가 왔다는 것을 느낄 때가 오더군요. 그냥 나가게 하느니, 내 위성으로라도 일하게 하는 것이 서로 윈윈이지요. 같이 창업해 그동안 150퍼센트 열심히 일해 줬다고 생각했는데 자회사로 독립시켰더니 200퍼센트로 일하더군요. 사람은 견장을 채워 줘야 성과가 올라가더군요. 왜 우리가 용의 꼬리가 되느니 뱀의 머리가 되겠다고 말하지 않습니까. 주도적으로 일해 보고 싶다는 인간의 욕구를 표현한 것이지요."

그는 창업 초기 자신이 가졌던 꿈을 되새겨 봤다고 말했다. 그때를 되돌아보니 "많이 더 빨리 벌자는 게 아니었어요. 나같이 멋진 사장을 카피 앤 페이스트 하고 싶다는 것, 그것이 내 꿈이었더라고요. 그래서 자회사 소사장제를 도입한 것이지요."

이처럼 쿨하고 클린한 자세의 본보기를 기성 조훈현과 이창호의 실화에서 살필 수 있다. 한솥밥 먹어 가며 바둑 천재 이창호를 키운 조훈현이 마침내 그를 라이벌로 맞이하기까지의 마음 다스리기 이야기는 뭉클한 감동을 준다.

"맞아서 안 아픈 사람이 어디 있겠는가. 그래도 제자한테 뺏기는 게 낫다. 내 시대가 백년 천년 가는 것도 아니고. 그 시기가 생각보다 빨리 온 것뿐이다."[1]

바둑에서 "진정한 사은謝恩은 스승을 이기는 것"이라고 하지 않는가. 이왕이면 제자한테 뺏기는 것이 낫다는 마음을 갖는 것만으로도 위협이 한결 위로가 되지 않는가.

모 회사의 임원은 스스로의 조직 생활 신조를 "내가 시기할 정도로 능력 있는 사람을 직원으로 뽑고, 자신을 추월하는 후배를 키우는 것을 성과로 여기고자 노력한다"라고 말한다. 그러니 오히려 자신의 일도 잘되고 부하도 따르더라는 것이다. 쉽지만은 않으나 인위적 노력이라도 기울여 보는 것이 어떤가. 부하, 후배가 경쟁자로 치고 올라오는 상황, 그리 반갑지만은 않은 시나리오이고 흐뭇하지만은 않은 그림이다. 하지만 봄, 여름, 가을, 겨울, 사계절의 법칙처럼 어쩔 수 없는 인간세계의 순리이기도 하다. 이끌든지, 따르든지, 비키든지 세 가지중의 하나다. 모두 실력이 판가름 낼 뿐이다. 당신은 어떻게 생각하는가. 후배가 문득 경쟁자로 느껴질 때 당신의 대처 방법은 무엇인가.

2인자는
괘씸죄의 꼬투리를 조심하라

대상이 조금 다른 이야기지만, 넘버2를 경쟁자로 여기는 리더로부터 살아남을 수 있는 방법도 살펴보자. 얼마 전 W 기업 S 전무의 임원 계약 연장 축하를 할 겸 식사를 했다. 그 회사는 CEO가 여러 번 교체돼 '바람 잘 날이 없는' 곳인데 이 같은 환경에서 살아남은 그가 용했다. 그가 잡초 같은 생명력을 갖고 생존한 비결이 궁금했다. 그의 대답은 의외로 담백했다.

"괘씸죄를 짓지 않은 것입니다. 제가 처음 직장에 취직할 때 아버지께서 신신당부 부탁하신 것이 있었습니다. '네가 회사에서 해야 할 일은 아비인 내가 모른다. 하지만 네가 취해야 할 태도에 대해서는 인생 선배로서 해 줄 말이 있다고 생각한다'라며 '조직에서 괘씸죄를 짓지 말라'고 말씀하셨지요. 회식 자리에서는 늘 문간에 앉고 고기를 구울 때도 네가 제일 먼저 가위와 집게를 잡고 제일 늦게 놓으라고요. 아무리 못나 보여도 절대로 무시하지 말라고요. 참 사소하고 쩨쩨해 보였는데 살아갈수록 조직에서는 진리더군요."

그는 괘씸죄일수록 그 응징은 즉시, 표면적으로 이루어지지 않고 가랑비처럼 젖어들며, 본래 일과 상관없이 유탄으로 날아와 알아차리기 힘들다고 말했다. 드러내 말하자면 치사하지만 그 어떤 대의명분보다 상처는 깊다.

예컨대 밥상, 침상, 책상의 순서를 추월하고 무시하며 직속 상사를 뛰어넘어 권력자(차상위 상사 또는 오너)와 '직거래'를 할 때 상사는 열패감을 느낀다. S 전무는 조직 생활의 산전수전 공중전을 나름 겪으며 느낀 점은 "괘씸죄는 당사자는 모를망정 상대가 놓치는 법은 없더라"라고 나름의 경험 법칙을 이야기했다.

얼핏 유탄처럼 보이지만 알고 보면 표적을 세밀히 노린 직격탄일 가능성이 높다. '뭐 이까짓 것 갖고 이렇게 과민 반응을 보이나' 하는 것을 파고들어 보면 그 저류에는 괘씸죄가 자리하고 있다. 단지 그 일에 즉각 반응하지 않고 삭히고 묵히고 발효해 신중하게 조준하여 발사할 뿐이다. S 전무의 이야기가 이어졌다.

"K는 제 동료 임원이었지요. 성과가 나지 않자 오너 회장이 전문 경영자 사장을 좀 질타하고 K를 총애했는데, 사장을 대놓고 무시하고 건너뛰는 모습이 공공연하게 눈에 띄더군요. 그해 성과가 나지 않은 것은 CEO의 잘못이라기보다 시장의 불황 원인이 컸습니다. 그 CEO는 결국 다른 계열사로 전보됐다가 다시 본사로 컴백했습니다. 그가 돌아와서 제일 먼저 한 일이 무엇이었는지 짐작이 가실 겁니다."

첫째도 겸손,
둘째도 겸손이다

시선詩仙으로 추앙받는 당나라의 최고 시인 이태백도 괘씸죄의 표적이 돼 낙마한 대표적 인물이다. 그는 당 현종에게 뛰어난 시재詩才를 인정받아 예외적 대우를 받을 정도였다. 어느 날, 어김없이 인사불성으로 고주망태가 돼 있는 그에게 현종의 호출 명령이 떨어졌다. 현종은 당의 서쪽 변경을 괴롭히던 토번吐藩을 징벌하고자 하는 천자의 뜻을 담은 조서를 쓰라고 명했다. 거추장스러운 겉옷과 모자는 겨우 어떻게 벗었지만 꽉 낀 신발은 잘 벗겨지지 않았다. 여의치 않자 이태백은 오직 황제만이 발을 올릴 수 있다는 고력사의 손바닥 위로 발을 내밀고 벗기라고 했다. 고력사는 비록 신분은 내시였지만 사실상 황제의 측근으로서 막후 영향력을 행사하는 문고리 권력자였다. 자신이 무릎 꿇고 신발을 벗겨 주는 사람은 오로지 황제뿐인데 고력사로서는 엄청난 치욕적 사건이었다. 고력사는 결국 이태백을 모함할 꼬투리를 묘한 데서 찾아낸다. 이태백은 예전에 화사한 모란꽃과 함께 한 양귀비를 중국을 대표하는 미인이었던 한나라 성제의 후궁 조비연趙飛燕에 비기면서 그조차 양귀비를 따를 수 없다고 시를 읊은 적이 있었다.

'한 떨기 붉은 꽃 이슬에 향기로워/무산巫山 구름비는 헛되이 애만 끊나니/묻노니 한라 궁전 누구와 닮았나/어여쁜 비연飛燕도 새로 단장

해야겠네―枝濃艶露凝香/雲雨巫山枉斷腸/借問漢宮誰得似/可憐飛燕倚新粧.'

고력사는 여기서 이태백의 모함 거리를 드디어 발견, 아니 발명해 낸다. 이태백은 양귀비의 미모를 조비연과 비교한 것인데 그는 '조비연은 사람의 손바닥 위에서 춤을 출 정도로 가냘픈 미인인데 양귀비는 풍만한 글래머라는 점에서 비유가 적절치 않고', '비록 후궁에서 한나라 황후의 자리까지 올랐지만 황자를 시해하는 등 악행을 일삼고, 황제 사후에는 서인으로 전락해 걸식으로 연명하다 자살한 불행한 인물인데 그녀와 양귀비를 비유한 의도가 의심스럽다'며 꼬투리를 잡았다. 이 같은 이유 같지 않은 이유로 이태백은 끊임없는 모함에 시달리다 짧은 관직 생활을 그만두고는 남은 일생을 방랑과 술로 보내게 된다. 괘씸죄에 대한 가열한 보복이었던 셈이다.

반대로 겸손의 지혜로 신뢰를 얻은 경우도 있다. 일본 전국 시대에 영웅 오다 노부나가의 사랑을 한몸에 받은 모리 란마루라는 어린 장수가 있었다. 오다가 신하와 있는데 지방에서 귤이 올라왔다는 전갈이 도착했다. 모리가 소반에 귤을 수북이 담아 오는 걸 본 오다가 "조심해라. 떨어뜨릴라"라고 한마디 했다.

그 말이 끝나기 무섭게 소반에서 귤이 굴러 떨어졌다. 좌중은 눈치채지 못했지만 그것은 모리의 실수가 아니었다. 신하 앞에서 주군의 염려가 얼마나 옳았나를 보여 주기 위해 일부러 떨어뜨린 것이었다.

세상에 무서운 죄가 괘씸죄다. 아무리 하찮아 보여도, '끌어 줄' 힘은 없을지언정 '떨어뜨릴' 힘은 반드시 갖고 있다. 사람은 남의 발부리에 걸려 넘어지지는 않지만 자신의 발부리에는 걸려 넘어질 수 있다. 괘

썸죄의 꼬투리를 제공하지 않기 위해 필요한 것은 겸손이다. 《주역》의 괘 중 부정적인 평가가 없는 유일한 괘는 겸괘謙卦다. 겸괘는 자신을 비워서 낮추는 것으로 "공로가 있고 겸손하니 군자가 종결짓는 것이 있어 길하리라"라는 부분에서 볼 수 있듯이 공로가 있으나 이것을 자랑하지 않고 더욱 자신을 낮출 줄 아는 것이다. 사장의 자리를 꿈꾸며 현재 넘버2로 달리는 사람이라면, 반드시 새겨들어야 할 메시지다.

사장은 누구나
자신의 존재감을 확인하고 싶다

　모 중소기업의 L 회장의 이야기다. 그는 60세가 되면 현역에서 은퇴한다고 했지만 요즘 60세가 어디 은퇴할 나이던가. 은퇴 시기가 구렁이 담 넘어가듯 별다른 말도 없이 70세로 연기됐다. 이번에는 진짜 은퇴를 하려고 여러 임원에게 후계자 계획을 짜 오라고 했다. 순진한 임원 A는 여러 기업의 승계 계획을 자세히 준비해 보고를 올렸다. 그런데 웬걸. 다른 임원 B는 "한창 나이에 후계자 계획은 천부당만부당"이라며 피터 드러커를 예로 들어 만류한 것이었다. 경영학의 구루 피터 드러커는 1905년생으로 2005년까지 96세의 수를 누렸다. 뿐인가. 죽는 날까지 집필을 하며 현역으로 왕성하게 활동했다. 그처럼 평생 현역으로 활동하지 왜 벌써 뒷방 늙은이가 되기를 자초하느냐는 만류였다. 이 충성스러운 '상소'에 감동하고 흡족해진 회장이 은퇴에 대한 의지를 재차 미뤘음은 물론이다.

은퇴해 '고문'으로 한자리 물러난 오너 회장들이 한결같이 하는 말이 있다. 일주일에 한두 번 회사에 출근했을 때 직원이 하는 말 중 제일 듣기 좋았던 말이 무엇이었는지 아는가. "아, 회장님 안 계시니까 회사가 제대로 안 돌아가요. 매일 매일 출근하세요"라는 말이다. 덕담 수준의 인사말인 줄은 알지만 자신의 존재감을 느낄 수 있어서다. 조선 시대 영조가 사도 세자와 첨예한 갈등을 빚을 때 '효심'을 알아보는 징후로 이용하며 '내줬다 도로 빼앗았다' 했던 것도 바로 왕의 자리, 즉 권력이었다. 툭하면 왕 자리를 세자에게 물려주겠다고 마음에 없는 말을 하며 권력을 향한 야욕이 있나 없나 수시로 간을 봤던 것이다. 이때 '사심 테스트'의 덫에 걸린 순진한 이들이 두고두고 눈총을 받았음은 물론이다.

진시황이 생명의 불로장생을 꿈꿨다면 오늘날의 창업자들은 권력의 불로장생을 꿈꾼다. 진시황은 암살의 위협이 두려워 매일 궁전을 옮겨 다녔고, 그것으로도 부족해 중원의 각 지역을 마차로 순찰 다녔다. 천하의 아방궁이 있으면 뭐할 것인가. 자기 한 몸 편안하게 보호할 안전 벙커가 되지 못하는데. 중국 시안의 박물관에서 오늘날의 캐딜락급에 해당하는, 진시황의 그 '움직이는 거실'에 해당하는 화려한 리무진급 마차를 보며 금석지감의 회한이 들었다. 참으로 사람의 욕망이란 끝이 없다. 영원한 젊음이나 영원한 현역이나 인간의 무리한 욕구라는 점에서 그게 그것 아니겠는가.

사장은 혼자 울지 않는다

권력 투쟁에
자비란 없다

모 중소기업의 L 사장은 대기업에서 일하던 아들을 자신의 회사로 불러 경영 수업을 시키고 있었다. 그러다 점점 '이게 뭐지' 하는 이상한 징후가 포착됐다. 아들을 '뜨는 해'라고 생각하고 자신을 '지는 해'라고 생각했는지 보고나 권력의 하중이 아들에게 몰리는 게 느껴졌다. 그는 단박에 인사를 실시해 '자신이 아직 살아 있음'을 증명했다. 아들이 메일로 울고불고하고, 엄마를 통해 통사정하는 메시지를 보냈지만 답장도 하지 않았다. 권력의 밀당을 통해 '아직 때가 되지 않고 물이 오르지 않았는데' 앞장서면 어떤 결과가 되는지 행동으로 보여줬다.

재벌가에서 반복되는 왕자의 난에서도 알 수 있지만 후계 구도에 대한 촉각은 날카롭다 못해 살벌하다. 하긴 권력 투쟁에서 인정을 논하는 것 자체가 어리석은 일인지도 모른다. 권력은 부자, 형제 간도 남보다 더 못한 관계로 만들어 놓는다. 장남 승계제와 능력 위주의 경쟁제로 해도 마찬가지다. 청나라 강희제 때의 아들 간 후계 쟁탈전을 보면 난리블루스도 그런 난리블루스가 없다. 요즘 재벌가에서 벌어지는 왕자의 난은 저리 가라다. 강희제는 재위 기간이 1661년부터 1722년까지 무려 61년이다. 강희제는 이 기간 동안 많은 업적을 이뤘지만 당초 세자로 지목됐던 윤잉은 그가 폐위되기까지 33년 동안이나 후보였다. 당연히 세자로서는 몸살 날 일이었다. 후보로만 있다 보니 교만하고 사치스러워진 것은 물론 아버지 자리를 호시탐탐 넘보게 됐다. '언

257

제나 자리를 넘겨줄 건가'에서 '언제 아버지가 돌아가실 건가'의 단계를 넘어서 '내가 아버지를 해치워야겠다'로 야심은 진화해 갔다. 형제끼리는 반목하고, 부자끼리는 서로 경계하며 늘 야수의 눈길을 교환했다.

이 와중에 강희제가 죽었고, 55명의 아들 간의 치열한 권력 암투 끝에 음모로 승리해 황제 자리를 쟁취한 자가 '윤진' 옹정제다. 권력 암투의 폐해와 음모의 문제점을 누구보다 잘 알 수밖에 없었던 그는 즉위하자 바로 "일찍부터 황태자를 정해 놓으면 황태자를 둘러싼 당파 싸움이 일어나고, 또 황태자가 교만해진다"라고 하며 황태자를 공표하지 않기로 했다. 그것이 이른바 '태자 밀건법太子密建法'이었다. 후계자인 황태자의 이름을 써서 건청궁乾淸宮의 정대광명액正大光明額 뒤에 숨겨 두고 내무부內務府에 밀지密旨를 간직했다가 황제가 죽은 후 개봉해 밀지와 실물을 맞추는 방법이었다. 기존 적장자 계승제와 적임자 계승을 융합한 것으로 태자들이 경쟁을 하도록 유도하는 체제였다. 옹정제는 자기를 본떠서 유서를 고치는 일이 생길까봐 똑같은 유서를 두 개 만들어 열쇠가 달린 통 안에 넣어 환관에게 몰래 감추라고 하고, 다른 하나는 몰래 혼자서 간직하는 등 만전에 만전을 기했다.

옹정제는 국정은 잘 다스렸으나 평생 외로웠고 신하에게도 형제에게도, 자녀에게도 정을 주지 못했다. 자신보다 덕망이 높아 백성에게 인기가 있고 명망 있는 인사들과 인맥을 형성하던 형 윤사는 당연히 위협의 대상이었다. 형제인 윤사의 이름을 만주어인 아기나(개)로, 윤당은 색사흑(돼지)으로 이름을 바꾸게 했다고 한다. 그러고는 황제로 즉위한 지 몇 달 안에 여러 가지 핑계로 제거했다. 권력이 걸린 문제는 늘 인품 초월의 차원이다.

중국 역사 평론가 이중톈은 《품인술》에서 "원래 빼어난 나무는 바람의 시기에 꺾이는 법이다. 특히나 그 바람이 아버지와 형에게서 불어오는 것이라면 마음의 상처를 피할 수 없고, 그 아버지와 형이 모두 황제라면 두려움과 오싹함을 피할 수 없다"라며 "권력 투쟁에서는 자비라는 것은 있을 수 없다. '정관의 치'를 이뤘다고 칭송받는 당대의 이세민(당태종)도 자신의 형제 이건성을 죽이는 골육상쟁을 벌였다. 역사상 모든 권좌 다툼이 이러했다. 특정인만을 탓할 수는 없다"라고 평하고 있다.

2세 경영자들의 '왕자의 난'도 크게 다르지 않다. 부모 형제들과의 식사에서도 그날의 표정에 따라 '권력과 금력의 향방이 형으로 향하는지, 동생으로 향하는지' 눈치를 봐야 하는 분위기가 형성되기도 한다. 형제와 재산 소송을 벌이던 재벌 그룹의 모 경영자와 모임에서 인생 좌우명을 한자 한 자로 나누는 이야기가 우연히 나왔다. 한 멤버가 '화목할 화和'를 뽑자 그 글자를 본 회장의 표정이 지금도 잊히지 않는다. 아버지 형제대에서 서로 재판을 벌이며 반목했는데 자신의 아들들에게는 우애 좋게 지내라는 이야기를 할 수 없어 민망해하는 그 분의 마음이 일순간 읽혔다.

권력이 무엇이기에 부자, 형제, 모자 간도 갈라놓는가. 옹정제가 황제가 돼서 새벽부터 밤늦게까지 여가 활동이나 취미 활동 하나 없이 일에만 매달리는 워커홀릭 황제가 된 것은 어쩌면 그의 외로움 때문

아니었을까. 늘 온갖 테스트로 신하의 거짓말 여부를 체크하며 긴장의 끈을 놓지 않은 것은 권력 투쟁의 여파로 인한 외로움에서 기인했을 것 같다. 못 믿을 사람에게 의지하느니 일에 매달리는 게 한결 낫다는 나름의 판단 아니었을까.

실패 대비보다
성공 대비가 중요하다

흔히 실패에 대비하라고 말한다. 실패에 대비하는 것보다 더 중요한 것이 성공에 대한 대비다. 바닥까지 곤두박질치는 실패가 자각을 준다면 하늘까지 붕붕 뜨는 성공은 환각을 준다. 높이 날아올랐다 떨어지는 추락일수록 충격도 크고 고통도 더 크다. 알고 보면 마마호환보다도 무서운 게 성공의 환각이다.

H 사장은 인쇄업으로 자신의 분야에서 정상에 올랐다고 인정받다가 부도가 나는 바람에 법정 관리에 들어가게 된 경우다. 창업할 당시의 원점에서 다시 시작하게 된 H 사장은 "실패에 대비해야 한다는 말도 많이 듣고, 경계하기도 했다. 그런데 성공에 대비할 생각은 하지 못한 게 사업이 망한 결정적 원인"이라며 "대개의 사람이 실패를 대비한다. 나 역시 그러면서 정작 성공을 준비하지는 못했다. 성공은 운이지

만, 실패는 윤리성이더라"라며 자신의 패인을 나름 진단했다.

"건물 임대 수익에 뭐에 뭐에 다 포함하면 한 달에 제 수중에 개인적으로 들어오는 돈이 때로는 1억이 넘을 때도 있었어요. 사람들과 어울리느라 몸이 열 개라도 부족할 정도였지요. 여기저기서 지인들의 콜이 들어오면 단골 술집에 이야기해서 내 이름 대고 마시라고 하며 인심을 썼습니다. 오죽하면 '밤의 황제'라는 별칭이 붙을 정도였겠습니까. 신문에 나오는 저명인사들과 골프도 치고, 술도 마시고…. 내 분야 사람들만 볼 때는 좀생이 같고 답답했는데 언론에 등장하는 저명인사들과 만나 '형님 아우님' 하면서 어깨를 나란히 하고 어울리다 보니 완전 '딴 세상'이더라고요. 눈도 트이고 가슴도 트이는 기분이었어요. '자네는 국회의원, 장관감이야. 다음에는 여의도 가야지' 하고 말해 주면 농담인 줄 알면서도 은근 기분이 나쁘지는 않더군요. 지금 생각하니 그렇게 뜬구름 위를 붕붕 날았던 것 같아요. 젊은 나이에 부와 명예가 한꺼번에 굴러들어 오니 감당이 안 됐어요. 깜냥이 안 되는데 물이 넘치니 둑이 무너질 수밖에요."

성공에 대비하기 위해서는
윤리성이 필요하다

'나무는 가만히 있고자 하나 바람이 그냥 두지 않는다.'

자식이 효도를 하고자 하나 부모는 기다려 주지 않는다는 것을 가리키는 말이다. 이 말은 성공 이후 불어닥치는 갖가지 유혹의 바람을 가리키는 데도 적용된다. 본인이 나름 절제심을 갖고 노력하면 좋지만 생각처럼, 말처럼 쉽지 않다. 유흥은 기본이고 본업 이외의 '외도'를 유혹하는 물결이 그야말로 거센 태풍처럼 몰아치고 파도처럼 밀려든다. H 사장에게는 부동산 투자가 파국의 시작이었다.

"왜, 바둑 잘 두는 이세돌도 단 한 수 때문에 전체 시합이 무너지지 않습니까. 단 한 수, 좋은 의미로는 신의 한 수라고 하는데… 나쁜 수는 신의 악수라고나 해야 할까요. 잘못 둔 그 하나가 힘들게 쌓아 놓은 성을 한순간에 무너뜨릴 줄은 몰랐습니다. 본업 외 외도를 하면서 한꺼번에 도미노처럼 무너졌습니다. 한 수가 무너지니까 거짓말처럼 와르르…."

H 사장은 후회는 없다고 담담하게 말했다. 만일 그런 '대실패'가 없었다면 아직 인간이 안 됐을 거라며…. 그는 사람이 크게 깨달음을 얻는 계기는 "본인이 6개월 이상 아파 본 경우, 가족의 죽음을 겪는 경우, 사업에 실패해 풍비박산이 나는 경우 이 세 가지라고들 말하더라"라며 "그 말이 무슨 말인지 이제야 알겠다"라고 털어놨다.

"성공을 운이라고 이야기하지요. 겸손의 말만은 아니고 어찌어찌하다 성공하는 경우가 많은 것 같아요. 사실 제 경우도 그랬어요. 나중에 남들에게 이야기하기 위해 멋있게 갖다 붙이기도 하고요. 하하. 오히려 성공에 대비하지 않은 뒤끝은 무서웠어요. 절절하고 처절해요. 깨달음을 얻지 않으려야 않을 수가 없어요. 몇 날 몇 달을 밤낮없이 복기하게 되니까요. 인간관계의 기름기, 거드름 피우던 생각의 허옇게 엉긴 지방이 다 걷혀요. 인간관계의 거품도요."

두문불출했다는 그는 요즘에야 비로소 현직 동업 사장들에게 가끔 연락을 하게 됐다.

"아직 그만그만하게 현직에 있는 친구들을 보면 아직도 '조금 더', '조금 더 많이 크게' 하며 달음질치고 초조해하지요. 예전의 저도 그랬지요. 실패를 겪은 후에 달라진 점이 뭔지 아세요? 예전에는 성공을 위해 달렸어요. 좀 더 매출액이 큰 회사를 만들고, 더 좋은 차를 타고, 집에 더 많은 돈을 가져가고…. 물론 그것도 중요한데요. 문제는 그럴수록 오히려 직원들과, 가족과 사이가 멀어졌다는 거예요. 요즘은 충만감을 위해 일합니다. 예전에는 주위에서 보내는 시그널과 메시지를 못 읽었는데 지금은 예민하게 읽혀요. 돈은 예전보다 못 벌어다 주는데 부부 사이는 더 좋아졌으니 전화위복이라고나 할까요."

경영자가 성공에 대비하기 위해 준비해야 할 것은 평균을 넘는 지성, 또 하나는 극도로 강한 윤리성이라는 말이 있다. 평균 이상의 지성이 성공에 이르는 요인이라면 윤리성은 성공을 유지하기 위해 더욱 필요한 요소다. 사장이 성공의 탐욕에 빠지면 거치는 전형적 세 단계가 있다. 처음에는 '올바르게 잘하고 있는 걸까?' 하며 망설이다가 둘째로 '법적으로 문제가 없을까?'를 검토한다. 그러다가 마지막 단계로 '어떻게 하면 안 들킬까?' 하며 감추고자 한다. '이번 한 번만'이 무너지면 그 다음은 걷잡을 수 없이 무너지게 된다.

사장의 임무는 회사의 성과를 내는 것이다. 절대로 망하게 해서는 안 된다. 가장 큰 죄는 회사 문을 닫는 것이다. 경영 환경에 거센 겨울 바람이 몰아치고 있는 상황이다. 성공에 대비해야 더 큰 추락을 막을 수 있다. 엄동설한이 닥쳐왔다고 걱정부터 하기 전에 이 동절기를 스토브 리그로 활용하자. 더 단단하고 튼튼하게 다지기 위해 준비해야 할 것은 무엇인가. 더 큰 회사가 되기보다 더 좋은 회사를 만들 수 있는 원리 원칙이 무엇인가를 다져 보라. 성공과 실패에 모두 대비할 수 있는 전천후 방법이다.

사장이 배워야 할 경영의 낙법

실패는 성공의 어머니라고 흔히 말한다. '어차피 사업의 성공은 로또이고, 세 번 실수는 창업가의 의무'라는 말까지 흔히들 쉽게 한다. 말은 쉽지만 실상이 어디 그런가. 특히나 외국처럼 '패자 부활전'이 쉽지 않은 국내 현실에서 사업 실패를 성공의 어머니라고 여기기는 쉽지 않다. 대기업 연구원으로 있다 창업해 정점을 찍고는 사업이 어려워져 빚더미에 올랐던 P 사장은 이렇게 말했다.

"대기업에 10년 있으면서 관료 문화가 답답했습니다. '자유롭고 도전적인 정신이 가능한' 그런 좋은 조직 문화를 가진 기업을 만들고 싶어 창업에 도전했지요. 명분과 기술은 좋았지만 제대로 된 경영을 할 줄 몰랐습니다."

처음에는 돈을 벌고, 그 다음에는 이런 실적을 바탕으로 투자자들에게 손을 벌리고, 다음에는 사채를 끌어다 쓰면서 빚더미에 올라앉아 사업은 망했다. 그리고 폐인의 지경에까지 이르렀다가 겨우 재기할 수 있었다.

"성공, 경영의 의미도 제대로 정립하지 못한 채 아이디어만으로 창업을 한 거예요. 성공이란 무슨 의미일까요? 기술 확보? 대규모 투자 유치? 손익 분기점 달성? 대규모 이익 실현? 벼락 성공 끝에 급전직하 실패를 하면서 깨달은 것은 경영이란 사업 목적을 지속적으로 달성해야 한다는 점이었습니다. 창업 시에는 발산적 아이디어가 필요하다면, 사업을 시작한 후에는 수렴적 사고로 문화의 동질성을 일관되게 유지하는 것이 중요합니다. 스타트업은 경영 부재, 기존 기업은 혁신 부재로 인해 실패를 하게 됩니다."

요리 연구가 겸 기업인인 백종원이 소상공인에게 식당 창업 컨설팅을 해 주는 TV 프로그램 〈골목식당〉에서 흥미로운 포인트를 발견했다. '잘되는 대박 식당'이 아닌 '파리 날리는 쪽박 식당'들을 견학하라고 요청하는 점이었다. 이유는 이랬다. "손님이 줄 서는 잘된 식당 가 보면 의외로 배울 점이 적다. '이 정도 음식과 서비스 수준으로도 손님이 많이 오네. 창업이 쉽구나 하며 겁 없이 식당을 시작한다. 실패한 식당을 가 보면 의외로 맛도, 서비스도 괜찮은데 왜 안 될까 하고 고민하게 되는 경우가 많다. 배울게 더 많다"라는 것이었다. 식당뿐이겠는가. 이는 사업에도 적용된다.

유수 중견 기업의 최고 경영자로 있다가, 창업해 큰 실패를 겪었던 P 사장은 자신의 실패를 담담히 돌아보며 이렇게 말했다.

"인생에 행복 총량의 법칙이 있다고 하지 않습니까. 마찬가지로 실패 총량의 법칙도 있는 것 같습니다. 평생 겪을 실패를 다 겪어 총량을 채웠고, 실패로부터 교훈을 배울 만큼 배운 것 같습니다. 허헛. 인생에 과욕을 부리지 않게 된 것 이상의 인생 공부가 어디 있겠습니까."

우리나라 사람들은 일반적으로 실패라는 말을 체질적으로 싫어한다. 혹자는 "성공으로부터 배울 것이 얼마나 많은데 실패로부터 배우냐"라고 말하기도 한다. 그러나 나는 그렇게 생각하지 않는다. 스키도 그렇고, 유도도 그렇고 제일 먼저 배우는 것은 '낙법'이다. 넘어지는 법을 알아야 도전할 수도, 공격할 수도 있다. 낙법을 알아야 크게 부상하지도, 남을 다치게 하지 않을 수도 있다. 사업가에게는 실패 사례에서도 성공 사례 못지않게 학습할 것이 많다.

사업가로는 실패해도
사람으로는 실패하지 마라

실패 이후 재기한 사장들이 하는 말이 있다. 실패를 성공의 어머니로 삼으라는 것은 사업 내적 측면이고, 우선 발등의 불을 잘 꺼야 한다는 이야기다. 그래야 실패를 성공의 어머니로 삼을 발판이든 기회든 마련할 수 있다. 즉 실패했을 때 이에 어떻게 대처하는가가 재기 가능성의 바로미터다.

지금은 커다란 스티커 제조 업체를 운영하는 L 회장이 예전에 부도를 냈을 당시를 회고하며 들려준 이야기다. 사업 실패 후 그야말로 야

반도주해야 할 정도의 절박한 상황이었다. 가까운 지인들이 빚쟁이들의 급한 독촉을 피해서 다만 몇 달이라도 어디 가 있으라고 조언할 정도였다. 그는 채권자를 모두 소집해 회의를 열었다. 자신이 현재 갖고 있는 자금을 모두 공개한 후, 투자 비율에 따라 우선 1차 변제하겠다고 밝혔다. 나머지는 형편이 풀리는 대로 차차 조금씩이라도 갚겠다고 사정을 했다. 그러자 가장 많은 돈을 빌려줬던 사람이 오히려 조건 없는 투자를 하겠다고 제안을 했다.

"지금 내가 돌려받아 봤자 일부분밖에 못 받습니다. 그 돈에 내가 가진 자금을 보태 투자하겠습니다. 사업은 신용인데 당신이 어려운 상황에서도 책임감을 갖고 소신 있게 대처하는 것을 보니 다시 하면 잘할 것 같습니다. 나중에 원금에 이자까지 받는 게 나을 것 같습니다."

다른 채권자들도 그의 말에 따라 기세를 숙이는 극적 상황이 연출됐다. L 회장은 당시를 회고하면서 "만일 그때 어려운 상황을 핑계 대며 책임지지 않고 도망가 신용을 잃는 편한 선택을 했다면 현재의 위치에 서서 재기할 수 없었을 것"이라고 말했다. 사업자에게 신용은 보물이고, 신용에 대한 규칙은 목에 칼이 들어와도 지켜야 한다는 것을 깨우칠 수 있었다. 이후 본인이 투자를 할 때도 따지는 것은 사업성보다는 사람이다. 사업만 보면 오히려 실패 확률이 높지만 사람을 보면 상대적으로 낮다는 이야기다. 중요한 건 발생한 문제를 어떻게 처리할 것인가, 창업자에게 다시 시작할 능력과 용기가 있느냐다.

모 스타트업의 J 사장 역시 '실패 시의 신용'에 대해서는 이론의 여지가 없다고 말한다.

"어려울 때면 한 푼이 귀하고, 또 내일이 불안하지요. 집사람이 친척의 이름으로 딱 한 번만 우리가 살 몫을 때 놓자고 하더군요. 살림을 하는 사람으로서 왜 불안하지 않겠어요. 그 마음을 모르는 바는 아니지만, 딱 잘라 물었지요. '당신, 정말 한 번만 숨겨 놔도 될 것 같아?' 대답을 못하며 울더군요. 가장으로서 가슴이 아팠습니다. 그런 집사람에게 '내가 막노동을 해서라도 생활비는 갖다 줄 테니 걱정 말라'라고 말할 때의 심정이란…."

하지만 그는 이 같은 신용 덕분에 투자자에게 펀딩을 받아 재기를 준비하고 있다.

"세상사 참 알 수 없지요. 제가 그렇게 비싼 술 접대한 사람들은 모두 나 몰라라 하는데요. 제가 밥 사 줬는지 기억도 안 나는 사람들은 '그때 사장님께 이렇게 얻어먹었습니다. 신세 졌습니다' 하면서 저를 작게나마 도와주는 겁니다."

모 스타트업 CEO는 '포기와 용기의 줄타기'를 반복하는 사장의 숙명에 대해 이렇게 털어놨다.

"회사라는 연극 무대에서 실패한다고 해서 내 인생이 좌우되지는 않는다고 하루에도 몇 번씩 마음을 다잡았습니다. 사업은 뛰어드는 시점도 중요하지만, 엑시트 시점은 더 중요하더군요. 더 중요한 것은 어떻게 비상 착륙을 할 것이냐고요. 어떻게 끝맺을 것인가. 다 끝내고 싶은데 결국 용기를 내도록 격려한 것은 사람이었습니다. 실패를 통해 배운 것은 예비 계약자 시절부터 결별에 관한 계약서를 잘 써 놔야 한다는 점입니다."

사업에 어려움을 겪은 사장들이 한결같이 하는 말이 있다. 사업은 실패할 수 있다. 하지만 사람으로서는 실패하지 마라. 그래야 재기의 발판을 마련할 수 있다.

사장을 넘어
한 인간으로 사는 법

경영을 하는 동안은 크고 작은 성공과 실패에 모두 대비해야 한다. 그와 동시에 준비해야 할 것이 있다. 모든 경영자가 피해 갈 수 없는 숙명, 즉 은퇴에 대한 대비다. 한국리서치의 대표 노익상이 일간지에 쓴 칼럼 '어느 퇴직 사장의 고민'이 항간의 화제가 된 적이 있다. 이해를 돕기 위해 중심 내용만 소개하면 다음과 같다. 그는 글의 말미에 "일을 하고 있는 바로 지금, 퇴직 후에 할 수 있는 일과 할 곳을 미리 준비해야 한다. '내가 누군데'라고? 퇴직 후에는 그가 누군지 아무도 모른다"라고 담담히 털어놨다.

그의 말처럼 아무리 조직의 정점인 사장을 해 봤다 한들 퇴직 후 '내가 누군데'라고 말해 봤자 아무도 모른다. 의외로 사장의 반경은 좁다. 세상에 나를 모르는 이가 없을 것 같지만 막상 그 물을 벗어나면 아무도 모른다. 많은 사람이 지금의 직장 생활을 천년만년 계속할 것이라고 착각한다. 그러다 황망하게, 허망하게 뒤통수 맞듯 퇴직을 맞는다. 아니 당한다. '사람은 다 죽기 마련이지만 자기는 예외'라고 생각하는 것과 '직장인은 다 퇴직하지만, 자신은 열외'라고 착각하는 것은 2대 망상이다. 자연에 사계절이 있듯 조직 생명에도 겨울은 오게 돼 있다. 다만 그 월동 준비를 어떻게 하느냐가 중요하다.

당신은 퇴직할 때 어떤 리더로 기억될 것인가. 조직에 어떤 유산을 남겼는가. 어떤 말을 들었을 때 가장 뿌듯할 것인가. 일이 힘들다고 말하지만 정작 퇴직 이야기를 하면 대부분 얼굴이 어두워진다. 하지만 가슴 안에 묻고 있어야 할 질문이다. 혹시 "저 양반 있을 때 좀 잘하지"라는 말을 들을 염려는 없는가. 아니면 "정말 많이 배웠습니다. 앞으로 더 잘하겠습니다"라는 말을 들을 것인가.

힘차게 굿바이를 외쳐라,
그리고 즐겨라

퇴직 경영자들과의 모임에서 식사 후 화장실을 다녀오는 길에 전직 CEO였던 K 사장이 통화하는 내용을 우연히 듣게 됐다. 일찍 경영자의 자리에 올라 수십 년간 CEO로 지낸 덕분에 '직업이 CEO'라는 별칭이 붙은 인물이었다. 30대 때부터 기사가 배속돼 운전을 못했는데 퇴직 후 외출 때는 대리운전 기사를 고용했다. 기사가 음식점이 다소 골목 깊숙이 있어 차가 들어가기 어려우니 큰길가로 나오라는 이야기를 하는 것 같았다. K 사장은 "이쪽으로 오면 안 되겠나. 그게 그렇게 힘든가. 나를 위해서 그렇게 해 줄 수 없나?"하고 다소는 풀 죽은 목소리로 이야기하고 있었다. 진짜로 풀이 죽은 것인지 그렇게 느낀 것인지는 모르겠다. K 사장이 현직이고 상대가 전속 기사였다면 아마도 그런 당찬 요구를 하지 않았을 것이 분명하고, 또한 K 사장의 불같은 성격에 그렇게 가만가만 조용히 호소하듯 당부조로 이야기하지는 않았을 것이다. 남들이 이빨 빠진 호랑이로 보기 이전에 본인 스스로 초라해지고 작아지는 것을 어쩔 수 없다고 많은 퇴직자가 말한다. 특히나나는 새도 떨어뜨리는 위세를 떨치며 일찍이 승승장구해 온 경영자일수록 더하다. 은퇴 CEO·임원 모임에 오래 참여해 온 전직 최고 경영자가 들려준 이야기가 있다.

"은퇴 준비를 미리 해 놓으라고 하지만 사실 그게 우리나라 실정에서 어디 가능한가요. 그냥 덜컥 마주치는 것이지요. 대기업에 있었든 어디에 있었든 퇴직 후 5년이 지나면 모두 평준화됩니다. 허헛. 처음에 폼 잡고 스테이크 먹으러 가자고 하다가 몇 년 지나면 다들 설렁탕이나 먹으러 가자고 해요. 더 지나면 지하철 경로 혜택 받는 것을 자랑하게 되지요. 사장 한번 하면 3대가 먹고산다는 것은 일부 대그룹에 국한된 이야기예요. 다 월급쟁이인 바에야 조금 넉넉할지는 몰라도 그게 그거예요. 임원, 최고 경영자 다 한때의 일장춘몽입니다."

다른 전직 사장도 비슷한 이야기를 했다.

"퇴직하고서 가장 불편한 것이 차와 기사입니다. 차는 단지 이동 수단이 아니라 체면의 상징이거든요. 모임이 끝나고 각자 헤어질 때 아직 현직인 지인의 검은 차가 각각 줄지어 미끄러지듯 다가와 문 앞에 서면 초라해지는 마음을 이루 말할 수 없습니다. 더구나 나는 일찍이 사장이 돼 운전에 서투르답니다. 나 혼자 지하철역 쪽으로 가야 할 때 기분이 묘하더라고요. 그렇다고 그간 알던 사람을 일체 안 만날 수도 없고요."

이때 많이 쓰이는 방법은 화장실에 간다고 해 시간차를 벌이는 것이다. 아니면 주차장으로 가는 엘리베이터를 피해 다른 통로를 택한다. 일행이 한꺼번에 약속 장소 앞에서 차를 타고 헤어지는 것을 피하고 싶어서다. 누군가 자신을 초라하게 볼지도 모른다는 것, 그것 자체가 기분을 처연하게 하기 때문이다.

"참, 이상하죠. 똑같은 명품 양복을 입어도, 아니 더 빼입어도 퇴직 CEO의 매무새는 현직 때보다 폼이 안 나요. 은퇴 후 몸이 더 불거나 굽어서가 아니라 그냥 힘이 없어서 그런 것 같습니다. 자리의 아우라가 마음의 힘을 빼게 하고, 마음의 힘이 빠진 것이 몸의 힘을 빼게 하는 것 같습니다. 힘 빠진 몸매에 맞춰 새로 옷을 맞춰야 하는지 원…."

그는 은퇴 후 이빨 빠진 호랑이라는 것을 부인하려 하면 할수록 더 늪에 빠진다는 사실을 깨달았다고 털어놨다. 이를 받아들여야 한다고 생각했다. 양복을 차려입을수록 더 힘이 없어진다고 생각한 그는 캐주얼을 멋지게 차려입기 시작했다. 현직에 있을 때 불가피한 회식으로 불어난 몸을 운동과 다이어트로 '슬림하게' 만들었다. 여기에 구레나룻까지 길러 '멋쟁이 중년'으로 변신했다. 괜히 눈치 보기보다 스스로 건강을 위한 뚜벅이족, 환경 보호족이라 자인하며 힘차게 "굿바이"

를 외치고, 현재를 즐기기로 작심했다.

"퇴직은 퇴물이 되는 것이 아니라 자유인으로의 새 출발입니다. 진짜로 그렇게 생각하고 행동해야 해요. 나부터 수용할 수 있어야지요. 혼자서 밥 먹고 차 마시고 돌아다니고 즐기고, 거리끼지 않고 할 수 있어야 퇴직 후 진정한 자유인이 될 수 있습니다. '나 살아 있어'는 말이 아니라 모습으로 드러내야 하지요."

낯선 상황에 일희일비하지 않는
은퇴 사장의 품격

퇴직 후 사장들이 처음 맞닥뜨리는 사소하지만 사소하지 않은 문제가 자동차나 기사의 문제라면, 심리적 고독은 주변 사람들의 염량세태에 대한 서운함이다. 한 법조계 고위 인사는 '퇴직 우울증'을 겪으며 동창에게 "알던 사람 중 50퍼센트가 떨어져 나갔다. 그나마 남은 사람들도 날 대하는 게 변했다. 인생 헛산 것 같다"라고 털어놨다. 그 자리에 있던 동창이 어깨를 두드리며 해 준 위로가 걸작이었다.

"아니, 이 사람아. 50퍼센트만 떨어져 나갔으면 정말 잘 산 걸세. 보통 70퍼센트가 냉담해지는데, 정말 인생 선방했군, 선방했어. 남들은 7 대 3의 법칙인데, 자네는 5 대 5나 되니 말이야."

이후 그는 방어적으로 피하지 않고 나름 적극적으로 변하기로 결심했다. 중앙에 내 자리를 만들어 비워 놓고 대우해 주기를 기다리기보다 문 안쪽 두 번째에 앉자, 만나고 싶은 사람이 있으면 마냥 섭섭해하며 기다리기보다 먼저 연락하자. 그에게 왜 맨 문가 자리 말석이 아니고 문에서 두 번째냐고 물어보니 대답이 걸작이었다.

"너무 최말석에 앉으면 괜히 몽니 부리는 것처럼 보일까 봐요. 두 번째에 앉으면 무난하잖아요. 허핫."

모 공공 기관의 P 사장이 퇴직 후 평소 아끼던 후배 임원을 찾아갔다. P 사장을 융숭하게 대접하는 것으로도 모자라 흰 봉투에 정성스레 촌지까지 챙겨 주는 것이 아닌가. '남들은 퇴직 후 찬밥이라는데… 나는 아직 후배에게 전관예우도 받네. 아직 살아 있네' 하며 가슴이 펴졌다. 친구에게 신나게 자랑을 했다. 친구는, "정신 차려. 봉투까지 쥐어 준 것은 자네를 대접해서가 아니라, 다시는 찾아오지 말라는 경고 메시지야. 그걸 눈치채지 못해서야. 참, 자네 헛살았네 그려"하고 통박을 주더라는 것이다.

정승 집 개가 죽으면 정문이 붐비지만, 정승이 죽으면 한산하다는 말도 있다. 그래서 대부분 사장들이 현직 시절에 자녀 결혼식을 최대한 해치우려고 하기도 한다. 현직이냐 아니냐에 따라 부조금의 액수가 달라지고 하객의 수가 달라지기 때문이다. 현직에서 물러난 L 사장은 관계와 재계의 정상을 다 휩쓸어 그랜드 슬램 CEO라고 불렸다. 그의 딸 결혼식에 다녀온 한 인사는 결혼식장이 썰렁할 정도여서 오히려 하객인 자기가 민망할 정도였다고 털어놨다. 워낙 넓은 장소이기는 했지만, 결혼식 시간보다 조금 늦어 자리가 없겠다고 줄달음질하며 들어갔는데 뒷자리가 텅 비어 있어 '인심이 이런 건가' 새삼 실감했다고 말했다.

사마천은《사기》의 〈맹상군열전〉에서 식객 풍훤이 맹상군에게 간하는 말을 빌어 인심의 염량세태를 이렇게 서술한 바 있다.

"무릇 일에는 반드시 그렇게 되는 결과, 즉 이치가 있습니다. 부유하고 귀하면 따르는 사람이 많고, 가난하고 천하면 적은 것 또한 세상사의 이치입니다. 물건이 많은 아침 시장이, 이미 팔리고 없는 저녁 시장보다 사람이 더 붐비는 이치는 당연한 것입니다"

P 사장 역시 같은 말을 했다.

"물론 내 밑에서 일을 배우고 지금은 어디 어디 사장, 임원으로 가 있는 사람들을 꼽아 보면 흐뭇하기도 하고 씁쓸하기도 해요. 흐뭇한 것은 내가 키웠다는 마음 때문에, 씁쓸한 것은 이 사람들이 그 사실을 알까, 하는 마음 때문입니다."

그는 그럴 때마다 자신이 상사에게 어떻게 했나 역지사지해 본다고 털어놨다.

"정말 맹상군을 설득했던 풍훤의 말이 맞아요. 상사가 권력이 없어졌다고 금방 외면해 안면을 몰수하려고 해서가 아니라, 그냥 공통분모가 없는 거예요. 저도 제 인생의 중요한 모멘텀을 제공한 상사가 계십니다. 자주 찾아뵙고 인사드리지 못해요. 가끔 전화를 하면 세 마디 이상 이어 나가기 힘들어요. '건강은 어떠세요?', '요즘 어떠세요?' 그다음에는 썰렁한 정적…. 딱히 할 말이 없어요. 그 분과 인연을 같이 한 주변 직장 동기들과 일 년에 한 번 식사 자리 마련하는 게 고작입니다. 이러니 내 후배들 역시 마찬가지 아니겠어요? 누구를 탓하고 누구를 원망하겠습니까? 은퇴 생활을 즐겁게 보내는 방법은 마음을 내려놓는 것입니다. 원망하는 마음, 후회하는 마음을 채워 넣으면 정말 빨리 늙어요. 퇴임 후 폭삭 늙는 것은 바로 그런 원망을 채우기 때문입니다."

그는 인간을 향한 서운함을 지워 버리는 방법을 "해 주면 고맙고 안 해 주면 할 수 없고"로 정리했다.

"하물며 부모 자식 간에도 그렇지 않나요. 자식에게 해 준 것, 베푼 것 계산하며 '내가 네게 해 준 게 얼마인데' 하면 끝이 없고 모든 게 서운하잖아요. 자식은 받은 것보다 못 해 준 것, 섭섭한 것을 더 뼈저리게 기억하고…. 직장 후배, 부하 직원도 마찬가지입니다. 거꾸로 이야기하면 그들이 똘똘하게 잘해 준 덕분에 내가 그 자리까지 지낼 수 있었던 거지요. 자식도 다섯 살까지 피운 귀염둥이 재롱으로 평생 효도 다 했다고 하는 것처럼요. 그들 덕분에 제 자리를 보전했으니 그것만으로도 충분히 감사한 거죠."

그러면서 얼마 전 있었던 일을 소개했다.

"내가 아주 각별히 좋아해 나름 신경 써서 챙겨 주던 후배를 식당에서 우연히 마주쳤습니다. 둘 다 가는 길이 급해 수인사만 하고 헤어졌습니다. 며칠이 지나도 후속 안부 인사가 없는 겁니다. 은근히 섭섭하고 괘씸하기도 했습니다. 그럴 때 괜히 속으로 꿍꿍거리며 속상해할 필요 없어요. 나는 먼저 안부 인사 문자를 날립니다. '어젯밤 너를 꿈자리에서 봤다. 잘 지내냐. 혹시 무슨 일이 있는 것은 아니냐. 걱정돼서 문자 보낸다' 등으로요. 선배의 정이 부담 없이 느껴지게끔 하면 서로 좋지요. 그러면 '몇몇 묶어서 자리 마련해 연락드리겠습니다'라고 연락이 오지요. 가는 말이 고와야 오는 말이 곱다고 하지요. 특히나 퇴직한 경영자는 명심해야 할 말입니다. 잘난 척하거나 대접받으려 들면 소외당할 수밖에 없어요. '내가 누군데'라는 마음을 내려놓는 것이 정말 중요합니다.

보통 리더와 훌륭한 리더의
사소한 차이

리더십 스토리텔링 하면 많은 리더가 '울컥'하는 감동의 최루성 미담만을 생각한다. 새벽에 도넛이나 치킨을 들고 야근하는 직원들을 찾아간 따끈한 이야기, 직원의 아픈 처지를 헤아려 챙겨 준 뭉클 미담… 물론 좋다. 하지만 리더십 스토리텔링에서 강력한 요소는 '울컥' 못지않게 '벌컥'이다. 흔히 벌컥의 '칼바람' 스토리는 무조건 백안시해 담요 밑으로 감추려고 하는 경우가 많다. 동고동락의 미담과 함께 필요한 것은 '리더가 언제 화를 내는가'의 벌컥 스토리다. 그 기준이 분명할 때 한 번의 벌컥 스토리는 열 번의 미담보다도 진정성 면에서 강력한 효과를 발휘한다.

스스로를 사장이 아닌 '대표 사원', '책임 사원'이라 칭하며 명함에 새기고 다니는 인력 아웃소싱 업체의 K 사장 이야기다. 그는 청소하는 용역 직원들에게도 '여사님'이라고 부르며 허리를 90도 꺾어 폴더형 인사를 한다. 청소 직원이 '저에게 하는 것인가요' 하며 황송해하고 어색해하면 아직도 조직 문화에 직원 존중이 속속들이 배어들지 않은 것에 대해 자신을 자책한다는 고백이다. 사장인 자신이 직원들을 먹여 살리는 게 아니라 '직원님'들이 사장을 먹여 살린다고 생각하기 때문이다. 그러니 현장에서 애쓰는 일선 직원을 만나면 조건 반사적으로 배꼽 인사가 튀어나온다는 이야기였다.

리더인 당신이
벌컥하는 순간은 언제인가?

K 사장의 이야기를 듣고 일행 중 한 명이 물었다.

"CEO인 당신이 그런 서번트 리더십을 실천하는 것은 좋다. 산지사방 흩어져 있는 현장에까지 그 가치관이 속속들이 먹히게 한 비결은 무엇인가?"

이에 대해 K 사장의 대답은 의외로 단순 명쾌했다.

"제가 진정성을 보이는 방법에는 두 가지가 있습니다. 솔선수범하는 것, 그리고 가치를 어기는 것에 대해 좌시하지 않는 것입니다. 제가 임원을 해고한 적이 단 한 번 있었습니다. 바로 현장에서 일하는 '여사님'들을 홀대하고 비인간적으로 대우했기 때문이었지요. 가치를 수호하는 일에서 빛과 그림자는 포상과 처벌입니다. 잘하는 사람에 대한 포상 못지않게 중요한 것은 위반 행위에 대한 엄중한 처벌입니다. 당장 어떤 희생을 감수하고라도 말입니다."

K 사장은 해당 임원이 성과 창출 면에서는 유능했지만 직원 존중이라는 핵심 가치를 위반했기에 해고할 수밖에 없었다고 말했다. 당장의 성과 때문에 위반 행동을 '이번 한 번만' 하며 구렁이 담 넘어가듯 넘어가 주면 '조직 문화 붕괴'라는 '소탐대실'의 결과가 발생함을 알고 있기 때문이었다.

"'좋은 게 좋은 거'라는 생각만으로는 부족합니다. '좋은 것을 지키지 않으면 뜨겁고 쓴 맛'을 본다는 각성이 '행동의 변화'를 낳습니다."

한 번의 뜨거운 벌컥이 열 번의 따뜻한 울컥보다 효과적이다.

하긴 역사적으로 위대한 리더에게는 이 같은 '벌컥'의 스토리가 존재한다. 심지어 '인仁'의 사상을 표방한 공자 역시 마찬가지다. 공자가 늘 '애인愛人', '군자'를 이야기하니 물렁팥죽으로 이래도 훙, 저래도 훙하며 모두 받아 주는 성인이었다고만 생각하기 쉽다. 성과를 중시하는 요즘 시대에 먹히지 않을 것이라고 지레 재단하고는 한다. 천만의 말씀이다. 공자는 일생 중 51~54세 3년간 짧지 않은 벼슬 생활을 했다. 이때 그가 한 것은 대사구, 뜻밖에도 외무나 내무가 아닌 법무 장관의 일이었다. 그가 즉위한 지 일주일 만에 한 일은 당대 소정묘라는 국론 분열범의 공개 처형이었다. 그것도 여론에 몰려 마지못해 한 것이 아니라, 귀족 심지어는 자신의 제자들까지도 적극 반대하는 것을 무릅쓰고 했다. 이유는 국가의 근간인 핵심 가치를 위반해 위험에 빠지게 했기 때문이었다. 차라리 백성들의 도둑질은 잡범으로 생계 때문에 하는 것이지만 소정묘의 전횡 및 국론 분열은 '국가 근간'을 흔드는 것으로 위험하다는 판단 때문이었다.

유비가 '인재 중시'의 진정성을 말만으로 보여 준 것은 아니었다. 아들을 구하느라 화살을 고슴도치처럼 맞은 조자룡을 안쓰러워하며 '강보에 싸인 아들 유선'을 길바닥에 던진 벌컥의 행위로 증명됐다. '쇼'든 아니든 그 같은 행동은 인재를 중시한다는 말 천 마디보다 강력한 의지 표명이었다. 제갈공명이 자신이 인정했지만 젊은 꿈나무 마속이 영을 거역한 것에 대해 책임을 물어 실행한 '읍참마속'도 '벌컥' 스토리의 예다.

조직이 지향하는 가치가 현장까지 속속들이 스며들게 하기 위해서는 울컥의 따뜻한 감동 스토리만으로는 부족하다. 리더의 솔선수범만으로도 2퍼센트가 부족하다. 충돌하는 가치들 중에서 무엇을 우선하는지 '뜨겁게' 진노하는 모습을 보여 주는 '결단'이 필요하다. 그 기준이 공개적이고 공정할 때 '벌컥'은 그 어떤 행동보다 강력한 효과를 발한다. 리더인 당신은 언제 벌컥하는가? 당신의 공정한 분노 지수가 바로 리더십 지수다. 한 손에는 울컥, 한 손에는 벌컥의 신상필벌이 균형을 이루는 게 중요하다.

사장도, 경영도, 일도 모두 사람이 하는 일이다

언론인으로서, 코치로서, 강사로서 경영자들을 많이 만나며 '사장학은 인문학이다'라는 생각을 한다. 인문학이란 무엇인가. 사람마다 정의가 다르지만 결국 사람에 대한 학문이다. 이를 좀 더 디테일하게 표현하면 '사람의 마음, 그중에서도 상처를 보듬는 학문'이다.

인문이라는 한자를 보자. 사람 인人은 옆에서 본 사람의 모양이다. 글월 문文은 사람의 가슴에 문신을 새긴 모양이다. '문'의 의미 발전 과정이 이채롭다. 가슴에 낸 문신이라는 게 무엇이겠는가. 바로 상처다. 그 상처가 아롱진 무늬로 발전해 가는 것이다. 바로 아픈 만큼 성숙해지고, 아픈 만큼 아름다워질 수 있는 것이 바로 인간이고, 그것을 알아보는 것이 인문학 아닌가 싶다.

경영도 결국 인문학이다. 피터 드러커는《피터 드러커의 위대한 통찰》에서 "경영이란 전통적 의미의 인문학이다. 지식, 자기 인식, 지혜 그리고 리더십의 원리를 실천하고 적용한다는 점에서 과학이 아니고 자유로운 사고이고, 예술이다"라고 설파한 바 있다.[1]

사장은 아픔을 읽는 직업이다

고도高度는 고도孤度에 비례해서일까. 지금껏 살펴봤듯 많은 사장이 벙어리 냉가슴을 앓는다. 자리와 책임이 주는 중압감, 내일이 어떻게 될지 모르는데 벼랑에 홀로 선 막막함, 빡빡한 스케줄이 주는 현기증, 늘 감정을 절제하고 풀어진 모습을 숨겨야 하는 것도 스트레스다. 때로는 모든 것을 다 알고 있지만 사실은 아무것도 알지 못하는 것 같다는, 지표상으로는 아무 이상도 없는데 이유 모를 불안감이 느껴진다. 매일 쫓기듯 바쁘게 살고는 있는데 손가락 사이로 모래알 빠져나가듯 이룬 것이 없다고 느껴질 때 외로워진다.

내 사업을 하는 자영업자, 조직을 이끄는 전문 경영인들, 그리고 기업 소유주 등 많은 사장이 '다 내려놓고 퇴사하고 싶은' 순간이 있었다고 고백한다. 리더의 자리가 갖는 무게감과 책임이 워낙 커서 그만둘 권리와 자유조차 없는 것이 버겁게 느껴질 때가 많았다고 말한다.

스트레스는 열정이 넘치는 사장에게 필연적으로 나타나는 '직책병'이다. 스트레스하면 모두가 거부 반응부터 보이지만 사장에게는 받아들여야 할 현실이다. 매월 말 임금을 지급하고, 수금이 확보되지 않으면 사업이 뿌리부터 흔들릴 수도 있음을 생각하는 것은 어마어마한 스트레스다. 그뿐인가. 가족의 생계를 책임지고 있는 직원에게 해고를 통보해야 하는 인간적인 고뇌도 감내해야 한다. 돈을 벌려면 스트레스를 대면해야 한다. 'stress'의 철자에는 달러 표시가 세 개나 들어 있다. 스트레스가 사장의 일이라고 당연시할 때 오히려 사장의 마음은 편해진다. 스트레스는 곧 얼마만큼의 돈을 버느냐의 증표이자 비례 관계다.

"튀어나온 공을 많이 잡는 팀이 이기는 게임이구나."

작고한 정주영 현대그룹 회장이 1999년 평양에서 열린 남북 농구 경기를 관람하면서 이렇게 말했다고 한다. 사업도 마찬가지 아니겠는가. 비록 골인 되지 않더라도 백보드에 맞고 튀어나오는 공을 리바운드해서 다시 공을 던질 기회가 많아지면 이기거나 생존할 확률은 높아진다.

너무 지쳐서 포기하고 싶을 때, 힘껏 달렸는데 제자리 뛰기처럼 느껴질 때, 심지어는 부상을 입었을 때 자책하거나 자괴감을 느끼지 말라. 오뚝이처럼 다시 일어서라. 떨어져도 튀는 공처럼 다시 튀어오르라.

한편 전직 사장들에게 '현직 사장으로 돌아간다면 가장 절실하게 하고 싶은 것과 가장 후회되는 것이 무엇이냐'고 물었을 때의 대답에서도 단적으로 드러난다. 문제의 복판에 있는 현직 사장들이 아무래도 성과에 치중한다면 거리 두기가 가능한 전직 사장들은 '사람을 놓치지 않겠다'고 목소리를 모은다. 표현은 각각 다르지만 핵심은 두 가지다. "첫째, 지금 돌아보니 너무 미친 듯이 일했다. 나를 좀 더 돌아보고 챙기겠다. 둘째, 사람을 살피지 못했다. 다시 현장으로 간다면 사람을 좀 더 품고 아픔을 돌아보겠다"라고 말한다. 요컨대 '성과에 치중하다 보면 사람이 돈으로, 즉 목적이 아닌 수단으로 보일 때도 왕왕 있었다'는 것이다.

모 언론사의 K 사장의 이야기다.

"우리 때가 성공 시대였다면 요즘은 성숙 시대지요. 답 맞추기에서 답 찾기의 시대로 도래했는데 그것을 현실에서 적용하지 못한 것 같습니다. '나를 따르라'라는 예전의 지시적 형식으로 직원을 통제하려고만 했지요. 만약 다시 사장이 되면 내가 머리가 되고 그들을 수족으로 두는 것이 아니라, 가슴 대 가슴으로 호소할 것 같습니다. 직원의 문제가 아니라 멍석을 제대로 깔아 주지 못한 사장의 문제가 90퍼센트라고 생각하면 문제가 풀려 나갈 것 같습니다."

모 유화 업체의 전직 S 사장 역시 같은 맥락의 말을 했다. 현직 시절 너무 일을 열심히 해 철심을 세 개나 박고 있다는 그는 "그렇게까지 일할 필요는 없었는데 일종의 일중독이었던 것 같다"라고 회고했다.

"대지지지, 소지유모大智知止, 小智唯謀, 즉 큰 지혜를 가진 사람은 그칠 때를 알고, 지혜가 부족한 사람은 오로지 도모하는 것만 생각한다는 중국 격언이 있더군요. 저는 그치는 것보다는 오로지 도모하는 것만을 더 많이 생각해 치달았던 것 같습니다. 그러다 보면 사람을 아무래도 덜 챙길 수도 있고요. 직원, 거래처의 아픔을 좀 더 읽어 줬으면 좋았겠다는 생각이 듭니다. 나름 권한을 주고 애썼다고 생각했는데 그것이 목적을 가진 선의였다는 생각이 들기도 합니다. 조금 더 잘해 주느냐, 안 해 주느냐의 차이는 있지만 솔직히 그들을 위한 진정한 인본주의는 아니었어요. 직원이 어떤 점에 좌절하는지, 그것을 읽어 주고 이해해 주며 같이 해결책을 찾아 나가는 그런 사장이 됐더라면, 하는 후회가 있습니다."

사업에서 수치는 중요하고 반드시 챙겨야 한다. 하지만 계산을 넘어 결산을 할 필요가 있다. 계산이 표면적 성과라면 결산은 표면과 이면의 성과를 합한 것이다. 사람을 중심에 두고 수치의 균형을 맞추는 것은 필요하다. 결국 조직의 목표를 실현하도록 돕는 것은 숫자가 아니라 직원이 아니겠는가. 수치 밑에 사람을 두면 수치는 거짓말을 하고, 중요한 가치는 꼬리를 감추게 된다. 사람의 능력을 개발하면 수치도 개발되지만, 수치만 개발하면 의미 없는 숫자가 남발되고 사람의 능력은 저하된다는 게 이들 전직 사장의 회한 어린 한목소리였다.

나를 챙기고, 직원을 사람으로 챙기라. 사장에게 성과는 수치, 가치, 인재 양성의 삼단 콤보다. 수치를 모르면 수치를 당하지만 수치만 추구해도 수치를 당한다. 나만의 여백 타임으로 상처를 무늬로 승화하는 충전 타임을 만들라.

・ 미주

1장. 그 누가 사장의 고독함을 짐작할까

1. 김준태, 《군주의 조건》, 민음사, 2013.
2. 왕숙, 《공자가어》, 임동석 옮김, 동서문화사, 2009.
3. 안젠쥔, 《장루이민의 하이얼》, 이수진 옮김, 수희재간, 2004.
4. 서광원, 《사장으로 산다는 것》, 흐름출판, 2012.
5. 보 피버디, 《아주 단순한 성공법칙》, 김현정 옮김, 갤리온, 2006.
6. 사마천, 《사기열전》, 연변대학 고전연구소 옮김, 서해문집, 2006.
7. 유의경, 《세설신어》, 안길환 옮김, 명문당, 2006.

2장. 왜 결정권의 무게는 나눌 수가 없는가

1. 김언종, 《한자의 뿌리》, 문학동네, 2001.
2. 하영삼, 《한자어원사전》, 도서출판3, 2014.
3. 공원국·박찬철, 《귀곡자》, 위즈덤하우스, 2008.
4. 일본사장연구회 엮음, 《일본의 사장들》, 중앙M&B, 1995.
5. 사마천, 《사기열전》, 연변대학 고전연구소 옮김, 서해문집, 2006.
6. 아타라시 마사미, 《사장은 무엇을 해야 하는가》, 임정희 옮김, 이아소, 2011.
7. 후이구이, 《샤오미 CEO 레이쥔의 창업신화》, 이지은 옮김, 느낌이있는책, 2014.
8. 성백효 역주, 《논어집주》, 전통문화연구회, 2010.
9. 아리스토텔레스, 《니코마코스 윤리학》, 천병희 옮김, 숲, 2013.
10. 제프리 J. 폭스·로버트 라이스, 《CEO가 말하는 CEO》, 김정혜 옮김, 알에이치코리아, 2013.
11. 최원석, 〈직원 30% 자르고 회사 살린 JAL 회장… "小善은 大惡"〉, 위클리비즈, 2013.9.28.

3장. 어떻게 내 사람으로 만들 것인가

1. 허문명, 〈[횡설수설] 불황 극복법〉, 동아일보, 2008.9.17.
2. 임솔, 〈존스홉킨스병원이 최고가 된 비결 "신입 간호사도 병원장에게 쓴소리"〉, 조선비즈, 2015.4.27.
3. 로버트 서튼, 《또라이 제로 조직》, 서영준 옮김, 이실MBA, 2007.
4. 미첼 쿠지·엘리자베스 홀로웨이, 《당신과 조직을 미치게 만드는 썩은 사과》, 서종기 옮김, 예문, 2011.

4장. 무슨 일을 맡기고 무슨 일을 할 것인가

1. 장옌, 《알리바바 마윈의 12가지 인생강의》, 김신호 옮김, 매일경제신문사, 2014.
2. 이시카와 다쿠지, 《기적의 사과》, 이영미 옮김, 김영사, 2009.
3. 윌리엄 데레저위츠, 《공부의 배신》, 김선희 옮김, 다른, 2015.
4. 오긍, 《정관정요》, 김원중 옮김, 글항아리, 2013.
5. 찰스 두히그, 《습관의 힘》, 강주헌 옮김, 갤리온, 2012.
6. 허문명, 〈경제사상가 이건희 탐구〉, 신동아, 2021년 5월호.

5장. 안정과 변화 사이에서 중심을 잡는 법

1. 김화성, 〈바둑황제 조훈현 국수의 북한산 형제봉〉, 동아일보, 2014.2.22.

에필로그

1. 크레이그 L. 피어스·조셉 A. 마시아리엘로·히데키 야마와키, 《피터 드러커의 위대한 통찰》, 이미숙·권오열 옮김, 한스미디어, 2009.

고독한 사장을 일으켜 세우는 경영 비책

사장은 혼자 울지 않는다

ⓒ 김성회 2022

인쇄일 2022년 9월 6일
발행일 2022년 9월 13일

지은이 김성회
펴낸이 유경민 노종한
책임편집 함초원
기획편집 유노북스 이현정 류다경 함초원 **유노라이프** 박지혜 장보연 **유노책주** 김세민
기획마케팅 1팀 우현권 **2팀** 정세림 유현재 정지안
디자인 남다희 홍진기
기획관리 차은영
펴낸곳 유노콘텐츠그룹 주식회사
법인등록번호 110111-8138128
주소 서울시 마포구 월드컵로20길 5, 4층
전화 02-323-7763 **팩스** 02-323-7764 **이메일** info@uknowbooks.com

ISBN 979-11-92300-28-3 (03320)